「人」から考える「ビジネスと人権」

湯川雄介 著

Business and Human Rights :
Rights Holders at the Centre

Yusuke Yukawa

有斐閣

はじめに

私は、「ビジネスと人権」と呼ばれる分野に取り組む、企業法務を生業とする弁護士です。

この分野に取り組み始めてから相当の期間が経ち、おかげさまで、日本経済新聞の「2023年に活躍した弁護士」ランキングの同分野で入賞させていただきました。ある程度は企業の皆さんのお役に立っているようです。

企業向けセミナーなどで、企業の役職員の皆さんに企業の人権尊重への取組みについてお話をしますと、「わかりやすかった」などのお言葉をいただくことも増えました。ただ、気になるのは、その表情に「腹落ち感」がなかったり、なぜ企業が人権尊重をしなければならないのかについて正面から疑問を呈される場面も一度ではないことです。

企業内でこの問題に取り組んでおられるサステナビリティ推進部門や、法務部門、調達部門の皆さんも、その意義を真に見いだせず、強い疲弊感を持たれている場合も少なからずある印象です。

このような反応から、もっと前向きに、主体的に、意欲的に取り組んでもらえるような説明ができていないのではないかというのは常に自分にとっての課題となっています。

今回、本書を執筆する機会を得て、その課題に徹底的に向き合った結果出た結論は、「なぜ」取組みをしなければいけないかという疑問を解消しきれていないのではないか？　ということでした。自社が取り組む理由もわからずにやっていたのであれば、「やらされ感」があるのは当然ですし、間違いもするでしょう。

日本政府が2022年に「責任あるサプライチェーン等における人権尊重のためのガイドライン」を策定

するなど、企業が人権尊重のために「何を」すればよいのかの情報については、従前よりも大幅に増えてきました。それでも「腹落ち感のなさ」が解消されないのは、「何をするか」に先立つ「なぜやるのか」がクリアではないからではないでしょうか。

そして、「なぜ」についてもう一歩進んで考えると、そこには、①なぜ企業は人権を尊重しなければいけないのかという根本的な問いと、②なぜ人権尊重への取組みに際して求められている行動をとらなければならないのかという技術的な方法論に関する2つの疑問があるのではないかと思うに至りました。

本書は、このような「なぜ」に真正面から取り組むことをテーマとしています。

「なぜ企業は人権を尊重しなければいけないのか」という根本的な問いに対して、セミナーなどでは、国連指導原則（xix頁参照）がそう言っているから、EUなどで法整備が進んでいるから、あるいは、日本政府のガイドラインができたから、という形式論からの説明をしたり、企業から見た経済的合理性、つまり、企業にとっての損得を理由として挙げたりもしてきました。前者は、「ルールがそうだから従うんだ」という話であり、私自身が聞いても、理解はできても、それだけでは納得はしないでしょう。後者は、自社が実際に大きな人権問題に直面して経済的なダメージでも受けたり、数字など目に見える成果が出ない限り、肌で感じづらいように思われます。

人権尊重を「なぜ」するのかわからない理由を深掘りしていった結果、そもそも「ビジネスと人権」において企業に求められている人権尊重というのが何であるのか、つまり、「人権」とは何か、「尊重」とはどういうことか。なぜ、国ではなく営利追求を目的としている企業がその責任を負うのか。なぜ自社のみならず他社における人権侵害にまで目を向けないといけないのか。そういったごく素朴な疑問が解消されていないのではないかと思うに至りました。

また、上記のような形式論的、あるいは、アメとムチ的な損得勘定ベースの説明の裏には、私自身に日本人・日本企業には人権意識が欠如している、つまり、そのような方便的な説明をしなければ理解をしてもらえないのではないかという、「無意識の偏見（アンコンシャス・バイアス）」や「諦め」のようなものが潜んでいたのではないかという反省があります。

多くの企業人や学生と接していても、日本人に人権意識がないということは決してないと思います。確かに、人権発祥の地である欧米と比べると異なるところもあるのでしょうが、世界全体で見た場合には決してそんなことはなく、むしろ人権意識がある方に入ると思います。例えば、イギリスの非営利組織であるGlobal Change Data Lab とオックスフォード大学の研究者とのパートナーシップによる Our World in Data の Human rights index（2023）によると、日本の人権状況は欧米とほぼ同じ高い水準にあります。また、最近、各種のハラスメントが報道されない日はありませんが、このようなものが取り上げられているのも、ハラスメント＝人権侵害＝悪いこと、ということが理解できていることの証左でしょう。

そうだとすると、「ビジネスと人権」における前述のような疑問が解消されれば、企業の取組みは大きく前進するのではないかと考えています。

加えて、本書では、上記のような「なぜ」が生じる背景に切り込むというチャレンジもしています。

手前味噌ながら、私はこのような本を書いたり、セミナーに講師として呼んでいただくこともあるので、「ビジネスと人権」がわかっている方なのでしょう。では、なぜ自分は理解できているのか？　そのあたりに、ヒントがあると思っています。

私は、子どもの頃から「人権」というものをかなり強く意識してきました。

幼稚園年長の歳で、父の仕事の関係でルクセンブルクというヨーロッパの小国に4年間住むことになりました。そこで通ったインターナショナルスクール（当時は日本人学校がありませんでした）ではアジア人であることでからかいを受けました。その後、小学校4年のときに帰国して東京の公立小学校に転入しましたが、今度は日本人らしからぬ態度をとるということでいじめの対象になりました。流石にその歳では「人権」という概念は知りませんでしたが、理不尽な仕打ちに怒りを感じ、法律家を目指そうと思ったのはこの頃です。

高校では先輩に対する態度が悪いということで、教室に行ったら机がひっくり返して置かれていたり、部活で理不尽な扱いを受けたことは今でも記憶に残っています。この頃から人権について考えるようになり、司法試験科目でも一番得意だったのは憲法の人権でした。

大学時代は多くの友人に恵まれて楽しく過ごしましたが、弁護士になった後、２００６年からの米国スタンフォード大学ロースクールでの留学生活でも、キャンパス内でアジア人差別的な言動をされたり、ショッピングセンターで対向車のドライバーにいきなり中指を突き立てられるなどの経験をしました。

さらに、２０１３年からは、所属する事務所のミャンマー（ヤンゴン）事務所を立ち上げるべくミャンマーに赴任しました。私にとって初めての本格的な海外勤務となるミャンマー駐在中、親日的で、仏教に親しんでいるとされるミャンマーの人々と、日本人との間にある多くの違いに驚きました。

そうしているうちに、２０２１年2月1日、ミャンマーで軍事クーデターが発生し、自分の仲間を含めた多くの人々が人権侵害の対象となり、依頼者の日本企業が「ビジネスと人権」の問題に直面しました。

このように、人生の様々な場面で人権というものを意識せざるを得ない状況に遭遇をしているのですが、そのきっかけの多くは、**異なる文化、詰まるところは異なるバックグラウンドを持つ「人」との接点を通じ**

たものだったような気がします。

このような個人的な経験を踏まえ、そして、人権というものが一人ひとりの個人が持つものであるという大原則に立ち返り、**本書では、「人から見る」をキーワード**として、繰り返しこれに触れています。2022年に開催された国連の人権フォーラムのコンセプトも〝Rights holders at the centre〟（権利保有者を中心に）でした。この考え方は「ビジネスと人権」に取り組むにあたっての全ての基本となるものであり、本書の英語タイトルにも採用しました。本書では、抽象的になりがちな「人から見る」というコンセプトを、より解像度を上げて解説することを心がけましたので、是非読む際に意識していただければと思います。

また、「ビジネスと人権」の理解を妨げている大きな理由の1つは、企業の人権尊重責任の守備範囲がわかりにくくなってしまっている点にあると思います。

「なぜ」人権を尊重する必要があるのかという問いに対する端的な答えは、「人権侵害が悪いことだから」です。損得勘定で行うものではありません。ほとんどの企業は、「悪いこと」の典型である犯罪を犯しながらビジネスをしたり、反社会的勢力と関係を持つことはあり得ないと考えているはずです。そうであれば、時には犯罪行為にもなりうる人権侵害をしながらビジネスをしたり、継続的に人権侵害を行う者などと関係を持つことについても同様にあり得ないと普通は思うでしょう。

にもかかわらず、「なぜ人権尊重をするのか」という疑問が生じてしまうのは、「ビジネスと人権」というのは、そのような「悪いことをしない」というところを超えたものが求められていると誤解されているからではないか？　それが本書の問題意識です。

そこで、本書においては、**人権尊重を、「正しいことをする」ではなく、「悪いことをしない」、「悪いことをする人に手を貸さない」ことと端的に捉えることとしました。そのキーワードが「do no harm（害をなさない）」です。**

世の中には数多くの人権問題がありますが、企業が必ずしも自らの事業とは関係ない局面で、世の中の人権課題に積極的に取り組む場面もあるでしょう。そのため、企業との関係で人権が語られる際には、「害をなさない」を超えたより広い文脈で語られることもあると思います。

つまり、企業が悪いことをしていなくとも、その存在の社会的な意義に照らして、積極的に「正しいことを行うべきである」とか、よりよき社会の創造に貢献する責任があるといった話です。実際にも、「ビジネスと人権」に関するグローバルレベルの有力な論者の中には、企業は「do no harm」を超えて「do good for others」をすべきだと言う人もいますし、広い意味での企業の社会的責任としてそのようなものがあるという議論もあるでしょう。ステークホルダー資本主義論もそれに近いものがあるかもしれません。

本書は、「ビジネスと人権」について、**そのような広い文脈ではなく「国連指導原則に基づく企業の人権尊重責任」という範囲の中で説明をするものです。**そして、その責任の内容を、企業が自ら人権侵害をせず、また、事業を通じて他人の人権侵害に関与しない、すなわち、他人に害をなさない「do no harm」という責任に尽きると捉えています。

このような「do no harm」を超えた活動を企業が自主的に行うことについては、素晴らしいことであり、是非多くの企業に取り組んでもらえればとは思います。ですが、まずは「do no harm」をきっちりとできていることが基本であり、最低限のことでもあるとの考えのもと、本書はこの点にフォーカスしました。したがって、それを超えるものや、一般的な企業の社会的責任についてのべき論について語るものではありません。

このように、**本書は、企業による「ビジネスと人権」への取組みにつき、「人から見る」と「do no harm」の2つのキーワードを軸にしながら、説明していくものです。**

国連指導原則に基づく取組みの細かい実践方法の解説については他の文献などに譲ります（さらに理解を深めていただくために参考となる情報源も紹介しています）。本書はそのような文献を読む前のイントロダクションとしてご活用いただければと思います。

この本は、上記のような趣旨のもと、「ビジネスと人権」の専門家ではなく、この分野に関わりを持つ経営者、マネジメント層から担当者レベルまでの企業人や、これからこの分野に取り組むことに関心がある学生などを広く読者として想定しています。そしてわかりやすさを重視すべく、あえて書き言葉ではなく、セミナーなどで話すような文体にしてあります。

私は、企業にアドバイスをする立場の弁護士であることから、その内容も、企業が「国連指導原則の枠内で」どのような考え方のもと人権尊重の取組みを行うべきかという視点で記載しており、その範囲を超えて、一般的な人権の普及・促進（アドボカシー）を目指して書いたものではありません。

そのため、人権NGOなど市民社会や、人権擁護のための活動を行っている弁護士など（英語だと、Human Rights Defender）から見られた場合には、企業寄りの内容に見えたり、企業のより広い社会的責任に目を向けていないように映るかもしれません。他方、一貫して、国連指導原則から論じるようにしていますので、企業から見たら、企業活動の実態への理解が不足していると感じることもあるでしょう。

また、私は慶應義塾大学のロースクールと学習院大学国際社会科学部において「ビジネスと人権」に関する講義を担当しています。あくまでも実務家教員であり、本書も、日々の業務などを通じて得た経験や考えに基づいて記載していることから、アカデミアの皆さんから見ると理論的には不十分なところもあるかもしれません。

つまり、どの立場の方から見ても、中途半端、どっちつかずなものになっている可能性があります。

しかし、ミャンマーにおいて自分に近い人々が人権侵害に直面するのを目の当たりにし、他方で、企業が事業活動の中で具体的な人権課題にどう取り組み、思い悩んでいるかの実態の一端を知り、これらに関わる者として、そのような独特な立場にいるからこそ伝えられることがあるのではないかという気持ちで、非才の身を省みず、本書を世に出す決意をしました。

私にとって一番大事なことは、企業活動によって人権侵害が生じないようにすること、具体的な人権侵害が生じた場合にそれを実際に解消するための適切な取組みがなされることに尽きます。そのために、本書においても、**「理想・抽象論に偏りすぎず、また、現状におもねりすぎない」**というバランス感覚を大事にしつつ、プラグマティック（現実主義的）な考え方に基づき、割り切ったものの言い方をしているところが多々あります。

そのため、至らぬところ、ご批判など多々あろうかと思いますが、ご理解をいただけるとありがたいとともに、ご意見等ありましたら忌憚なくいただければ幸いです。

最後になりますが、本書の内容は筆者個人の見解を示すものであり、筆者が現に所属し、または、過去に所属した組織の見解を示すものではありません。

２０２４年８月

湯川雄介

目　次

第3章　企業の「ビジネスと人権」対応のツボ

第6章　ステークホルダーエンゲージメント……269

Column 一覧

本書の読み方

「はじめに」で述べたように、本書は、国連指導原則に基づく企業の人権尊重への取組みについて、「なぜ」それらを行うのかを意識しつつ、「人から見る」と「do no harm」という2つのキーワードを軸にしながら、説明するものです。本書をより有効に活用し、「ビジネスと人権」の理解を深めていただくために、本書の読み方のイントロダクションをさせてください。

(1) 本書の構成

本書は、全6章から構成されています。

まず、第1章では、「ビジネスと人権」における「人権」について、第2章では、人権の「尊重」と企業の責任について、それぞれ説明をし、「人権」の「尊重」の基礎を紹介します。

この基礎を踏まえて、企業の人権尊重への取組みの説明に入りますが、第3章では、各論に入る前の導入として、「なぜ」企業が人権尊重責任を負うのか、取組みにあたっての、ものの考え方など「心構え」を紹介します。

そのうえで、第4章と第5章では、企業の具体的な取組みに向けた行動について、実務を踏まえて解説します。第4章は企業活動による人権侵害をどのように確認し、それらに対応するか、第5章はそのような確認や対応に必要な社内体制に着目します。

最後に、第6章では、企業の人権尊重責任への取組全般で要求される、対話のプロセスたる「ステークホルダーエンゲージメント」について説明をします。

本書は、もちろん、関心のある各パートからお読みいただいても問題ありません。ただし、前述のように、本書は基礎的な概念について最初に説明し、徐々に企業の具体的な取組みの各論に進むという構成を採用しており、また、本書のキーワードである「人から見る」、「do no harm」などについては、前半で多くのページを割いて説明をしていますので、**一度は最初から通読していただくと内容の理解が深まると思います。**

⑵　国連指導原則などと読み合わせる

本書は単体でも問題なく読めるようになっていますが、**国連指導原則を座右におき、相互に参照しながら読み進めることで、**より理解が深まるのではないかと思います。

国連指導原則については、国際連合広報センターのウェブサイトに掲載されている、サステナビリティ日本フォーラム、アジア・太平洋人権情報センター（ヒューライツ大阪）翻訳、国連広報センター「国連決議・翻訳校閲チーム」校閲の和訳（https://www.unic.or.jp/texts_audiovisual/resolutions_reports/hr_council/ga_regular_session/3404/〔二次元コード①〕）が、解説もついており読みやすいため、本書における指導原則の和訳も原則としてこちらに依拠しています。**解説部分は理解を深めるために必須**ですので、是非読んでいただきたいと思います。

また、前記に加え、国連指導原則のうち、企業の責任に関する部分について国際連合人権高等弁務官事務所（ＯＨＣＨＲ）が作成した「**人権尊重についての企業の責任——解釈の手引き**」(THE CORPORATE RESPONSIBILITY TO RESPECT HUMAN RIGHTS: An Interpretive Guide)の和訳が、公益財団法人国際民商事法センターのウェブサイトに掲載されていますので（https://www.icclc.

①

②

or.jp/human_rights/〔二次元コード②〕）、そちらも是非参照してみてください。

また、指導原則に基づく人権尊重責任を理解するためには、それが制定された背景、経緯を理解することが非常に重要かつ有用です。この点については、本書第3章で簡単に触れていますが、国連指導原則の作成者であるハーバード大学の故ジョン・ジェラルド・ラギー教授の**『正しいビジネス――世界が取り組む「多国籍企業と人権」の課題』**（東澤靖訳、岩波書店、２０１４年）に詳細に記載されていますので、多くの皆さんに手に取っていただければと思います。

「OECD責任ある企業行動に関する多国籍企業行動指針」（２０２３年改訂版につき日本貿易振興機構〔ジェトロ〕・アジア経済研究所〔IDE-JETRO〕などの協力により外務省が作成した日本語仮訳 https://www.mofa.go.jp/mofaj/files/100586174.pdf〔二次元コード③〕）に基づき策定された、**「責任ある企業行動のためのOECDデュー・ディリジェンス・ガイダンス」**（IDE-JETROの協力・支援のもと作成された日本語訳 https://mneguidelines.oecd.org/OECD-Due-Diligence-Guidance-for-RBC-Japanese.pdf〔二次元コード④〕）は、人権デュー・ディリジェンスについてのより具体的な取組みの理解に有用です。

また、雇用、訓練、労働条件・生活条件、労使関係等についてのガイドラインとしては、国際労働機関（ＩＬＯ）の**「多国籍企業及び社会政策に関する原則の三者宣言」**（https://www.ilo.org/ja/media/53461/download〔二次元コード⑤〕）が世界的に認識されたものですので、合わせ参照いただいてもよいかもしれません。

③

④

⑤

これらの資料は、いずれも「ビジネスと人権」への取組みに関して権威ある国際的な機関が発行している一次的なものであり、現在世界各国で制定されつつある「ビジネスと人権」関連の法律もこれらに依拠している、基本的なものです。そのため、まずは、これらを理解するところから始めるとともに、何かあったら指導原則に立ち返る、最終的には**国連指導原則に始まり国連指導原則に終わる**というのが基本的な考え方になります。

ただ、これらの資料は公的文書ということもあり、表現の硬さや、その長さゆえに読みづらいところもあろうかと思います。

本書では、これらのわかりにくさを解消したり、より深く理解するために、有用と思われる文献などを、「**▼この分野で有益な情報源▲**」として紹介しています。

最後に、本書や、これらの資料・文献を読む際の「コツ」を1つ。

これらに書かれている内容は、企業人・ビジネスサイドの理屈、モノの考え方とはだいぶ趣を異にしています（Column 3-2「法務・コンプラアタマと『ビジネスと人権』アタマ」）。そのため、最初は意味がわからなかったり、強烈な違和感を感じることもあると思います。その場合でも、できるだけ、それをその通り受け止めるようにし、普段から馴染んでいる考え方や感覚を無理にあてはめたりしないようにしてみてください。「ビジネス」と「人権」である以上は、「ビジネス」的なものの考え方と、「人権」的なものの考え方、いわば、「モノサシ」が2つ必要になるのです。

本書が、皆さんの「人権」の「モノサシ」を作る一助となれば幸いです。

略語

解釈の手引き	「人権尊重についての企業の責任――解釈の手引き」
国連	国際連合
国連指導原則／指導原則	「ビジネスと人権に関する指導原則――国際連合『保護、尊重及び救済』枠組実施のために」(A/HRC/17/31)
多国籍企業行動指針	「ＯＥＣＤ責任ある企業行動に関する多国籍企業行動指針」
ＯＨＣＨＲ	国際連合人権高等弁務官事務所
ＯＥＣＤガイダンス	「責任ある企業行動のためのＯＥＣＤデュー・ディリジェンス・ガイダンス」
ＵＮＤＰ	国際連合開発計画

＊　本書で紹介するウェブサイトのＵＲＬについては、２０２４年8月31日時点でのものです。

著者紹介

湯川雄介（ゆかわ・ゆうすけ）
西村あさひ法律事務所・外国法共同事業 パートナー弁護士
ヤンゴン事務所 代表

略歴

1998年　慶應義塾大学 法学部 法律学科 卒業
2007年　スタンフォード大学ロースクール 卒業（LL.M.）
2022年〜　慶應義塾大学 大学院法務研究科 非常勤講師
2022年〜　学習院大学 国際社会科学部 非常勤講師
2024年〜　International Bar Association（IBA）　Officer of the Business Human Rights Committee
2024年〜　日本弁護士連合会 国際人権問題委員会 幹事・事務局次長

主著

『「ビジネスと人権」の実務』（商事法務、2023年）〔分担執筆〕
『誇れる会社であるために ―― 戦略としてのCSR』（クロスメディア・パブリッシング、2022年）〔共著〕
『詳説 ビジネスと人権』（現代人文社、2022年）〔分担執筆〕
『ミャンマーのビジネス法務』（有斐閣、2020年）〔分担執筆〕
『ミャンマー新投資法・改正会社法 ―― 最新実務を踏まえて』（有斐閣、2018年）〔共編著〕

ほか

第1章
企業が尊重すべき「人権」とは何か

本章のポイント

「ビジネスと『人権』」を理解するためには、まず、「人権」が何であるかを理解できていることが出発点になります。

多くの皆さんは、「人権」の本質を感覚的には捉えていると思いますが、「ビジネスと人権」において企業が人権尊重を実践するためには、その内容や特性についてより具体的に理解できていなければなりません。また、そのような理解や実践の妨げになっている事柄もありますので、それらについて明確に認識することも重要です。

本章では、まずは「人権」とはどういうものであるかについて見ていきましょう。

I 「日本人は人権感覚がない」は本当か？

「日本人は人権感覚がない」「人権意識が低い」という言葉を聞く機会がよくあります。皆さんも耳にされたことがあるかもしれません。

「ビジネスと人権」との関係では、企業が人権問題の対応をうまくできなかったことをとらまえて、その評価としてそういう言われ方をすることがあるようですが、このような言い方はとても雑だと思います。

私は、10年以上、ミャンマーにおける日本企業の活動の様子を見ていますが、コンプライアンス意識が高い日本企業は労働者の権利に対する配慮が基本的には行き届いており、（もちろん、全く問題がないとは言いませんが）他国の企業が運営する工場と比べて問題も少ないと感じています。「ビジネスと人権」においても、そこで**問題とされている人権が何を指すのか、求められている人権対応が何であるのかを理解していただければ、日本企業はしっかり対応ができる**ことに私は確信を持っており、「人権感覚がない」「人権意識が低い」と紋切り型・断罪調に批判をすることは建設的ではないと思います。

一方で、人権とはどういうものであるかや、その具体的な内容について十分な知識がなかったり、何をすれば人権の「侵害」に当たるのかについて不慣れな場面も少なからずあるようです。そのような点について、正確な知識を身につけ、適切な理解をしていただくことが、「人権感覚がある」という評価につながると思いますので、本章ではまずはこれらに焦点を当てて説明をしていきます。

1 「人権」という言葉から思い浮かぶこと

家族や友人との何気ないおしゃべりや、職場での同僚たちとの日常的な会話の中で、「人権」という言葉が出てくる機会はあまりないかもしれません。

改めて「人権とは何ですか？」と聞かれたら、どう答えますか？

私は、「ビジネスと人権」に関して複数の大学で講義をしていますが、そこで学生たちに「人権とは何ですか？」というシンプルな問いかけを行い、アンケート形式で答えてもらいました。答えの一部を抜粋してみましょう。

- 誰もが生まれながらに持っていて他人に侵されないもの
- 差別されることなく、一人の人間として尊重されるもの
- 全ての人が等しく、生まれつき持っているはずのもの
- 他人と平等に扱われること
- 質問された際に、「はい」か「いいえ」かを自由に言う権利
- 暴力を振るわれないこと
- 可能性が遮られないこと
- 生まれ持った要素を否定されないこと

どうでしょうか？　思いつかれた「人権」と似ている回答もあれば、首を傾げたくなる回答もあるかもしれません。「人権」という言葉の理解は、人によって捉え方は様々なようですが、概ね人権の本質を捉えているように思われる一方、漠然としている感も否めません。

このような理解はどこから来ているのでしょう？

2　日本の憲法における「人権」

日本における「人権」理解のベースとなっているのは、国の最高法規である日本国憲法（１９４６年公布）だろうと思います。

日本国憲法では、第3章の「国民の権利及び義務」において、人権に関する定めがなされており、第11条では「国民は、すべての基本的人権の享有を妨げられない。この憲法が国民に保障する基本的人権は、侵すことのできない永久の権利として、現在及び将来の国民に与へられる。」、第13条では「すべて国民は、個人として尊重される。生命、自由及び幸福追求に対する国民の権利については、公共の福祉に反しない限り、立法その他の国政の上で、最大の尊重を必要とする。」（個人の尊重）と規定されています。第14条では「すべての国民は、法の下に平等であって、人種、信条、性別、社会的身分又は門地により、政治的、経済的又は社会的関係において、差別されない。」と平等に関する定めがあり、以下、個別の人権に関する規定が続きます。

これらの規定は、先ほど紹介した学生へのアンケートへの答えとかなりの部分が重複しており、このことからも、学校教育などを通じて憲法上の人権に関する理解は一定程度浸透しているように思われます。

また、日本初の憲法である明治時代の大日本帝国憲法（いわゆる明治憲法。1889年公布）は、国家の近代化に必要なものとして明治維新の元勲たちが欧米諸国の憲法を参考にして作ったものですが、ここにも人権の概念はすでに盛り込まれています。明治憲法は、18世紀のフランス革命や、世界最古の成文憲法である1787年のアメリカ合衆国憲法の存在を前提として日本が自ら取り入れたものであり、**戦前から日本においても人権に関する素地はあった**と言えましょう。

3　何が足りないのか

このように、我が国においては、「人権」について短くない歴史があり、また、その中身についても大づかみには理解ができているようにも思えます。

おそらく、足りないのは、個別具体的な人権としてどのようなもの（「人権のリスト」と言われたりします）があるのかという知識だと思います。

ある問題に「人権」という名がついて取り沙汰されると、「何でもかんでも人権と言うな」などと言われることがあります。しかし、「人権」とは具体的に何であるかの認識があれば、それが人権問題かどうかについてもう少し冷静なやりとりになるはずです。

このような現象が生じる一因は、日本の学校教育の中で人権について学ぶ機会が乏しいせいではないかと私は推察しています。実際のところ、前述の学生たちに、「人権について中学・高校で学んだ経験がありますか？」と聞いてみたところ、ほとんどの学生が首を横に振りました。

気になった私は、現在の中学生たちが学校で学んでいる公民の教科書を、図書館でチェックしてみました。そこにはジョン・ロック（１６３２〜１７０４年。イギリスの哲学者。アメリカ独立宣言、フランス人権宣言に大きな影響を与えました）から始まり、人権に関する最低限の記述がコンパクトになされていました。ですが、その分量はおそらく授業1コマ分くらいの記述にとどまっており、「人権とは何か」を深く学ぶ機会にはなっていないという印象を持ちました。

私自身、中学・高校の授業で「人権とは何か」を深く学んだ記憶はありません。大学の法学部で憲法の授業を受け、司法試験での繰り返しの勉強を通じて、ようやく「人権とは何か」の理解ができたのだと思います。

このように考えると、人権のリストにどのようなものが含まれているかがわからないというのも無理もない話ですが、心配はありません。知識として知らないというだけであれば、習得すればよいのです。本章で、「ビジネスと人権」における人権のリストに何が含まれるのかを見ていきましょう。

II 「ビジネスと人権」における「人権」は「国際人権」

1 いったん日本の話は忘れてください

「ビジネスと人権」を考えるときの「人権」が何であるかは、この分野における最も重要かつ基本的なスタンダード——憲法のような位置づけである、国連の「ビジネスと人権に関する指導原則」（2011年制定）が定めており、本書もこの原則に従って書いています。まずは、**「ビジネスと人権」は指導原則に始まり指導原則に終わる**ぐらい重要なものであるとご理解ください。

そこに何が具体的に書かれているかについては、このあと説明していきますが、ポイントは、**国連指導原則に基づいて企業が尊重責任を負う人権は「国際的に認められた人権」**であるという点です。このような人権は、「国際人権」と言われたりもしますが、これが具体的に何であるかは、このあと紹介する国際的な条約、文書などで定められており、どのように理解するのかは国際的な議論に基づく必要があります。

どのような問題を人権問題として大きく捉えるかは、各国の歴史や状況によって異なりますが、日本においても、重点的に取り扱われてきた人権課題があります。

法務省の令和６（２０２４）年度の「啓発活動強調事項」（https://www.moj.go.jp/JINKEN/jinken04_00005.html）を見ても、例えば、部落差別（同和問題）、アイヌの人々に対する偏見や差別、ハンセン病患者・元患者やその家族に対する偏見や差別、北朝鮮当局による人権侵害問題などが列挙されています。これらは日本ならではの課題であるといえます。

日本において「人権」という用語が用いられた場合には、どうしてもこれらの歴史的に重点的に取り扱われてきたものをイメージしがちなのではないでしょうか。実際に、私がある地方の企業で「ビジネスと人権」について意見交換をした際にも、企業の担当者から、「人権と言えば数十年来、同和問題のことであるとしか考えてこなかった」という趣旨のお話を聞く機会があり、このような認識は決して珍しくないように思います。

日本には日本特有の事情があるのですから、前記のような課題に重点的に官民で取り組んでいくことはとても大事なことです。また、これらの課題は「国際人権」の観点からも、もちろん問題とされます。

しかしながら、企業の皆さんとお話をしている限り、このような日本独特の「人権」観や、これらの課題に関する従前の理解や取組みが、「ビジネスと人権」の理解、取組みへのハードルとなっている点は否めないように見えます。

そこで、少し大胆かもしれませんが、「ビジネスと人権」を考えていただくにあたっては、**いったん、日本における「人権」の議論については忘れていただき、「国際人権」、あるいは、「ヒューマン**

ライツ」という別ものであるというぐらいの認識を持ってみてもよいと思います。あたかも外国語を学ぶように、頭の切替えをしていただくことで、理解をしやすくなるかもしれません。

本書では、読みやすさの便宜の観点から全体を通じて単に「人権」と記載することにしていますが、その場合の中身は前記の「国際人権」であると置き換えてお読みください。

▼この分野で有益な情報源▲

国際人権法については、多くの書籍が存在しますが、「ビジネスと人権」について多くの場で取り組んでおられる菅原絵美大阪経済法科大学国際学部教授ほかが執筆された『国際人権法の考え方』（川島聡ほか著、法律文化社、2021年）が、入門書としておすすめできます。

『人権と国家――理念の力と国際政治の現実』（筒井清輝著、岩波新書、2022年）は、人権の普遍性や、国際人権概念の発展の歴史、その理念と現実の乖離などについて国際政治の動きなどとともに説明がされており、理念と現実の両側面から人権を理解するのに役立ちました。

『武器としての国際人権――日本の貧困・報道・差別』（藤田早苗著、集英社新書、2022年）は、人権概念一般のほか、国際人権に関する国際機関の手続等について具体的に触れられており、人権を具体的に勝ち取るためにどのような苦労があるのかが生き生きと描き出されています。

世界人権宣言の読み解き方や、人権の基本などについてビジュアルも交えながら紹介するものとして『人権ってなんだろう?』（一般財団法人アジア・太平洋人権情報センター編、解放出版社、2018年）もわかりやすいです。

2　国連指導原則における「国際人権」

「ビジネスと人権」の根本的な原則である国連指導原則において企業が尊重責任を負う人権は、上述のように、「国際人権」＝「国際的に認められた人権」です。

「国際的に認められた人権」の中身は、「最低限」、「国際人権章典」に定められたもの、および、労働における基本的原則及び権利に関するＩＬＯ（国際労働機関）宣言で挙げられた基本的権利に関する原則であると国連指導原則によって定められています。

そして、「国際人権章典」とは、「世界人権宣言」と、２つの国際人権規約、すなわち、「経済的、社会的及び文化的権利に関する国際規約」（社会権規約）と「市民的、政治的権利に関する国際規約」（自由権規約）により構成されています。

このように、「ビジネスと人権」における国際人権の内容の最低基準・ボトムラインは、国連指導原則上明確に定められていますので、まずは、その内容を知識として正確に理解することが出発点になります。

以下では、それらについて個別にその内容を見ていきたいと思います。

3　世界人権宣言

世界人権宣言は、人類史上類を見ないほどの惨禍をもたらした第二次世界大戦の反省により１９４８年に国連によって定められたものです。その前文においては、「人権の無視及び軽侮が、人類の良心を踏みにじった野蛮行為をもたらし、言論及び信仰の自由が受けられ、恐怖及び欠乏のない世界の到来が、一般の人々の最高の願望として宣言された」ので、「法の支配によって人権を保護することが肝要」であるとして、加盟国は国連と協力し、「人権及び基本的自由の普遍的な尊重と遵守の促進を達成することを誓約した」とされています。

世界人権宣言は、オーストラリア、チリ、中国、フランス、オランダ、ソ連、英国、米国からなる起草委員会により審議され、国連総会において賛成48票、反対0票、棄権8票（ソ連、ウクライナ、白ロシア〔現ベラルーシ〕、ユーゴスラビア、ポーランド、南アフリカ連邦、チェコスロバキア、サウジアラビア）で採択されています。中国やソ連も審議に参加しており、中国は賛成し、ソ連も反対ではなく棄権にとどまっている点は印象深いです（世界人権宣言の策定経緯は外務省のウェブサイト〔https://www.mofa.go.jp/mofaj/gaiko/udhr/1a_001.html〕を参照しました）。

世界人権宣言は、初めて人権の保障を国際的にうたった画期的なものであり、その第1条において、**「全ての人間は、生まれながらにして自由であり、かつ、尊厳と権利とにおいて平等である。**人間は、理性と良心とを授けられており、互いに同胞の精神をもって行動しなければならない。」としており、以降、個別の人権を列挙しています。条文数も全部で30カ条であり、その内容もわかりやすいものですので、是非一度原文を読んでいただきたいと思いますが、法務省が作成している「世界人権宣言70周年」のパンフレットに個別の人権がかみ砕いて整理されていますので、引用して紹介したいと思います（https://www.moj.go.jp/content/001271449.pdf）。

第１条　人は生まれながらにして自由・平等です。
第２条　すべての人に差別なく権利があります。
第３条　生命・自由・身体の安全の権利があります。
第４条　いかなる形の奴隷も許されません。
第５条　拷問や残虐な扱いは許されません。
第６条　人は皆法の下で人として認められます。
第７条　法の下に平等で差別なく保護を受けられます。
第８条　権利の侵害に対しては裁判で救済される権利があります。
第９条　公正な手続によらずに逮捕、拘禁、追放されません。
第10条　独立・公平な裁判所で公正・公開の審理を受けることができます。
第11条　裁判で有罪になるまでは無罪が推定されます。
第12条　プライバシーは守られなくてはなりません。
第13条　自由に移転・居住することができます。
第14条　迫害された人は他国へ避難できます。
第15条　国籍を持つ権利があります。
第16条　結婚し、家庭を作る権利が平等にあります。
第17条　公正な手続によらずに財産権は侵されません。

第18条　思想・良心・宗教は自由です。
第19条　意見及び表現は自由です。
第20条　集会及び結社の自由があります。
第21条　政治に参加する権利があります。
第22条　社会保障を受ける権利、経済的・社会的及び文化的権利があります。
第23条　働くことに関する様々な権利があります。
第24条　休息や余暇を楽しむ権利もあります。
第25条　十分な生活水準を保ち、生活に困ったら社会保障を受けられます。
第26条　教育を受ける権利があります。
第27条　文化・芸術・科学に関する権利があります。
第28条　権利と自由が実現されるために。
第29条　人々が負うべき義務は何でしょうか…。
第30条　権利や自由はそれを破壊するために使うものではありません。

第28条以降はわかりにくいですが、全ての人が、ここで挙げられている権利と自由が実現される社会に対する権利をもち、**権利と自由の行使への制限は、他人の権利と自由の尊重や、民主的社会における道徳や秩序などの正当な要求を満たすための法律のみ服すること、このような権利や自由を破壊する目的は権利とは認められない**といったことを定めています。

4　国際人権規約

「国際人権規約」は、「経済的、社会的及び文化的権利に関する国際規約」(社会権規約) と「市民的及び政治的権利に関する国際規約」(自由権規約) の２つを指し、世界人権宣言を一歩前進させて法的に拘束力のある「条約」(国と国との約束事) としたものであり、１９６６年に国連総会で採択されて、１９７６年に発効しました。日本も１９７９年に批准しています。

社会権規約は、労働の権利、公正・良好な労働条件を享受する権利、家族に関する権利、衣・食・住に関する相当な生活水準等に関する権利、身体および精神の健康を享受する権利、教育に関する権利などを定めています。

自由権規約は、生命に対する権利、奴隷・隷属状態に置かれず、強制労働をさせられない権利、身体の自由および安全、移転および居住の自由、法の下の平等、私生活・家族・住居・通信の自由、思想・良心および宗教の自由、意見を持つ権利、表現の自由、結社の自由等を定めています。

世界人権宣言における、**自由の享受という理想は、全ての者がその経済的、社会的および文化的権利とともに、市民的・政治的な権利を享有することができる場合に初めて達成される**という認識のもと、これらの規約は作られています。

国際人権規約を一字一句丹念に読む必要はないかもしれませんが、是非目を通していただき、どのようなものが権利とされているのかを知っていただければと思います (国際人権規約については、様々なサイトに掲載されていますが、ここでは日本弁護士連合会のものをご紹介します〔https://www.nichibenren.

ILO 中核的労働基準

結社の自由・団体交渉権の承認	結社の自由及び団結権の保護に関する条約（87 号） 団結権及び団体交渉権についての原則の適用に関する条約（98 号）
強制労働の禁止	強制労働に関する条約（29 号） 強制労働の廃止に関する条約（105 号）
児童労働の禁止	就業の最低年齢に関する条約（138 号） 最悪の形態の児童労働の禁止及び廃絶のための即時行動に関する条約（182 号）
差別の撤廃	同一価値の労働についての男女労働者に対する同一報酬に関する条約（100 号） 雇用及び職業についての差別待遇に関する条約（111 号）
安全で健康な労働条件	職業上の安全及び健康並びに作業環境に関する条約（155 号） 職業上の安全及び健康促進枠組条約（187 号）

or.jp/activity/international/library/human_rights.html]）。

5　ＩＬＯの中核的労働基準

最後に、ＩＬＯの「中核的労働基準」は、労働に関する最低限の基準を定めたものであり、上の表の5分野・10条約からなります。

これらの内容を見ていただければ、いずれも普通は当然と受け止められているものと思います。

6　これらは「最低限」のものであること——人権の動態性や広がり

以上、国連指導原則が企業が尊重すべきものとして参照している人権を見てきました。この本では、これらの人権の一覧を「人権リスト」と言ったり、その中の個別の人権を

「人権リストに入る人権」などと言ったりしていきます。

まずは、**これらの具体的な内容を知識としてしっかりと押さえるところがスターティングポイント**になります。ある事件が起きたときに、それが人権侵害事案であるのは「人権」が「侵害」されている場合ですが、**そもそも何が「人権」であるかがわからなければ、検討や分析のしようがありません。**

ただ、ここで注意をしていただく必要がある点が２つあります。

１つ目は、指導原則上、人権リストに含まれる権利や自由はあくまでも「最低限」とされていることです。これは、「国際的に認められた人権」に含まれうるものはより幅広いという理解を前提としており、**あくまでも最低限・ボトムラインに過ぎない**ことは重要な点です。

「国際的に認められた人権」に含まれるものの例としては、２０２２年の国連総会で普遍的人権であると宣言された「クリーンで健康な環境へのアクセス」（賛成１６１、棄権８。棄権したのは、中国、ロシア連邦、ベラルーシ、カンボジア、イラン、シリア、キルギスタン、エチオピア）があります。また、「子どもの権利条約」は、世界中全ての子どもたちが持つ人権を定めたものとして、１９８９年に国連総会において１９６の国・地域によって採択され、最も広く受け入れられている条約であり、これも「国際的に認められた」と言うことができるでしょう。これらのように、前記の「最低限」の人権以外にも「国際的に認められた人権」があり、**「最低限」のものだけ見ていればよいというわけではない**点に注意が必要です。

2つ目は、前記の権利も含め、**「国際的に認められた」人権は時代の移り変わりによって変化するもの**であり、あるときには国際的に認められるものに至っていなくても、時代が移れば認められるということがある点です。

このような変化は、あるとき瞬間的に発生するものではなく、時間をかけて権利としてより強く認められていくという経過をたどります。そのため、**ある権利がある時点で「国際的に認められた人権」であるかについて、○か×かという明確な線引きをするのはとても難しいのです。**

国連においてとくに人権問題を扱っている国連人権高等弁務官事務所（ＯＨＣＨＲ）の「人権トピック」には、「ビジネスと人権」だけではなく、気候変動、死刑、デジタルスペースと人権、都市化と人権、水と衛生など全部で40以上の項目がリストアップされています（https://www.ohchr.org/en/topics）ので、このようなものを参考に、どのようなものが国際人権として議論されているかを知っておくことが大事です。

このような国際人権の範囲の広さや、時代による移り変わりを、私は人権の「動態性」「広がり」などと表現しています。国際人権が、動態性や広がりを持つものであると認識することで、ある問題が指導原則の最低限・ボトムラインの人権リストに関わらないものであったとしても、「もしかしたらこれも人権問題になるかもしれない」と思えたり、逆に、「これは人権とは関係ない話である」とか、「人権かどうかは発展途上らしい」と考えることが可能になりますので、是非このようなものの見方があることを知っていただければと思います。

▼この分野で有益な情報源▲

ここで挙げた人権の動態性や広がりを感じるための情報源としては、国際的な人権ＮＧＯが毎年発行している年度ごとの人権状況や、人権課題に関する報告書などがありますので、いくつか紹介します。

・ヒューマンライツウォッチ：Top Human Rights News of 2023（https://www.hrw.org/news/2023/12/19/top-human-rights-news-2023）

・Institute for Human Rights and Business: Top 10 Business and Human Rights Issues 2024（https://www.ihrb.org/library/top-10/2024-top-10-business-and-human-rights-issues）

また、ビジネスと人権に関する情報源として最も信頼できるものの１つである、Business & Human Rights Resource Centre は、そのウェブサイトにおいてタイムリーに情報発信をしており、日本語版ページ（https://www.business-humanrights.org/ja/）もあるほか、日本語・英語のメールマガジンも発信しているため、これらに目を通す習慣がつくと、最新のトレンドも把握しやすくなると思います。

Column 1-1

環境・気候変動と人権

多くの企業は、CO_2排出量の削減や、自社の工場などの操業による公害の発生防止など、気候変動対策や環境への取組みを積極的に進めていると思います。

これらの取組みも企業活動の一環である以上、それに関係する人々の人権に負の影響を与えないようにする必要があるという点においては、他の活動・取組みと何ら変わるところはありません。

例えば、前述のとおり、「クリーンで健康な環境へのアクセス」が国際的に認められた人権と言えるため、これを考慮することが求められてきています。

また、それ自体が人権の内容とはなっていない場合であったとしても、気候変動を理由とするものも含む環境への悪影響が、生命・身体への権利などの人権に負の影響を与えることがあるでしょう。

さらに、環境や気候変動の点から好ましいと思われている取組み、例えば、CO_2排出量の削減のために電気自動車（ＥＶ）に転換するという過程において、そのバッテリーにおいて使用される電池の原料たるコバルトの採掘プロセスで人権侵害が発生することなどが問題視されていたりもします。

実際にも、気候変動対策が不十分であることを理由に、人権尊重責任を十分に果たしていないとして、企業が訴訟を提起されたりした事案もあります。２０２１年にオランダの裁判所で石油大手のロイヤル・ダッチ・シェル社がCO_2排出量削減を命じられるという異例の判決（上訴中）が耳目を集めたのは記憶に新しいところです（https://digital.asahi.com/articles/ASP5W6G0BP5WULFA012.html）。また、最近では、欧州人権裁判所がスイス政府の気候変動対策が不十分であり、そのために私生活や家族生活が尊重される権利が侵害されているという判断を示しました（https://www3.nhk.or.jp/news/html/20240410/k10014417311000.html）。

このように、近時は環境や気候変動への悪影響は人権にも大きな影響を及ぼしうること、そして、それらへの対策のプロセスにおいても人権への影響についての考慮が必要であるという考え方が一般的になってきており、環境対策などを検討する際にも「ビジネスと人権」目線、すなわち、関係する人々の人権に負の影響を及ぼしていないかという視点を持ちつつ行う必要があります。

7 「脆弱な立場にある人々」のレンズを持つこと

「ビジネスと人権」において、「脆弱な立場にある人々」や「脆弱性」という言葉が登場することがあります。例えば、指導原則の前文（一般原則）においては、「社会的に弱い立場に置かれ、排除されるリスクが高い集団や民族に属する個人の権利とニーズ、その人たちが**直面する課題に特に注意を払い**、かつ、女性及び男性が直面するかもしれない**異なるリスクに十分配慮**して、差別的でない方法で、実施されるべきである。」（強調筆者）とされています。

また、国家は企業に対し、「先住民族、女性、民族的または種族的少数者、宗教的及び言語的少数者、子ども、障がい者、及び移住労働者とその家族が**直面する具体的な課題を理解**したうえで、ジェンダー、社会的弱者、及び／または排斥問題を**いかに実効的に考慮**するかについて助言すべき」（3解説）（強調筆者）であるとされています。

企業が尊重すべき人権については、「例えば、企業は、特別な配慮を必要とする特定の集団や民族に属する個人の人権に負の影響を与える可能性がある場合、**彼らの人権を尊重すべきである**。この関係で、国際連合文書は先住民族、女性、民族的または種族的、宗教的、言語的少数者、子ども、障がい者、及び移住労働者とその家族の権利を一層明確にしている。」（12解説）（強調筆者）とされるとともに、人権影響評価のプロセスにおいては、「企業は、社会的に弱い立場におかれまたは排除されるリスクが高くなりうる集団や民族に属する個人に対する人権の**特別の影響に特に注意を向け**、女性と男性では**異なるリスクがありうる**ということにも留意すべきである。」（18解説）（強調筆者）とされています。

これらは、企業が人権尊重責任を果たすにあたり、①特定の集団または民族に属する人々が差別などを受けることなく人権を十分に享受するためには、特定の便宜や保護を必要としていることを理解すること、②これらの人々については、同じ状況下においてもリスクの内容や程度が異なりうる点に注意をすることを求めています。例えば、以下のような場面が考えられます。

- 人権への負の影響のリスクの有無の観点で、女性が暗くなってから徒歩で帰宅するのが安全ではない地域で深夜まで女性従業員を働かせる行為は、（男性とは異なる）女性へのリスクが存在する
- 人権への対応の追跡調査（第6章I）を行う際には、男性・女性、定住労働者と移民労働者など、その違いを意識しながら調査を行わなければ、信頼性があるとは言えない可能性がある
- 人権侵害の重大性の評価をする際に、このような脆弱性を有する人々が特に影響を受けている可能性はないかという視点を入れる
- これらの脆弱性に起因する人権リスク（例えば、女性に対するセクシャルハラスメント）が高い状況にある場合に、それに対応するための組織の体制が適切なものになっているか（例えば、人権対応の組織や、事業レベルの苦情処理メカニズムに女性が適切に関与しているか）

・（例えば先祖伝来の土地を不当に収用されそうな先住民族など）人権侵害を受ける可能性がある個人（ライツホルダー）との間の負の影響に取り組むための対話（エンゲージメント。このようなライツホルダーとの対話を「ステークホルダーエンゲージメント」と言います。詳しくは、第６章参照）は、このような特定の影響や異なるリスクを考慮できるようなやり方（例えば脆弱な人々をきちんと関与させるなど）になっているか

世界人権宣言にもあるように、人権は「全ての人間」にあるものですが、上記のような**脆弱性を考慮せずに、形式的に全ての人々を同じに扱うと、人権リスクの有無や大小の認識、それらに対する対応の適切性を誤る可能性**がありますので、このような視点（「レンズ」という言い方をしたりもします）をもって取り組む必要があります。

そして、そのような視点を実質的に持つことができる体制作りも求められます。例えば、上記の最初の例ですと、そもそもどのような道が女性にとって危険なのかは男性だけではわかりにくいと思いますので、通勤路におけるリスク分析のチームの中に女性が入ることが必須となるでしょう。企業が人権尊重を果たすための、人権デュー・ディリジェンス、苦情処理メカニズムなどの**具体的なアクションのプロセスにおいても、これらのレンズを組み込んでいく**ことがこれらを実効性のあるものとするために重要となります。

指導原則上、明文で脆弱性があるとされているのは「**先住民族、女性、民族的または種族的少数者、宗教的及び言語的少数者、子ども、障がい者、及び移住労働者とその家族**」です。脆弱性を有する人

はこれらに限られませんが、まずは、これらの人々の「レンズ」を持つことを意識づけることがスターティングポイントとなります。

III 「人権」理解を深めるポイント

1 「権利」であるとはどういうことか

人権は文字通り「権利」なわけですが、企業の皆さんとお話をしていたり、巷の言説を聞いていると、そもそも「権利」というものがどういうものであるかについて、理解が十分ではなかったり、誤解があるように思われます。

まず、1つ目は、「権利は義務とセットである」という誤解です。「働かざる者食うべからず」という成句があります。「働く」という義務を果たしたものだけが、「食う」権利が得られるという意味合いと一般には捉えられており、権利と義務がワンパッケージになっているフレーズです。

しかし、人権は、全ての人々が生まれながらに無条件で持っているものであり、何らかの義務を果たすことを保有や行使の条件とするものとはされていません。ヘイトスピーチの禁止や、一定の犯罪を犯した場合の被選挙権の停止など、一定の制限が課される場面はありますが、それらも何らかの義務の履行が権利自体の条件となっているものではありません。

権利と義務はセット「ではない」のです。

２つ目は、人権尊重は**「思いやり」でも「善行」でもない**という点です。「思いやり」も「善行」も、個々人の主観に基づいたものであり、「思いやり」のない人もいれば、「善行」に一切興味を持たない人もいるでしょう。仮に、人権尊重が個人の主観に左右されるとしたら、人権が守られない場合が出てくるおそれがあります。そうではなく、**人権は主観とは関わりなく存在する、「制度」「仕組み」である**という点は、人権を「尊重する」とはどういう意味かとも密接に関連しますので、後ほど改めて説明したいと思います。

３つ目は、権利の「行使」についてです。

権利というのは、それを、**いつ、どのように行使するか、そもそも行使するのか行使しないのかも、その保有者（ライツホルダーという言い方をします）の自由であるというのが大前提**です。

したがって、あるライツホルダーが、あるときに権利を積極的に行使することもあれば、個人の事情によってそれを差し控えることもあるでしょう。また、同じ人でも、そのような行使する・しないの判断は、時期によって違うこともあり得ます。

ある権利についてそれを自由に行使する様は、ともすれば、「わがまま」と受け止められることもありがちですが、それも含めた**自由・裁量こそが権利の本質**なのです。

2 人類に普遍的なものであるという前提

以前、「ビジネスと人権」について、責任あるポジションの人と雑談をしていたとき、「人権という概念はキリスト教に基づく西欧的なものであり、日本人には馴染まないと思っている」との話が出されて、びっくりした経験があります。

人権という概念の発展の歴史的な経緯を見ると、キリスト教徒が多いイギリス、フランス、アメリカなどの欧米諸国がリードしてきました。しかしながら、人権の観念自体は、キリスト教による支配が存在した中世封建社会から近代と呼ばれる時代に移り変わる過程で（一面では、キリスト教支配に対する対概念として）出てきたものであり、キリスト教の教えと必ずしもイコールではありませんし、また、キリスト教の理解がないとわからないものではありません。知り合いのイギリス人の人権専門家にこの話をしたら一笑に付されました。

私自身は思想的には仏教に親しみがあり、神社への参拝も好んでする反面、海外旅行の観光以外でキリスト教の教会に行くことはまずありませんが、人権の考え方には全く違和感はありません。

確かに、江戸時代においてはいわゆる「人権」という概念はなかったなど、欧米諸国に比べて歴史的になじみが薄いという側面はあると思います。また、人間は全て平等であるという思想は、キリスト教の「神の下の平等」という考えに淵源を有しているとされ、儒教における「五倫」の中の君臣、夫婦、長幼、父子などの関係性の考えかたとは馴染みにくいところもあるのかもしれません。

しかしながら、自発的に制定した明治憲法においては、当時の海外の思想も把握したうえで人権というコンセプトを取り入れていますし、自由民権運動や大正デモクラシーのように人権に親和性のある活動を日本の人たちも主体的に行ってきました。福澤諭吉や中江兆民の本などを読んでいると、強い人権の精神の存在を感じますし、日本は、第一次世界大戦後に、１９１９年1月の国際連盟委員会において世界で初めて人種差別の撤廃を明確に主張するなどの行動もとっています。戦後も、日本国憲法が色々な議論がありながらも約80年にわたって改正されていないことをみても、憲法の基本的人権の概念は多くの日本の人々に支持されており、決して日本人に馴染まないものではないと思います。一人ひとりが同じ人間として平等であるという考え方も、いまや、これを否定する人はほとんどいないのではないでしょうか。

人権が西欧に限った思想や概念ではなく、万国共通のものであるという考え方を人権の「普遍性」と言ったりします。これについては過去から現在に至るまで反対の言説があり、かつては、アジア諸国から「人権は普遍的な価値とは言えない。アジアにはアジア的な人権の考え方がある」という主張が巻き起こったことがあります。

この議論の有名な論者は、マレーシアの政治家で幾度も首相を務めているマハティール・ビン・モハマド（１９２５年～）と、シンガポール建国の父であるリー・クアンユー（１９２３～２０１５年）でした。二人とも強権的な政治手法を得意としていましたから、アジアの開発途上国が発展する過程では、人権が部分的に制限されるのはやむを得ないと主張したかったのでしょう。しかし、天安門事件や、香港で多くの若者が声を挙げ、ミャンマーのクーデターの際には老若男女問わず市民が銃口を向けられながらもデモに参加しているのを見ると、アジアには人権の観念が馴染まないというような考えは事実とは異なるものと思わざるを得ません。

1993年のウィーンで開かれた世界人権会議では、アジア的人権の考え方が議論されましたが、最終的には人権は普遍的な価値であるという結論に達しました。そこで採択された「ウィーン宣言及び行動計画」では、次のように記述されています（https://www.unic.or.jp/files/Vienna.pdf〔強調筆者〕）。

> **すべての人権は、普遍的**且つ不可分であり、相互に依存し且つ関連している。国際社会は、公正で平等な方法で、同一の立場に基づき且つ等しく重点を置いて、人権を地球規模で取り扱わなければならない。**国家的、地域的特殊性並びに様々な歴史的、文化的及び宗教的背景の重要性を考慮しなければならないが、すべての人権及び基本的自由の伸長及び保護は、その政治的、経済的及び文化的制度のいかんに拘らず、国家の義務である。**

後述（第3章III5）するように日本政府も、人権は普遍的に保護・促進されるという立場を明確にとっています（外務省ウェブサイト〔https://www.mofa.go.jp/mofaj/comment/faq/kadai/jinken.html〕）。

人権の普遍性については、いろいろな考え方が実際には存在しますし、その議論自体は否定されるべきではないと思いますが、少なくとも**「ビジネスと人権」の世界においては、前記のウィーン宣言の立場などに従い、人権は、普遍的な価値であるという前提がとられている**こと――「そういうものであるとされていること」――は明確に理解・意識しておく必要があると思います。

Column 1-2

伝統的価値観と人権

人権におけるアジアの独自性についての主張があるように、伝統的な価値観と人権に関して議論が巻き起こることがたびたびあります。

2018年、京都府舞鶴市で開催された「大相撲舞鶴場所」で、土俵上で挨拶していた当時の男性市長が突如として倒れて、意識を失うという出来事がありました。それを目の当たりにした観客として会場にいた女性看護師らが土俵に上がり、懸命の救命措置をしていたところ、日本相撲協会の行司が「女性は土俵から降りてください」「男性がお上がりください」と場内アナウンスをし、さらに土俵下にいた協会関係者が、女性看護師たちに「降りなさい」と直接指示をしたようです。

これに対し、「女性差別」「人命軽視」といった非難が殺到する事態となり、のちに協会は「不適切な対応だった」と謝罪をすることになりました。

この出来事の背景にあるのは、大相撲における女人禁制の伝統であり、この伝統には女性の人権と対立する点があることは明らかです。

「ビジネスと人権」の観点からは、企業がこのような相撲の興行を後援・協賛したり、取組みに懸賞金を出すことは、女性に対する差別的取扱いを許容したり、助長しているという評価や批判を受ける可能性があります。

そのような批判にさらされた場合に、従来は後援・協賛をしていたが、考え直してそれをやめるという判断もあり得るでしょうし、なお意義を見いだして後援や協賛をするという決断もあるでしょう。私はどちらがよいとか悪いとか、簡単に言えることではないと思います。

「ビジネスと人権」の文脈から企業に求められているのは、日本においては伝統的に「人権」は馴染まないと短絡的に考えたり、開き直った態度をとるのではなく、人権は普遍的なものであるという大前提に立ち返り、それを踏まえて、このような伝統文化や価値観と人権との間には衝突（コンフリクト）がありうることを正面から認識し、そのうえで、自社としてどのような立場をとるかを真剣かつ慎重に考え、指導原則に則した型で各種の対応をすることだと思います。

3　一人ひとりのものであるということ

人権は一人ひとりのものであるということは、当たり前のようですが、「ビジネスと人権」を考えるにあたり、**考えすぎるということはないほど根本的で重要な点**です。

このことは、本書のテーマである「人権リスクを企業から見るのではなく人から見る」といった基本的な視点や、なぜ「ステークホルダーエンゲージメント」が重要とされるのかと密接に結びついています。

世界人権宣言の第1条が述べている「全ての人間は、生まれながらにして自由であり、かつ、尊厳と権利とにおいて平等である。」も、一人ひとりが人として尊重されるべきという考えに基づいているものと思います。そして、このことは同時に、**一人ひとりが「異なる」ものであるということも前提**にしています。

このような「一人ひとりの違い」は、言われてみると理解できるのですが、いざ、現実の世界で実践しようとするとなかなか難しいものです。

私は、ミャンマーでの仕事を10年以上していますが、２０２１年に軍事クーデターが起きました。このクーデターでは、国軍により何の罪もない多くの市民が犠牲となりました。生命・身体の自由、表現の自由、結社の自由といった基本的な人権が無慈悲に蹂躙されたのです。

このとき、ミャンマーの市民たちは、怒り心頭で、市民に銃口を向ける国軍の暴挙を絶対に許さないと強く思っていました。その気持ちが高じて、多くの日本企業の現地ミャンマー人従業員はその所属企業に対して、「自分の所得税の納付をしないでほしい」と声を上げ、現地日系企業社会の一大論点となりました。ミャンマーの税法では、企業は従業員の所得税の源泉徴収・納付をする義務があるのですが、自分たちが納める税金が同胞に向けられた銃弾に使われるのをやめてほしいという思いからのリクエストでした。

これに対し、日本企業の駐在員などから、「彼らも、生きるためには食わなきゃならないだろ」のような発言がなされ、驚いたことがあります。同様の発言として、日本企業が事業を継続することの意味合いの1つとして、「雇用を守り、人々に生活の糧を提供することにも意味がある」という話を聞いたこともあります。

このような発言、考えはわからないでもありません。しかし、前記のようなリクエストをしてきたミャンマー人は、**心の底から、飢えてもよいから、生命・身体・自由への権利を守るべきだと考えていた**のです。これは、直接銃口を向けられない外国人駐在員と置かれている立場・環境が違うことからくる発想の違いだと思います。

少なくとも、私は、自分の仲間に対して、当時の状況下において「食ってなんぼでしょ」というような発言をすることはできませんでした。

偉そうなことを書きましたが、私自身にも次のような失敗があります。アメリカのロースクールに留学していた際、大学の図書館で、ある米国人女性と面談をしていたときのことです。女性は見るからに重そうな荷物を足元に置いていました。面談が終わり、移動するタイミングになり、私は何気なくその荷物に手を伸ばしました。「重そうだから持ってあげたら、彼女はきっと助かるに違いない」と思ったのです。

ところが、私が荷物に触れた瞬間、それまで温厚だった彼女が烈火のように怒り始めました。「私の大事な荷物に勝手に手を触れるな！」というわけです。

いま思い出しても冷や汗が出ます。私は、「彼女は荷物が重すぎて困っているだろう。私が持ってあげたら、きっと助かるに違いない」と勝手に思ってしまいました。一言、「重そうだから、荷物を運ぶのを手伝いましょうか？」と言えばよかったのに、相手は自分と同じように考えているに違いないと決めつけて、怒りを買ってしまったのです。

前記の例における日本企業の駐在員の発言と、私の失敗には、**何がよいかを相手の立場に立って考えるのではなく、自分の考えや価値基準に基づき判断したという共通点**があります。「一人ひとりが違う」という考えがあれば、「相手にとって何がよいと『自分』が考えるか」と、「何をよいと『相手』が考えているか」を区別したうえで、後者をどのように理解するかというアプローチになるはずです。

違う言い方をすると、**「自分もこう思うから、相手もこう思うはずだ」**、「**自分にとってよいと思えることは、相手にとってもよいことのはずだ」という考え方が、様々な問題を生み出している元凶**だと私は考えています。これに類する考え方で、人権尊重との相性が悪いものとしては、次のようなものがあると思います。

- ・自分も我慢したんだから、同僚や後輩も我慢すべきだ
- ・みんなもそうしているんだから、あなたもそうすべきだ
- ・前もこうだったのだから、今回もこうだろう（前例主義）
- ・マニュアルにはこう書いてあるのだから、こう処理しよう

「何をよいと『相手』が考えているか」という、アプローチは、「企業からではなく人から見る」や、「ステークホルダーエンゲージメント」に直結するものです。人と人は違う。その多様性を認め、相手はどう考えているのかと想像力を働かせること、そしてその**想像力には限界があることを自覚する**こと。これは人権を考えるうえでとても重要な姿勢だと思いますので、本書においては、様々な場所で繰り返し振り返っていきます。

Column 1-3

トイレ掃除への参加の強制が大トラブルに

主観的に「よかれ」と思って行ったことが、結果的に相手の人権を侵害したとされて、実際に大きな問題となった事例があります。

東南アジアのある企業から、関係する日本の企業に、知見を広めて研鑽を積む目的で、ある人が派遣されました。派遣先の企業のトップは独自の考え方により、精神鍛錬のためと称してトイレ掃除を全社員に課していました。東南アジアの国から派遣されてきた人も、その一員としてトイレ掃除への参加を強いられました。

その人の派遣元の国ではトイレ掃除を業務の一環として行うことは慣習としては存在しないため、その人はこの扱いを侮辱的なものだと捉えて、「人権侵害をされている」と訴え出た結果、国際的な大問題となりました。

私は、その派遣元の国の政府高官に対して、YouTubeの日本におけるトイレ掃除の動画などを見せるなどし、「日本のトップは、侮辱するつもりも、人権侵害する意図もまったくなく、精神を鍛錬するために〝よかれ〟と思ってトイレ掃除をさせていたのです」と涙を交えながら説明し、事案の解決に結びつけることができました。

このことも、人権をどう捉えるかは、あくまでもその人権を有する人（ライツホルダー）を基準に考えるべきであり、ライツホルダーに何かをさせる側の主観に基づくことの危険性を教えてくれました。

多くのハラスメント事案においては、ハラスメントをしたとされる側の主張として、「指導として行った」とか、「親愛の情を示すために」などという発言が本気でされることがあるようです。**このような発想こそが、まさに相手方が自分とは異なる一人の人間であることに思いを致さない自分本位の発想**であり、様々なハラスメントの原因となっていると思います。

4　個別の権利をより具体的に理解する

前に紹介した世界人権宣言などを通じて人権リストが何であるかを習得した後に行う必要があるのは、個別の権利の内容の具体的な理解です。これが重要なのは、**個別の権利が一体どのようなものかがわかっていなければ、どのような行為がそれを侵害するものかが判断できない**からです。

ここではその全てを紹介することはできませんが、企業活動において問題とされることが多い、「強制労働」と「児童労働」を例に挙げて「具体的に理解する」とはどういうことかを見ていきましょう。

(1)　強制労働

前述のように、ＩＬＯの「中核的労働基準」によって強制労働は禁止されていますので、これに当たる行為は人権侵害になるのですが、多くの人は強制労働とはいかなる行為を指すのか、ピンとこないのではないかと思います。まさに、権利の内容が具体的に理解できていない好例と言えます。

強制労働と聞くと、20世紀以前のアメリカにおける黒人奴隷による綿花の栽培や、第二次世界大戦後に旧日本軍捕虜や民間人がソビエト連邦などで過酷な労働を強いられた「シベリア抑留」のようなものを想像しがちかもしれず、「現代にはそんなものはないだろう」と思ってしまうかもしれません。

しかし、ＩＬＯの２０２１年の世界推計（https://www.ilo.org/ja/media/370626/download）によると、任意の1日をとってみた場合、強制労働を課せられているのは２７６０万人とされており、これは２０１６年から２７０万人増えるなど、増加の一途をたどっています。なお、このうち、女性と少女が１１８０万人、子どもは３３０万人を超えるとされます。

また、地域別にみるとその半数以上（１５１０万人）はアジア太平洋地域であり、この地域にサプライチェーンを有する日本企業にとっても他人事ではありません。分野別に見ても、成人の強制労働の87％を占めているのは、サービス業（家事労働を除く）、製造業、建設業、農業（漁業を除く）、家事労働の5部門であり、民間経済のほとんど全ての分野に及んでいることがわかります。決して民間の企業活動に関係のないものではありません。

このような強制労働は、「**処罰の脅威によって強制**され、また、**自らが任意に申し出たものでない**すべての労働」（１９３０年、ＩＬＯ強制労働条約〔29号〕。強調筆者）と定義されています。これは、「自由意思で働き、自らの仕事を自由に選ぶ権利」が侵害されていると言えるでしょう。

この定義は、①処罰の脅威による強制と、②自ら任意に申し出たものではない（非自発性）という2つの要素から成り立っているため、これら2つがどのようなものかを理解することが「強制労働」の何たるかを理解するために必要になります。

例えば、①については、暴力や心理的な脅しなどや、賃金の支払いを拒絶するという形でのわかりやすい処罰に加えて、労働者の自由な移動を禁止する行為も含まれます。労働者の弱い立場につけ込んで、劣悪な条件で無理矢理仕事をさせる場合も含まれる可能性があります。

また、②については、自由意思に基づかないという点がポイントになります。例えば、外国人労働者について高額の仲介手数料などに基づき多額の借金を背負った状況に置いたり、パスポートの取り上げや、物理的な移動の制限によって自由意思が制限される場合にも、この要素を満たすと考えられています。

このような要素を見ていくと、**一般に「強制労働」という言葉が有するイメージよりも、かなり広い概念**であることがおわかりいただけるのではないかと思います。例えば、多くの人は日本において「強制労働」が存在するイメージを持っていないと思いますが、日本における外国人技能実習制度は、アメリカ国務省の人身売買に関する年次報告で最近も、強制労働の温床であるとの指摘を受けていま す。技能実習制度が強制労働であるとの疑いを受けているのは、以下のようなポイントによります。

- 防護具の不使用など安全基準を満たさない
- 虚偽の記載、タイムカードの破棄などによる長時間労働
- 低賃金による時間外労働（割増賃金の不払い）
- 労災隠し
- 宿泊設備の不備
- 残業代の不払い
- 劣悪な労働条件と、送り出し国による手数料（法外な仲介手数料、不法な保証金、違約金）の

徴収（債務を返済するために働く「債務労働」のような状況）
・私生活の自由の制限（妊娠・出産を理由とした不利益取扱い。日本では違法）

これらの行為は一見すると、「強制労働」という言葉と結びつかないかもしれませんが、それは「強制労働」というものの中身・要素を具体的に理解していないことから来ていると思います。

(2) 児童労働

次に、同じくＩＬＯの「中核的労働基準」によって禁止されている児童労働について取り上げます。こちらも、抽象的にはよくなさそうな印象は持てると思いますが、一体いかなる労働が人権侵害とされる児童労働かを問われた場合に、明確に答えることは難しいのではないでしょうか。

児童労働については、ＩＬＯが明確な基準を次頁の表の通り定めています。

児童による労働が一切禁止されているわけではなく、例えば、途上国では、15歳未満でも、家の手伝いをしたり、学校に通いながら放課後や休みの日に家業を手伝ったりすることはできます。

このように、禁止されている「児童労働」の中身を具体的に理解しないと、自社やサプライチェーン・バリューチェーン（詳しくは第2章Ⅱ2）上の取引先がこれに関与しているかどうかの判定もそもそもできません。例えば、サプライチェーン・バリューチェーンに対してアンケートを出すときにも、「児童労働をさせていますか」とか、年齢だけを聞くような質問内容では、チェックとして不十分であることは理解いただけると思います。

児童労働に関する基準概要

0歳～12歳	いかなる労働も許されない（ただし、演技の子役といった特例除く）
13歳～15歳未満	（途上国においては12歳～14歳未満）健康、教育、訓練に差し支えがない軽易な労働はOK
15歳～18歳未満（途上国においては14歳～18歳未満）	以下の労働は許されない（最悪の形態の児童労働） ・人身売買、徴兵を含む強制労働、債務労働などの奴隷労働 ・売春、ポルノ製造、わいせつな演技に使用、斡旋、提供 ・薬物の生産・取引など不正な活動に使用、斡旋、提供 ・児童の健康、安全、道徳を害するおそれのある労働 (a)肉体的、心理的または性的な虐待 (b)坑内、水中、危険な高所または限られた空間 (c)危険な機械等の使用、重い荷物の運搬 (d)危険有害な物質、熱、騒音、振動等、不健康な環境 (e)長時間労働、夜間労働、外出の不当な制限等、困難な条件

＊　ILOウェブサイトなどを参考に筆者作成

また、これに関連して、**そもそもなぜ前記のような児童労働が禁止されるかという本質も理解しておく必要**があります。児童労働が禁止されるのは、それによって、例えば、以下のような子どもの権利が侵害されると考えられているからです。

① 経済的搾取から保護される権利
② 教育を受ける権利
③ 休み、遊ぶ権利
④ 健全に発達する権利

私は、ミャンマーで開催されていた人権に関する勉強会で、ある方が「子どもが働かないと一家が食えないという実情を知らずに働くなと言うのはおかしい！」と憤っておられるのを目にしました。これは、子どもを働かせることが、前記のような人権との関係で問題になるという理解が欠けていたがゆえの発言ではないかと思います。

このような侵害を受ける権利を理解することが重要なのは、それによって企業が行うべきこと、行ってはいけないことが具体的に考えられるからです。例えば、労働時間だけ見た場合には必ずしも多くはない場合であっても、職場へ徒歩で長時間往復しなければならないような場合には、教育を受ける権利の侵害になる可能性があります。ただし、そのような場合であったとしても、企業側が、子どもが勉強時間を確保できるように通勤用の乗り合いバスを仕立てたら、侵害にはならないかもしれません。また子どもを直接雇う場合ではなく、その親を雇用する場合でも、その結果、子どもがより小さな兄弟姉妹の面倒を見る必要が生じて学校に行けなくなるような状況を創出した場合には（それ自体は児童労働とは言えないとしても）、その子どもの教育を受ける権利を侵害しているとされる可能性があります。その場合には、企業としては、託児所を設けたり、勤務時間の配慮をするなどの工夫をすることが考えられます。

以上のように、人権リストについて一通り把握した後には、個別の人権の内容についてより具体的な理解を進めなければ、人権への悪影響を及ぼす行為とは何であるか、それに対応するためには何をする必要があるかという、検討やアクションをとることができません。

そのため、企業にあっては、**自社の事業活動において問題となり得る人権については、しっかりとその内容を理解することが肝要**です。例えば社内における研修においても、最初は人権リストを把握することから入ってもよいとは思いますが、そこで止まっていては十分ではなく、個別の人権の中身についてまで従業員の理解を深めていかないと、研修として十分とは言えないことになるでしょう。

このような個別の権利についての十分な理解をあらゆる権利について行うことは容易なことではありません。そうであるからこそ、自社の事業プロセスにおいてどのような人権を侵害する可能性が高いのかという優先付け・順位付けを行ったうえで、まずはそのようなものから取り組んでいくことが大事になります。これは、リスクベースアプローチと言われる基本的な考え方の１つの表れであり、重要な点ですので、後ほど説明をいたします（第２章Ⅲ５参照）。

▼この分野で有益な情報源▲

児童労働については、ＩＬＯ駐日事務所が発行している「児童労働問題を考えるための手引き」がわかりやすくまとまっています（https://www.ilo.org/ja/publications/er-tong-lao-dong-wen-ti-wo-kao-e-ru-ta-me-no-shou-yin-ki）。

また、児童労働の撤廃と予防に取り組んでいる国際協力ＮＧＯであるＡＣＥのウェブサイト（https://acejapan.org）には、児童労働の実態に関する資料や、具体的な取組事例などが多く掲載されており参考になります。

Ⅳ　理解と実践のボトルネック

人権尊重の考え方の理解と実践のボトルネックとなっていると思われるものには、前記のような学校教育プロセスのほかに、以下のような点があると思います。これらが全てではないですし、社会構造に基づくものもあるためすぐに解決するものでもありませんが、これらを意識したり、状況の改善に取り組むことはできると思います。

私が人権というものを理解する助けとなった出来事は、いずれも外国で、日本人ではない人とのやりとりを通じたものです（「はじめに」参照）。これは、日本人同士、同じような組織の人同士だとなかなか気付きにくいところが、外国人とのやりとりを通じると浮き彫りになりやすいということかと思います。

1　多様性（ダイバーシティ）の欠如

日本は主要先進国と比べて難民の受入れ数が少なく、島国であるという構造的な問題や歴史的な経緯などもあり、移民も含めた外国人の数が少ないなど、多様な人種、宗教、文化等に国内で触れる機会がまだまだ乏しいのが実態です。

人権というものは、そもそも、**伝統がどうだからとか、他の多数者が何と言うかとは関係がなく、その人が人であることにより認められるべきもの**です。

実際に多くの人権問題が白人対黒人、少数先住民族対多数派の民族、性的少数者対性的多数者、などの文脈で問題になっているのも、そのような構造の表れであり、「皆がよいといっているのだから」、「昔からこうだったから」とか、「普通はこうだ」、「常識だから」というような多数派の理屈と人権尊重は真っ向から対立する構造にあります。

このような人権の本質は、これを守るべき国家の統治構造にも反映されています。

日本において、国会における多数派が制定する法律について、裁判所という多数派の理屈とは異なる原理で判断する機関が合憲か違憲かの最終判断権を有しているのも、**多数派によっても覆せない個人の権利が人権である**という発想に基づいています。

人権が、少数者を含む個々人の権利であるという意識は多様な価値観や文化の衝突の中に身を置くからこそ涵養される側面があるのですが、前述のような日本の社会構造上、そのあたりがしにくいのが実態なのでしょう。

私の所属事務所のヤンゴン事務所には、複数のミャンマー人が働いています。国籍は同じミャンマー人ですが、多民族国家ですので、複数の民族の出身のメンバーがいますし、宗教もキリスト教、イスラム教、仏教と多様です。イスラム教徒のスタッフが新たに入ってきた際、「どのお店なら、ムスリムでもランチが楽しめるのだろう」と他のスタッフと話し合ったことをよく覚えています。

このように、海外で多様性に揉まれる経験ができれば、人権意識も比較的肌で感じやすいのでしょうが、全ての企業、部署の人がそういう機会に恵まれるとは限りません。あるとき、日本を代表する有名なメーカーで、海外売上比率が８割近くの会社の方と話していたら、日本の本社勤務者で海外への赴任経験がある人の比率は２割程度だろうと聞き、大変驚いたことがあります。

また、このような多様性の不足の問題は、日本国内でも存在しており、例えば、日本の企業組織においてはまだまだ女性参画も含めた多様性が乏しいのが現状です。世界経済フォーラムが発表しているジェンダー・ギャップ指数における日本の総合順位は、２０２２年は１４６カ国中１１６位、２０２３年は１２５位、２０２４年は１１８位と改善の兆しが見られません。

企業内でどのように多様性を高めるかについては、近時活発な議論がなされていますが、多様性の向上は「ビジネスと人権」について理解を深めるのにも有用であり、後述する人権尊重のための社内体制作り（第5章）を行う際にも意識していただくとよいと思います。

2　「無意識の偏見」（アンコンシャス・バイアス）

「女性や性的マイノリティを差別してもよいと思っていますか？　彼ら・彼女らの人権を侵害してもよいのでしょうか？」と聞かれたら、多くの人は「決して差別してはならない。決して人権を侵害してはいけない」と答えるでしょう。

ところが、そのような人が、人権に対する配慮に欠けた行動をしてしまうことは、往々にしてあります。例えば、「女性は家庭で家事をするもの」という決めつけに基づいて、以下のようなことを行ってしまう場合が考えられます。

・自社の製品に、女性が家事をすることを前提としたネーミングをする
・テレビＣＭで家族が登場する場合に、女性だけが家事をしている場面を描く

このような企業は、「差別はいけないことだ」とはわかっていても、無意識的に行ってしまったのでしょう。このような「無意識の偏見」をアンコンシャス・バイアスと言います。

内閣府男女共同参画局の広報誌『共同参画』（２０２１年５月号）では、アンコンシャス・バイアスについて特集をしています。そこでは「我が国における男女共同参画の取組の進展が未だ十分でない要因の一つとして、社会全体において固定的な性別役割分担意識や無意識の思い込み（アンコンシャ

ス・バイアス）が存在していることが挙げられます。」と指摘されています。そして一般社団法人アンコンシャスバイアス研究所の代表理事、守屋智敬氏のインタビューを掲載しています。

そこでは、アンコンシャス・バイアスの具体例として次のようなものが挙げられています。

・血液型をきいて、相手の性格を想像することがある
・性別、世代、学歴などで、相手を見ることがある
・〝親が単身赴任中です〟と聞くと、まずは「父親」を思い浮かべる（母親は思い浮かばない）
・「性別」で任せる仕事や、役割を決めていることがある
・男性から育児や介護休暇の申請があると、「奥さんは？」と咄嗟に思う
・子育て中の女性に、転勤を伴う仕事の打診はしないほうがいいと思う

どうでしょうか。思い当たるものがありませんか？

岸田文雄首相も、２０２３年９月、第二次改造内閣を発足させた際に、過去最多に並ぶ５人の女性閣僚が誕生したことについてついて記者に問われると、「ぜひ女性ならではの感性や共感性を十分発揮していただきながら、仕事をしていただくことを期待しています」と答え、強い批判を浴びました。心の中に、女性＝感性や共感性が高いというアンコンシャス・バイアスがあったことがうかがわれたためでしょう。

アンコンシャス・バイアスは私も含めて多かれ少なかれ誰にでもあるものであり、それ自体が絶対

悪というわけではありません。誰しも過去の経験などから、無意識に偏った見方をすることはあるでしょう。

無意識の偏見は、それが直ちに人権の軽視や侵害に直結するとは限りません。しかし、**「決めつけ」につながりやすいために、前に述べた「一人ひとりを見る」という人権の考え方と相性がよくなく、「その人がどう考えているか」というアクションをとる際の妨げになりやすい**と思います。同じように、ダイバーシティの考え方とも相容れにくいので、ダイバーシティ促進、ひいては、人権の理解・実践を進めにくくなるでしょう。また、そのような**「決めつけ」や、それに基づく「押しつけ」などの行為それ自体が差別などの人権侵害**を招く場合もあるでしょう。

私が日々気をつけているのは、アンコンシャス・バイアスの存在を認めたうえで、それにどう対応するかを考え、日々の発言や行動に意識的に反映することです。例えば、不特定の第三者を指すときに、「彼・彼女」と表現するようにしていますが、ついつい「彼」と言ってしまいそうになる瞬間があります。これも、何回も意識的に行っていると、自然に、「かれ…」のところで気付いて表現を修正することができるようになってきました。

「無意識」のバイアスですので、一朝一夕に直すことは難しいですが、１つずつでも意識すると、行動の違いにつながっていきます。また、企業として見た場合には、その中の誰か一人が行えばよいというものではないため、**企業の側が率先して、働いている人が皆そのような意識を持てるよう、働きかけや取組みを行っていくことが重要**だと思います。

Column 1-4

自分の立ち位置の自覚

無意識の偏見は、自分が他人をどう見ているか、という話ですが、それと同時に**意識することが大事なのは、「自分がどこに立っているか」**です。

ＮＨＫの連続テレビ小説（朝ドラ）「虎に翼」の主題歌「さよーならまたいつか！」を作詞・作曲して歌っている米津玄師さんのインタビュー（https://natalie.mu/music/pp/yonezukenshi26）がよい例ですので、米津さんの発言をいくつか引用してみます（強調筆者）。

> 「虎に翼」はフェミニズム的なトーンが全体にある物語で、女性がどういうふうに社会と関わってきたかという視点は避けて通れない。だから、**まずどうやって自分がここに関わるべきなのかを考えざるを得ない。そもそもなぜ男性である自分に話が来たのかも疑問だった**ので、制作統括の方に打ち合わせで尋ねたんですよ。女性の地位向上の物語の主題歌を歌うのが男性の自分である のはなぜなんですか？
>
> （中略）
>
> 女性の地位向上については、**自分が男性であるがゆえにより慎重に見つめなければならないというか、自分の身ぶり手ぶりがそこになんらかの不利益をもたらすようなものでありたくはない**と思うんですね。

この発言からは、一種の脆弱性（本章Ⅱ７参照）を有する女性という立場に対して、そうではない男性という自分という立ち位置を明確に意識し、自分に女性について語る資格があるのかを真摯に自問していることがうかがわれます。

　これと対照的なのが、女性の身体に関する課題をテクノロジーで解決する、いわゆる「フェムテック」をテーマにしたトーク番組の炎上事件です（概略については、以下の朝日新聞デジタルの記事参照。https://digital.asahi.com/articles/DA3S15588738.html?iref=pc_rensai_long_257_article）。この番組では男性４名が女性の健康政策について語ったものとされますが、問題の当事者である女性が一人もいないなどの点が批判されています。

　もとより、女性の事柄について男性が一切語ったりしてはいけないということでは全くありません。しかし、**ある当事者にとっての課題については、その当事者を抜きにして語られるべきではなく、当事者でない者が語る際にはその意味や、それがもたらす可能性がある影響について慎重に考えるべき**です。

　このような考え方は、障害者の権利に関する条約が作られる過程において強く主張された、**「私たちのことを、私たち抜きに決めないで（Nothing About Us Without Us）」**という考え方とも通じるものがあると思います。

　企業が「ビジネスと人権」に取り組むにあたっても、具体的な人権課題に直面している当事者（＝ライツホルダー）は誰なのか、それに対して自社・自分はどういう関係に立つのかということを自覚したうえで、当事者を抜きにすることがないようエンゲージメント（第6章）を実施するなどして行う必要がありますし、社内の体制構築（第5章）にあたっても常にこの点は意識して行うべきでしょう。

3　社会で守るべき共通の価値と思えているか

私の知人から聞いた話ですが、ヨーロッパに本拠を置く世界的な企業がアジアで遭遇した事件として、その会社の現地従業員がＳＮＳで政府批判をしたところ、当局から逮捕されてしまったというケースがあります。この会社に対して、その国の政府は「会社として謝罪し、その従業員を解雇せよ」という要求をしてきましたが、ヨーロッパの本社は、その要求にがんとして応じなかったそうです。政府に楯を突くと、現地でビジネスが続けられなくなり、大きなマーケットを失うリスクがあるのですが、この会社は、そのようなビジネス上の利益よりも、従業員の表現の自由を守る方が、はるかに価値があるという判断をしたそうです。

このエピソードは、人権というものを、企業も含めた社会における重要な価値であると考えていることの好例といえます。

このように**人権の尊重というものが、自社も含めた社会にとって重要なものであると「我が事」として捉えるか、自社が直接関係しなければどうでもよいと「他人事」と捉えるか**には大きな違いがあります。

この**「他人事」と捉える考え方は、特に「ビジネスと人権」との相性が非常に悪い**点は注意する必要があります。と言いますのも、後述するように、企業の人権尊重責任は自社のみならず、自社の取引先等も含めたサプライチェーン・バリューチェーン全体における人権尊重を求めますので、「自社で発生していることではなく、他社で発生しているから関係ない」という他人事的発想では適切な対応ができないからです。

このような他人事的な発想の背景として、「自己責任」という考え方があると思います。先ほどのヨーロッパ企業の現地従業員も、政府から目を付けられるおそれがあると承知のうえで、表現の自由を行使したのでしょう。似た話として、危険な戦地や人権蹂躙が行われている国・地域に出かけたジャーナリストが拘束されて命の危険にさらされることがあります。このようなときに、「そのような行為は危険であることはわかっていたはずで、自分の意思でやったのだから、自業自得であって自分責任を取るべきだ」という声をよく耳にします。

しかしながら、政府が人権侵害をしていたときに表現の自由を行使してこれを批判したり、危険な戦地でどのような惨状が起きているかを広く知らせる行為は、社会で守るべき共通の価値である人権を守るために欠かせない活動であると評価できると思います。

前記のような「自己責任である」という批判には、そのような評価の観点、さらには、さかのぼって他者の人権や、それらが尊重される社会の存在が社会共通の価値であるという観点が欠落しているように見えてなりません。

2023年に問題となった旧ジャニーズ事務所に関連する人権侵害のケースについても、取引先など関係者の頭の中に、「そういう業界なんだから、それをわかっていたんでしょ」という「自己責任論」的な捉え方があったか、あるいは、「業界・事務所内部の問題であって、取引先としては関係がない」という社会的に共通の価値に関わる問題であることの認識の欠落や、「他人事感」が少なからずあったことが大いに問題であったと思います。

「ビジネスと人権」は、後述するように、企業活動が個々人の人権に具体的な負の影響を与えないようにしようということがコンセプトですので、一般的な世の中の人権状況の改善それ自体を求めるものでは必ずしもないというのが本書の整理ですが、それでも、**社会共通の価値であるという認識の欠如や、「他人事感」は、企業の人権問題へのアンテナ・関心度合いを低めて、人権問題対応力を弱める原因となっている**と思いますので、このような点についても考えをめぐらせてみていただきたいと思っています。

Column 1-5

「市民社会」という概念と働き方改革

国連などのイベントに参加しているとよく使われる用語・概念の１つに「市民社会」（Civil Society）というものがあります。

この概念は歴史上も含めていろいろな文脈で用いられており、かっちりとした定義がないのですが、世の中を構成し、社会に存在する課題を解決するためのセクター・プレイヤーの１つとして、国家・政府や、経済・民間セクターとともに存在をするものとひとまず理解しておきたいと思います。

この「市民社会」という概念は日本の企業人にとって非常にわかりにくい概念なのではないかと感じています。その理由は歴史上の経緯など様々だと思いますが、多くの人は、自分が日々生きていくうえで、プライベート（自分自身や家族、友人などのこと）や自身の仕事のこと以外の社会全般や、公共のことについては政府国家の仕事であり、自分がその一翼を担っている・担うべきとはあまり考えていないからではないかと思います。

この点については、後（第６章Ⅳ１）に改めて触れたいとは思いますが、**社会に関**

する事項について、国任せにせず、自分も社会の一員として積極的に関わっていくべきものであるという発想は、「ビジネスと人権」が語られるうえでとても重要なピースであると思いますので、すぐに腹落ちをするのは難しいと思いますが、まずは頭で理解しておくとよいと思います。

そして、そのような理解を促進するために重要なのは、日々の生活の中に、プライベートと仕事以外のピースを入れることを実践することかと思いますが、これを妨げているのが長時間労働です。

長時間労働の弊害については働き方改革をはじめとした様々な文脈で語られていますが、私が、サステナビリティ関連のパネルディスカッションに参加した際に、他のパネリスト（いずれも女性）がダイバーシティをもっとも妨げているのは長時間労働であると口を揃えて言っていたのが印象に残っています。

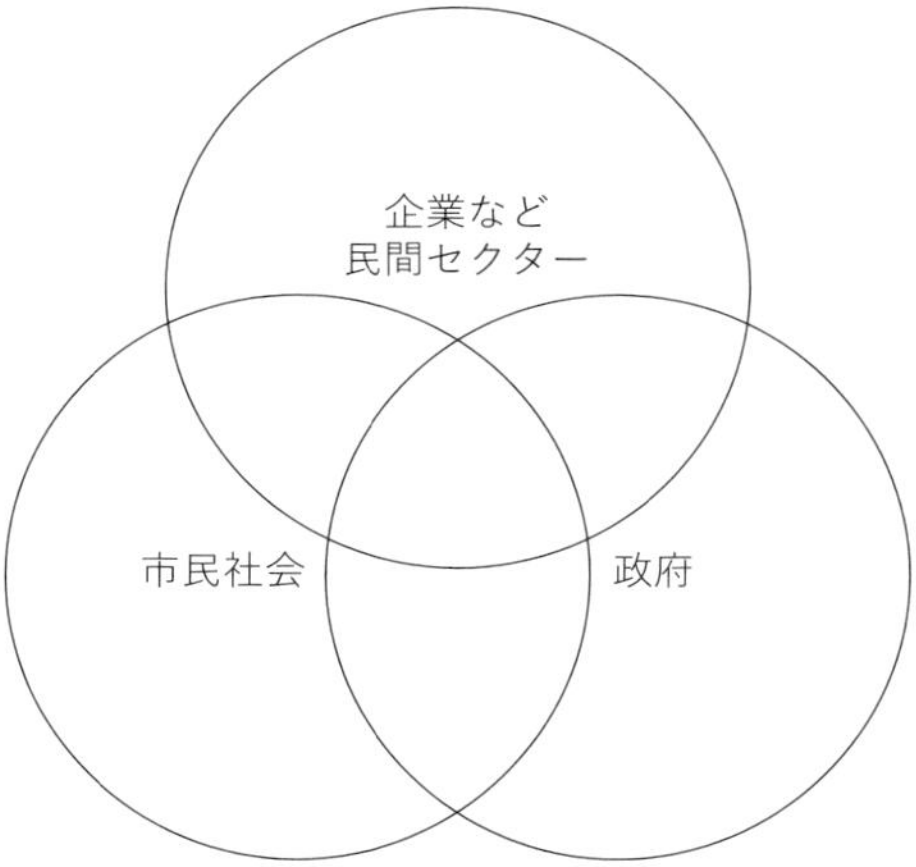

朝起きて、家族も含めた支度をし、短くない通勤時間をへて長い時間仕事をして、ヘトヘトになって帰宅。週末の1日は心身を休めるために、もう1日はプライベートに当てるという生活では、自分や大事な人以外

の社会について腰を据えて考えることは、そもそも無理があるでしょう。

長時間労働は、自らを（経済活動に従事する以外で）社会課題の解決を担う一員として捉えて、社会課題に思いをはせるとともに、主体的に何らかの活動をするということの大きな妨げとなっていると思います。この問題は、長時間労働の遠因となっていると思われる日本式経営、それを支える学校教育などの社会の諸々の仕組みとも関係しています。そこまではとてもこの本ではカバーしきれませんが、近時大きなテーマとなっている「人的資本経営」とも関係すると思いますので、特に経営に携わっている皆さんには是非このような観点も持って取り組んでいただきたいと思います。

第2章
企業の人権尊重責任とは何か

本章のポイント

第１章では、まず、「ビジネスの人権」の基本である「人権」とは何かについて見てきましたが、次に、人権を「尊重」するとはどういうことかを考えたいと思います。

私は、企業が「ビジネスと人権」について腹落ち感を持って理解できていない最大のポイントは、細かい技術論ではなく、「尊重」の本質や、指導原則に基づく責任の内容についての誤解にあると考えています。

本章では、国連指導原則に基づく企業の人権尊重責任を「do no harm」と捉えることを中心に、「尊重」の本質と、責任の果たし方とそのポイントについて解説していきます。

Ⅰ　人権を「尊重する」とはどういうことか

1　「尊重」と「思いやり」の違い

国連指導原則に基づく企業の人権尊重責任の内容に入るまえに、そもそも人権の「尊重」とはどういう意味なのか、すこし考えてみたいと思います。

人権の尊重は「思いやり」とか「やさしさ」とは違うということが言われたりしますが、それはどういうことなのか。「思いやり」の意味を広辞苑で調べてみると、「自分の身に比べて人の身について思うこと。相手の立場や気持ちを理解しようとする心。同情。」（『広辞苑〔第７版〕』）とされています。

一見すると、相手のことを考えており「尊重」とはまさにこのようなことを指しているようにも見えます。

しかし、私はここで「……思うこと」や「……心」とされているところが、まさに、「ビジネスと人権」の文脈で求められている「尊重」との違いであると考えています。これらは、思いやる側の内心、主観、心情を指していますが、人権の尊重においては、尊重する側がどう思うかというのは基本的には問題ではなく、**尊重される側が思っていることや、その人が決めたことを（そのまま）大事にすること**と考えられていると思います。少し狭く捉えすぎかもしれませんが、前記の「思いやり」の意味からは必ずしもそのようなニュアンスが明確に示されていないように感じます。

このようなニュアンスの違いは、ともするとたいした違いではないように思われるかもしれませんが、私は、**この点こそが「ビジネスと人権」を正確に理解することの中核**であると確信しています。なぜなら、この理解が各論における取組みの姿勢や内容に直結してくるからです。

大事な点ですので、もう少し説明を続けます。

尊重する側がどう思うかではなく、尊重される側がどう思っているかに着目するのは、人権が、「一人ひとり」の「権利」だからです（第1章Ⅲ3）。

人は、「一人ひとり」が独立した存在であり、それぞれが「異なる」ものである以上、その一人ひとりが何を大事にしているか、どのように行動したいかというのは究極的にはその本人にしかわからないはずです。皆さんもドラマや漫画などで、「あなたの気持ちはわかる」→「あなたなんかにわかりっこない！」という受け答えを目にしたことがあるかもしれません。２０２４年のＮＨＫの連続テ

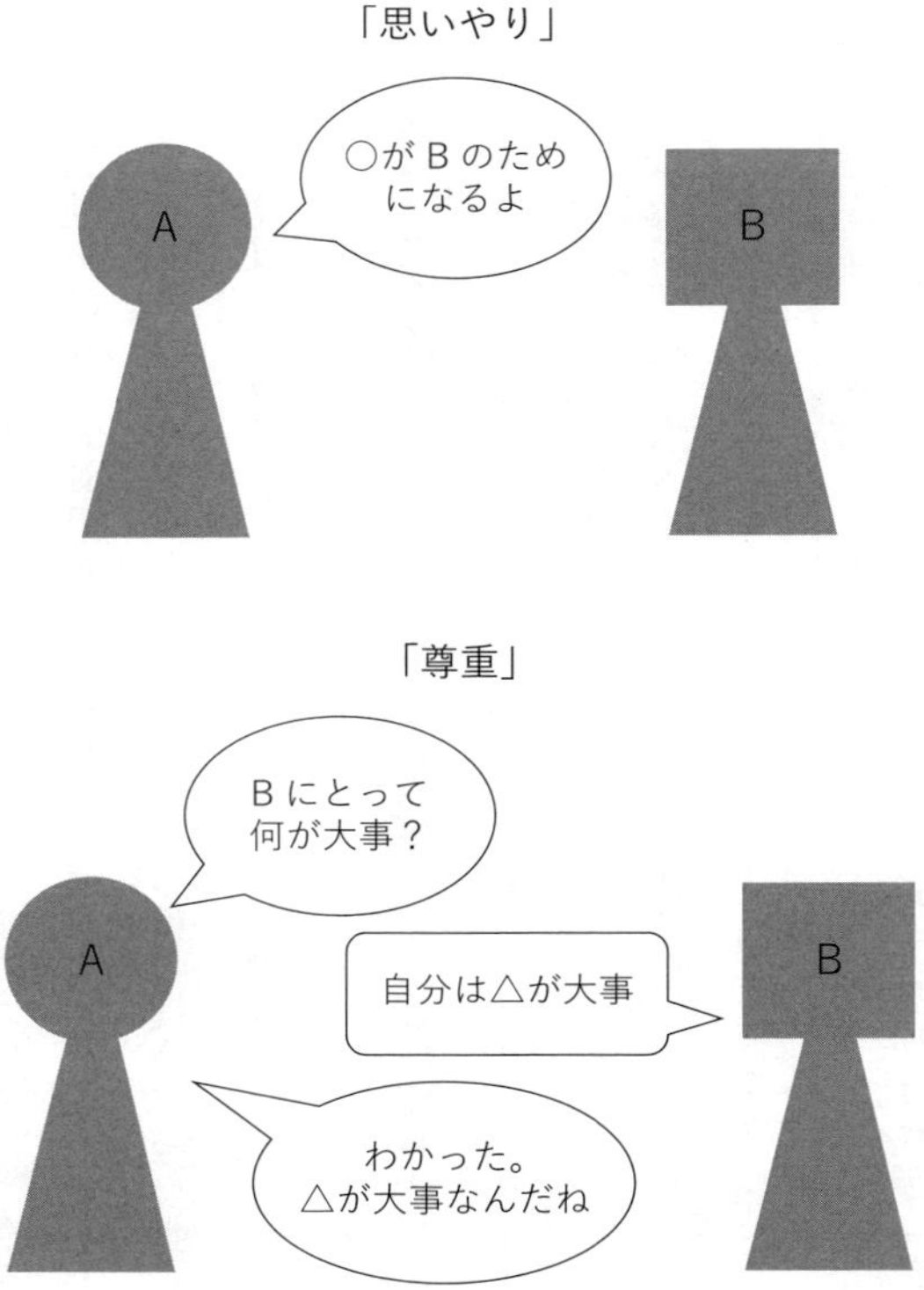

＊　筆者作成

レビ小説（朝ドラ）「虎に翼」で、主人公である寅子の母のはるが、寅子の幸せを思って、結婚を勧めた際に、寅子が涙を浮かべて「私には、お母さんが言う幸せも地獄にしか思えない。」というシーンがありますが、まさにこのことを表しているのだと思いました。

そして、「権利」は、その行使をするかどうか、どのように行使をするかは一人ひとりの自由に委ねられているのですから、ある時点や場面でその権利をどうしたいかについても、そのときの本人にしか決められません。

「尊重」と「思いやり」の違いが人権への取組みに及ぼす違い

	「尊重」アプローチ	「思いやり」アプローチ
人権対応をするかどうか	尊重される人の側が対応を望むかどうか	思いやる側がそれをしたいと思うかどうか
何をもって適切な対応とするか（それを知るための話しかけ方）	尊重される側がどのような対応をしてほしいか（「あなたはどうしたいですか？」）	思いやる側が何が相手方にとってよいと思うか（「これがあなたにとってよいと思います」）
「人権リスク」をどう捉えるか	尊重される側のリスク（「人から見る」）	思いやる側（企業）のリスク（「企業から見る」）
リスクの分析・評価の方法	尊重される側にまずは確認する	思いやる側が自ら考える
対処のプロセス	可能な限り尊重される側と対話をし、関与させる（エンゲージメント）	思いやる側が決めやすい考え方や判断のプロセスになりがち
こちらの考えを拒絶された場合にどう受け止めるか	尊重される側と（尊重される側についての）こちらの考えが異なっていただけ（こちらの考えは否定されていない）	こちら（思いやる側それ自体）の考えを提案しているので、それ（自分）を否定されたと受け止めがち

＊　筆者作成

もちろん、目の前の人が何を考えており、どのように権利行使をしたいかに思いを巡らせることはできますが、それには限界があります。そのことを認識したうえで、まずは本人がどう考えているかを確認し、それを大事にすること、言い方を変えるとある人権について、**本人の好きなようにさせることが「尊重」の本質**だと私は思います。

「尊重」に関するこのような理解は、それに向けた取組みの各論で上の表のような違いになって現れてきます。

なお、「尊重」アプローチにおいては、**尊重する側が、尊重される側の考えに心の底から同調したり、共感したりする必要はない**と私は思っています。一人ひとりが違う以上、同調できなかったり、共感できないのは、むしろ当たり前であって、尊重される側の考え方を正確に認識できるのであれば、これらができなくても、尊重は可能です。

このように理解することで、相互の意見が違ったとしても、自分は自分、他人は他人である以上、それは自然なことだと受け止めることが可能になって冷静な対応ができるのではないでしょうか。

逆に、「思いやり」アプローチ的に、思いやられる側のことを自分事としてしまうと、自分の「思いやり」と思いやられる側の思いが合致しないことを、自分を否定されたと受け止めて、感情的になってしまっても無理はないと思います。

前出の朝ドラのシーンで、寅子のセリフに対して母親のはるが絶句して「お母さんみたいになりたくないってこと？　あなた私のことそんな風に見てたの。」と言い去る場面は、寅子が「お母さんはそうかもしれないけれども、私はこうありたい」（自分は自分、母親は母親）と言っているだけのことを、自分を否定しているように受け止めている場面であり（寅子はもちろんそんなつもりはないので、「お母さん、違うの！」と言っていますが）、これに通ずるものがあると感じました。

私は、**企業が起こしがちな誤解や対応の間違いのかなりの多くの部分が、前記のような「思いやり」アプローチをしてしまっているところにある**と見ています。これは、人権がどのようなものであるかや、尊重するということがどういうことなのかという根本の理解の不十分さに起因していると考えています。非常に重要な点ですので、本書でも繰り返し立ち戻って考えていきます。

なお、私は他人に対して（本書では狭く理解している）「思いやり」や「やさしさ」をもって接することが悪いことであるとは全く思っていませんし、むしろ人間として素晴らしい姿勢であると思います。ここで強調しているのは、人権の文脈での「尊重」は、それらと意味するところやその帰結が異なるということであることは、誤解がないように補足しておきます。

Column 2-1

自由な意思決定

このように「尊重」においては、尊重される側の意思が重要ですが、これに関連して、人の意思決定をどう捉えるかについてのポイントをいくつか紹介します。

まず、ある人の意思決定がされる際には、それが**何らかの制約や抑圧を受けずに自由な状況下で行われていること**が重要になります。強制や、脅迫下における意思決定や誤導によるものはもちろん自由なものとは言えません。実際には、上司―部下（パワハラ・セクハラ）、先輩―後輩（アルハラ）、教える側―教わる側（アカハラ）、買う側―売る側（カスハラ）など、その関係性ゆえに自由な意思決定のもとで判断や行動ができない場合があります。

このような制約や抑圧は人間関係だけではなく、その人を取り巻く環境によっても生じえます。例えば、ある国での経済状況や政治状況が非常に悪いため、その国にいることが難しくなって他の国で働いている移民労働者などは、たとえ自分の意思でその国を出るという判断をしたのだとしても、そこには自身だけではいかんともしがたい環境がそうさせたという側面もあります。また、出身国に戻るという選択をすることが難しいため、移住先の国ではある種の我慢を強いられる抑圧的な状況にあると言えるでしょう。

　また、ある意思決定がされる際には、それに**先立ち**、それをするための十分な知識があること、そのための**情報提供がなされていること**が前提となります。ある人権デュー・ディリジェンスの手伝いをしていたときに、企業の方から「外国人労働者は自分で好き好んで借金をして日本で働いているのに、それの何が問題なのか」と聞かれたことがあります。例えば、外国人労働者が、外国に渡航するための借金をして海外で就労する場合、その借金と就労で得られる金銭の収支、手元に残る金銭でどういう生活ができるのか、就労先での仕事の内容やそれが変更できる・できないについての事前知識、外国での生活環境はどのようなものか、そもそもそのような借金は適法・適正なものなどかなどをしっかりと知識として知り、また、理解できていなければ、それは適切な意思決定であるとは言えないでしょう。

　また、その**意思決定に関わるプロセスも重要**です。上記のような知識を持つことができるために十分な情報提供がなされたのか、その情報提供は尊重されるべき側にとって適切な形式――例えば、理解可能な言語や、コミュニケーションの仕方、説明の場所、検討に必要な時間など――で行われたのかもポイントになります。例えば、本人がわからない言語の難解な契約書をいきなり渡してその場でサインさせるなどのやり方は、大いに問題があります。

　この、事前の、自由な、十分な情報提供を受けたうえでの、意思決定や同意は、例えば、開発の分野における先住民族の権利の文脈において、Free, Prior and Informed Consent（FPIC）として用いられていますが、そのような場面だけではなく、人権への負の影響が生じうる場面全てにおいて同じような考え方が当てはまるというのが筆者の考えです。

また、ハラスメントの文脈でありがちな、「芸能界のようなコミュニティに入ったのだから、ある程度のことは覚悟していたはずだ」、「体育会というのは理不尽さもある場所である」、「夜の世界で働いているのだから、身体を触られてもしょうがないだろう」というような発想や言説には、無制約の白地の同意があるような発想があるように見受けられます。そのような発想は、個別の権利に関して本人の自由意思をしっかりと確認するという考え方とは相容れないことは理解いただけるのではないかと思います。

人に対して何かをするときには、逐一、自由意思を確認することが当然である、それがないならそのようなことはしてはならない、ということが「尊重」においての基本だということを理解いただければと思います。

この考え方をわかりやすく紹介したものとして、イギリスのThames Valley Policeという警察署が２０１５年に制作した「お茶と同意」（Tea and Consent）という動画があります（https://www.youtube.com/watch?v=pZwvrxVavnQ）。この動画では、出されたお茶を飲むかどうかは、出された人が自由な意思で決めるもので、あるときには飲みたくても次の瞬間にはいらないこともあるという例などを出しながら、「同意」について説明をしたものであり、とても参考になります。YouTubeで８４０万を超えるビューがついていますので、是非見ていただきたいと思います。

2　指導原則における尊重責任とは「do no harm」である

次に、企業が人権を尊重する責任があるというのは何を意味するのかを見ていきましょう。

国連指導原則は、企業の人権尊重の原則を、「**企業が他者の人権を侵害することを回避し、関与する人権への負の影響に対処すべきこと**を意味する」としています。そして、対処というのは、人権への負の影響を「**防止、軽減、そして、適切な場合には、是正のため適切な措置をとること**」であるとしています。

さらに、後ほど詳しく述べますが、人権侵害に他者を通じて間接的に関与している場合に、その他者に対する働きかけで人権侵害への対処ができない場合には、その他者との関係を絶つことも求められています。

これらを、平たく言うと、以下のことを求めています。

- ・企業は人権侵害を行うな、関与をするな
- ・人権侵害を行ったり、関与している場合にはしっかり対応せよ
- ・他者を通じて人権侵害に関わっている場合には、対処するよう働きかけ、場合によっては手を切れ

このように、**国連指導原則における企業の人権尊重責任の範囲は、「害をなさない（do no harm）」である**とされています。

3　「人権への正の影響」を及ぼすことは求められていない

企業の人権尊重責任について前記のような理解を前提とすると、企業は「害をなさない」ことを超えて「善をなす」ことまでは、責任の内容としては求められていないということになります。

実際、国連指導原則にはそのようなことは書かれていませんし、例えば、国連指導原則の公的な注釈書である「解釈の手引き」においては、次のような記述があります（強調筆者）。

> ある状況において、ある企業が、人権の尊重にとどまらず、更にその促進に努める責任が存在するかどうかについて、議論が継続している。これは、すべての企業のすべての状況における責任の世界的基準を定め、したがって、**人権を尊重する責任に焦点を当てた指導原則の範囲を超えた問題である。**人権の尊重は、企業の中核的な事業活動――日々の業務をどのように行うか――に関するものであって、その中核的な事業活動以外の任意の活動（たとえそれがどれほど歓迎されるとしても）に関するものではないのである。

また、国連が発行している国連指導原則についてのよくある質問（Frequently Asked Questions About the Guiding Principles on Business and Human Rights〈https://www.ohchr.org/sites/default/files/Documents/Publications/FAQ_PrinciplesBussinessHR.pdf〉）には、「企業は、さらに、人権を促進し、実現しなければならないのか」（Q29）という質問があり、これに対しては、「No」としたうえで、「企業の人権

を尊重する責任は、企業に人権を侵害しないことを求めるが、それを超えて人権を促進し、実現することを求めることではない」と明確に回答しています。

さらに、ここの「尊重」（respect）という概念は、指導原則の背後にある国際人権法上の概念であり、国家が人権に関して負う、「尊重」、「保護」、及び「実現」という3種類の義務の1つです（指導原則1解説）。国家の「尊重」義務とは、国家が、人権の享有を妨げたり、抑制したりすることを回避しなければならないことを意味します。「保護」とは、国家が、人権侵害から個人や集団を保護することを求めるものとされます。「実現」とは、基本的人権の享有を促進するために、国家が積極的に行動しなければならないことを意味します（ＯＨＣＨＲのWhat are human rights?〈https://www.ohchr.org/en/what-are-human-rights〉）。このような概念の違いからも、**「尊重」というのが、消極的な義務である**ことがおわかりいただけると思います。

企業による人権尊重責任をこのように狭く捉えることについては、異論があるかもしれません。実際には、企業に対して「do no harm」を超えた行動をとることを求める論者もいますが、次のような理由で本書ではあえてそのような整理をとっていません。

①　人権の尊重が企業にとって、「責任」であること、すなわち、やるか・やらないかの自由な選択が認められるものではないことである以上、その範囲についてはある程度の明確さがあってしかるべきであること

②　「害をなさない」ことに比べて「善をなす」ことの範囲は極めて広く、また、企業は営利目的で存在をしていることや、企業ごとに考え方は千差万別であることから、よりよき社会にすることへ

の関与については基本的には企業の裁量に委ねられていると考えられる。そのようなものまでも範囲に含めた場合には、企業がやる・やらないを決められるものとそうでないものとが混在することになり、「責任」が薄まったり、軽く理解されるおそれがあること

③　人権尊重責任の範囲を明確にすることを通じて、企業活動において何らかの問題が生じたり、外部から指摘を受けた場合に、それが指導原則に関する事項か、それ以外の事柄かについての整理と理解がしやすくなり、事案に応じた適切な対応がとりやすくなることが期待されること

④　CSR活動などにおける善行をもって、人権への負の影響への取組みができていないことをカバーしようとする行動・発想が往々にして見られるが、このような「相殺」は認められていないところ（本章Ⅳ4参照）、このような行動・発想に至るのは、尊重責任の範囲を広く善行なども含むと捉えていることにも一因があると思われること

これらの理由で、本書では、国連指導原則自体は、事業活動にともなって負の影響を引き起こしたり、助長したり、直接結び付くことについての責任を超えた責任や行動を積極的に企業に求めているものでは「基本的には」ないと整理したいと思います。

なお、企業による人権の普及促進等にむけた「正の影響」を及ぼすための取組みが、「do no harm」の実践のために有用な場合もあるでしょう。例えば、性的マイノリティの地位向上を目指す外部のイベントに参加したりスポンサーシップをすることは、社内における性的マイノリティの人権に関する意識を高め、ひいては、社内における差別の予防に役に立つこともあるはずです。その意味でも、こ

のような取組みを積極的に行うことは意義あることには違いありませんが、その位置づけについては常に意識しながら行うことが大事だと思います。

Column 2-2

「よりよき社会」への取組みと国連グローバルコンパクト

本書においては国連指導原則の人権尊重責任の範囲を「害をなさない（do no harm）」と捉えていますが、誤解がないようにしておくと、企業自身が自発的に、より人権尊重がなされる世の中の創造に寄与する行動をとること自体は素晴らしいことであると個人的には思っています。指導原則もそのような行動を妨げるものではないとしています。

例えば、近時は、米国においてB Corpと呼ばれる、社会や環境に配慮した事業活動において一定の基準を満たした企業に与えられる認証制度が登場したり、地域やウェルビーイング（個人や社会のよい状態）といった社会・環境へのインパクトを財務的リターンとともに生み出すことを目的とするインパクト投資が注目を集めたりしています。

このような取組みの一例として、1999年に当時のコフィー・アナン国連事務総長の提唱により発足した「国連グローバルコンパクト」（UNGC）があります。UNGCは、国連と民間（企業・団体）が手を結び、健全なグローバル社会を築くための世界最大のサステナビリティイニシアチブです。UNGCに署名する企業・団体は、人権の保護、不当な労働の排除、環境への対応、そして腐敗の防止に関わる10の原則に賛同する企業トップ自らのコミットメントのもとに、その実現に向けて努力を継続するものとされており、2021年現在世界約160カ国、1万7500を超える企業・団体が署名しています。日本の参画企業も2022年には500社を超え、そのカバーする従業員数は770万人（日本の就業人口の約11％）にも達しています。

前記署名項目のうち2つは人権に関するものですが、ポイントなのは、**UNGCの原則は、「do no harm」を超えて、企業は人権をサポートするための任意のあるいはポジティブな貢献ができるはずであり、積極的に取り組むことを求めている**点です。いわば「善をなせ」と言っているのです。

当然のことながら、UNGCの精神・原則に賛同してこれに加盟するかどうかは各企業の自由ですが、UNGCに加盟しているのであれば、その目指すところが「do no harm」を超えたところにあることを認識して人権対応に取り組むことが求められるとの自覚が必要です。また、UNGCに加盟していない場合でも世には多くのUNGC加盟企業や、前出のB Corpのような企業が存在することを認識したうえで、自社がどのような立ち位置で人権尊重に取り組むかを考える事に意味はあると思います。

4　ESG、CSR、SDGsとの関係

企業の人権に対する取組みは、ESG、CSR、SDGsなどとの関係においても語られることがあります。これらの概念と「ビジネスと人権」の違いについて理解をしておくことは、人権尊重への取組みを企業活動の中でどのように位置づけるかや、取り組むにあたっての心構えにおいて重要だと

思いますので、ここで少し触れておきます。

(1)　ＥＳＧ

ＥＳＧとは、環境（Environment）、社会（Social）、ガバナンス（Governance）の頭文字です。ＥＳＧはそれら３つの観点が企業の持続的な成長を目指すために重要であり、ＥＳＧ投資とはそれらに配慮した経営を行う企業に投資すること、売上高や利益などの財務情報だけではなく、ＥＳＧへの取組みなどの非財務的な情報も考慮して投資を行うことを意味し、２００６年に当時のアナン国連事務総長が提唱して、世界に広まったという経緯があります。企業がＥＳＧへの取組みを示すのは、「我々はＥＳＧを大事にしますから、投資家の皆さんは安心して投資してください。中長期的なリターンが期待できますよ」というメッセージでもあります。

このように、**ＥＳＧというのはあくまでも企業自身の成長や、かかる成長をふまえた中長期的なリターンの確保を目的とした投資という、企業や投資家側から見た概念**であり、ライツホルダーへの人権への負の影響を防止するという、**人の側から考える「ビジネスと人権」とは切り口が異なっています**。

確かに、人権はＥＳＧの「Ｓ」とも関係していますが、「ビジネスと人権」は企業の成長をその目的とはしていませんので、「ビジネスと人権」に取り組むにあたっては、ＥＳＧへの取組みとは区別して考えていただいた方がよいと思います。

また、ＥＳＧ投資については、そもそも企業としてどのＥＳＧ要素にどの程度のウェイトを置くかは基本的には自社の判断に委ねられているため、全ての企業に一律に適用されるという国連指導原則のコンセプトとは相容れません。また、指導原則においては、「全ての」国際的な人権に対処することが求められるとともに、人権要素の深刻度という企業側の事情とは関係がない要素により優先順位が付けられる点も異なります。

しかも、現在、アメリカなどにおいては、「気候変動などの社会的な課題への対策は政府がやるべきことであり、民間企業の仕事ではない。ＥＳＧにより、株主の利益が損なわれる」として反ＥＳＧを唱える論客や政治家も登場しており、経済界や投資家からも一定の支持を集めています。ＥＳＧ投資に積極的だった世界最大の資産運用会社ブラックロックのＣＥＯのラリー・フィンク氏も「ＥＳＧ投資という言葉は政治的になりすぎた。もう使わない」というメッセージを発するなど議論の対象になっています。ですが、**「ビジネスと人権」は、このようなトレンドとは関係なく取り組まれるべきものであり、ＥＳＧが退潮傾向なので、人権尊重への取組みを弱めてよいという話にはなりません。**

このような観点からも、「ビジネスと人権」の取組みは、それが結果的にＥＳＧに資するものになることはあれど、ＥＳＧのためにやるものではないと整理いただくのがよいと思います。

⑵　ＣＳＲ

ＣＳＲは、Corporate Social Responsibility の略語であり、日本語では「企業の社会的責任」と訳されています。例えば、経済産業省のウェブサイトでは「企業が社会や環境と共存し、持続可能な成長を図るため、その活動の影響について責任をとる企業行動」と定義されています。

この定義の「社会」の中には、事業活動と関係する「人」も含まれると思いますので、自らの活動がそれらに与える影響について責任を取るという点においては、「ビジネスと人権」との重なりがあると思います。

他方、ＣＳＲについては、従前は、企業による寄付や慈善活動などのフィランソロピー活動や芸術・文化などを支援するメセナ活動など、事業活動そのものとは別のものであり、かつ、国連指導原則のような明確な原則やルールがなく、行うかどうかが「企業次第」である、広い意味での社会貢献もＣＳＲとして捉えられており、任意の「do good」的な活動が多かったであろう点が「ビジネスと人権」とは異なっています。

似た話で、企業の社会貢献についての考え方として「三方よし」があります。三方よしとは、近江商人（現在の滋賀県にあたる近江国に本拠地を置き、他国へ盛んに行商を行っていた商人）の経営哲学の１つであり、商いをするうえでは、「売り手よし」「買い手よし」「世間（社会）よし」という３つをクリアすべきだという哲学とされています。

「三方よし」を標榜している日本企業は少なくないようであり、それ自体は悪いことではありませんが、この考え方を人権尊重の文脈に適用するのは適切ではありません。

なぜなら、経営哲学たる「三方よし」を採用するかどうかは、個別の企業の判断に委ねられているのに対して、指導原則に基づく企業の人権尊重責任は、全ての企業が遵守すべきという点が違います。人権はライツホルダー一人ひとりとの関係で尊重すべきものであって、抽象的な「世間（社会）」貢献とは異なるからです。

「ビジネスと人権」は企業が社会的責任を果たす１つの場面ではあると思いますが、ＣＳＲや三方よしのようなより広い意味での社会貢献活動とは内容が異なるものとご理解ください。

⑶　ＳＤＧｓ

ＳＤＧｓ（Sustainable Development Goals：持続可能な開発目標）とは、２０１５年9月の国連サミットで全会一致で採択された「我々の世界を変革する――持続可能な開発のための２０３０アジェンダ」（「２０３０アジェンダ」）に掲げられた、誰一人取り残さない持続可能で多様性と包摂性のある社会の実現のために、２０３０年までに世界が達成すべき17の目標です。この17の目標が違う色になぞらえられ、輪の形をしたロゴは皆さんにとってもなじみが深いと思います。

２０３０アジェンダにおいては、ＳＤＧｓが全ての人々の人権を実現することを目指すこととされており、目指すべき世界像として、「人権、人の尊厳、法の支配、正義、平等及び差別のないことに対して普遍的な尊重がされる世界」を示すとともに、共有される主要な原則に、世界人権宣言や、国際人権に関する諸条約が挙げられそれらの重要性が確認されています。また、その実施のためには民間企業の活動が重要であるとされ、遵守すべき取り決めとして国連指導原則やＩＬＯの労働基準も参照されています。

このように、ＳＤＧｓのコンセプトや目標それ自体が人権尊重を内包していることに加え、17の目標はいずれも国際人権と深い結びつきを有しており、その達成は国際人権の尊重なくしてはあり得ません。その意味において、企業によるＳＤＧｓへの取組みは、「ビジネスと人権」への取組みと重なる部分があると言えます。

気をつけるべきは、ＳＤＧｓの達成のために企業ができる事は非常に多いため、**企業がＳＤＧｓに取り組んでいれば、指導原則に基づく人権尊重責任を果たさなくてよいことになるわけではない**点です。ＧＲＩ（Global Reporting Initiative）、国連グローバルコンパクト、および、ＷＢＣＳＤ（持続可能な開発のための世界経済人会議）が策定した「SDG Compass：ＳＤＧｓの企業行動指針」（https://sdgcompass.org/wp-content/uploads/2016/04/SDG_Compass_Japanese.pdf）において、**企業の人権尊重責任は「企業が人権の促進および持続可能な開発に向けた活動を行っているとしても、相殺はできない」**と述べているのは、そのような点の注意喚起をしているものでしょう（本章Ⅳ４参照）。

多くの企業がＳＤＧｓに関連する活動を行われていると思いますが、前記のような点に注意をしながら、「ビジネスと人権」にも取り組んでいただければと思います。

Column 2-3

「構造的問題」への対処と人権尊重責任

「構造的問題」とは、ある状況全体に広がっている問題または課題のうち、企業が直接制御できない根本原因によって引き起こされたものでありながら、企業の事業またはサプライチェーン・バリューチェーン内部における「人権への負の影響」のリスクを増大させるものを言います（ＯＥＣＤガイダンスコラム６）。

構造的問題の具体例としては、児童労働のリスクを増大させる就学難、高い貧困率、政府内部に蔓延する収賄および汚職、マイノリティ集団に対する構造的差別（例えば、インドにおけるカースト制度など）、社会全体に見受けられる女性と少女へのハラスメントおよび虐待などがあります。

これらの構造的問題は、政府が法執行および人権保護に対する義務を果たさないことなどによって起こり得る、社会構造に起因する問題で、**企業はこのような政府の機能不全に対する責任は負いません。**

しかし、**構造的問題が存在する状況下で企業活動を行うという決定は、企業活動上の「人権への負の影響」のリスクを増大させる**と考えられています。例えば、児童労働リスクの非常に高い国で活動していると、自分たちも知らず知らずのうちに児童労働に加担するリスクがあり、収賄や汚職が公然と行われている国で活動を続けると、企業が収賄や汚職に巻き込まれるリスクが高まるなどです。

このような観点からすると、**構造的問題それ自体を解決することは企業の人権尊重責任の内容そのものではありませんが、それを超えるものとして社会や操業国・地域の一員として自分たちが何ができるかを期待されていると言える**でしょう。そのような取組みは、企業1社で行うことは困難ですので、同業他社や政府、NGOなどと連携したりする方法が考えられるとされています。

例えば、衣料ブランド、販売店、労働組合が共同して、グローバルな縫製産業セクターの労働者の生活賃金（法定の最低賃金ではなく、健康で文化的な生活ができ、労働力を再生産し社会的体裁を保持するために最低限必要な水準の賃金。リビング・ウェイジとも呼ばれる）を獲得するための活動（ACT：Act on Living Wages）や、ソフトウェア企業が連携して、インターネットにおける児童の性的虐待・搾取を防止するためのプロジェクト（その活動の内容としては、政府や市民団体との連携による議論を行うことや、防止の研究団体への資金提供）などの取組事例があります。

なお、構造的問題がある状況下で活動する企業は、それ自体で事業活動上の人権リスクが高いと考えられますので、その人権尊重への取組みの説明の一環として、**そこにとどまり続けることの決定およびその論理的根拠を、透明性を持って明らかにする準備をしておく必要がある**でしょう。例えば、ウクライナ侵攻後のロシア、軍事クーデター後のミャンマーなどでビジネスを続けるという決断を下したなら、「自分たちはなぜとどまり続けるのか、構造的な問題にどのように向き合っているのか」を明確することが求められます。

Ⅱ　どの企業が、誰に対して責任を負うのか

企業の人権を尊重する責任は、「企業が他者の人権を侵害することを回避し、関与する人権への負の影響に対処すべきこと」すなわち「害をなさない（do no harm）」ことを内容とします。そのような責任は、どの企業が、誰に対して負うのかを見ていきます。

1　人権尊重責任を負う企業の範囲

人権尊重責任は全ての企業にあるのか、それとも一部の大企業だけに責任があり、規模の小さい企業には責任はないのでしょうか。

指導原則は、**人権尊重責任は、企業の規模、業種、企業活動の状況、所有者、組織編成に関わりなく、全ての企業に適用される**としています。つまり、企業が大きいとか小さいとか、どのような業種

EU のコーポレート・サステナビリティ・デュー・ディリジェンス指令（CS3D）の適用対象企業たる要件概要

EU 域内企業	全世界での売上純売上高が 4 億 5000 万ユーロを超え、かつ、従業員数が 1000 人超の企業
EU 域外の企業	EU 内での年間純売上高が 4 億 5000 万ユーロを超える企業。EU 域内の当事者とフランチャイズ契約またはライセンス契約を締結している企業、またはそのグループの最終的な親会社で一定の要件を充たす企業を含む

だとか、どういう活動しているかとか、誰がオーナーなのか、あるいはどういう組織なのかは関係なく、全ての企業に適用されます。

その一方、自社のサプライチェーン・バリューチェーンを下流から上流まで追いかけて調べるためには、相応のコストがかかりますし、人権対応に詳しい人材を社内に持つなど、金銭的、人的なリソースの余裕が中小企業には乏しいというのが実情であり、そのような問題意識は世界的にも共有されています。例えば、ＥＵで近時採択された企業に対して人権デュー・ディリジェンスを義務化する法律（コーポレート・サステナビリティ・デュー・ディリジェンス指令〔ＣＳ３Ｄ〕）では、適用されるには売上高や雇用している従業員数など一定の要件があります（上の表）。

このような問題意識を踏まえ、指導原則は、「しかしながら、企業がその責任を果たすためにとる手段の規模や複雑さは、**これらの要素および企業による人権への負の影響の深刻さ**に伴い、様々に変わり得る」としています（強調筆者）。

これは、**中小企業の人権尊重責任を軽減させることは意味しません**。人権侵害は中小企業にも存在するというのが一般的な見方であり、ＣＳ３Ｄの制定のプロセスにおいても、中小企業を一律に除外することについては強い反対がありました。

指導原則において、人権尊重責任を果たすための手段が、企業の規模などの要素によって変わり得るとしているのは、企業規模などの運営の実体に照らした手段になると言っているに過ぎないと考えるべきでしょう。例えば、中小企業においては、組織構造が複雑に階層化されておらず、マネジメントと現場の距離が近かったり、内部監査の仕組みが単純であるなど大企業に比べてシンプルなものであることが多く、その場合の人権尊重のための対応体制は大企業とは異なるものになるなどです。

また、格式張った人権方針を作るよりも、よりシンプルな形でコミットメントを表明することもあるかもしれません。事業規模に比して極端にコストのかかるサプライチェーンマネジメントシステムを、会社の経営を傾かせてまで導入することは現実的ではなく、それが求められているものでもありません。

しかしながら、そのことが、**中小企業であることを理由に全くコストや手間を掛けなくてもよいことの免罪符になるわけではない**点は、繰り返しになりますが強調しておきたいと思います。

2　人権尊重すべき責任がある「ライツホルダー」の範囲

次に、企業が「誰の人権について尊重する責任があるのか」を見ていきましょう。これは、指導原則により責任を負う場合の裏返しから考えられます。

指導原則上、企業は、次の場合について責任を負うとされます。

① 自らの活動を通じて、その人権への負の影響が引き起こされたり助長されたりした場合
② ①に該当しなくても、その人権への負の影響が、取引関係によって企業の事業、製品またはサービスと直接的につながっている場合

①の「自らの活動を通じて」というのは、比較的わかりやすいでしょう。自社内で従業員に対するハラスメントが起こったり、自社の製品により、健康被害が起きるケースなどです。

②の「取引関係によって企業の事業、製品またはサービスと直接的につながっている場合」の「取引関係」には、サプライチェーンとバリューチェーンが含まれます。改めて両者を説明しましょう。

サプライチェーンとは、製品などが生み出されて消費者に届くまでの一連の流れを示したものであり、とくに「モノ」をイメージするとわかりやすいと思います。モノの製造に必要な原材料や部品を調達し、それに対して加工や組み立てを行い、市場に流通させて販売するというプロセス全般などです。自社製品の下請け企業で起こった児童労働や強制労働、あるいは関連する販売会社で起こったハラスメントの被害者などが企業が責任を負う対象です。

バリューチェーンとは、企業の事業活動で生み出される「価値（バリュー）」に注目した考えです。サプライチェーンだけではなく、企業に融資をする金融機関、研究開発過程で協業関係にある企業、人材派遣を受けている場合の人材派遣会社などが含まれます。

企業のサプライチェーン・バリューチェーンは長く、複雑であることが多いでしょう。私がアドバイザーを務めている日本のある企業団体は、部品点数が数千点という複雑な商品を作っており、部品の供給業者は数百社に上っています。数百社の供給業者の上流にもさらに下請け企業が数多く存在しているでしょう。このような場合、直接の取引先にアンケートを送って、人権侵害がないかどうかの調査が行われることがありますが、数百社にアンケートを送って回収し、確認するだけでも膨大な労力を必要とします。そのうえ、直接の取引関係にはない、二次取引先以降についてまでは「とても手が回らない」というのが多くの企業の実態なのではないでしょうか。

しかしながら、指導原則は、そのどこまでを含むかについて何らの制限も設けていません。その末端に至るまで全ての場面において責任を負うというのが指導原則の考え方であり、このような複雑なチェーンにおいて個々の取引関係を評価することは実現が難しいことについては認めつつ、「しかし、これによって人権を尊重するという企業の責任が減少するわけではない」と明確に述べています（「解釈の手引き」問40）。

このように、**指導原則上は、間接的なものも含めてサプライチェーン・バリューチェーンなどの取引関係上にあり、自社の事業、製品、サービスと結びついて生じた人権への負の影響を受けた（受けうる）者全てについて、企業は責任を負う**ものと理解してください。

こう聞くと、その範囲の広大さや、どこから手をつけてよいのかで、途方に暮れてしまうかもしれませんが、それを解決するための考え方が、後述する「リスクベースアプローチ」、人々に重大な害を及ぼす可能性のある影響を**優先的に取り扱う**という考え方です。この考え方のポイントは、あくまでも責任の範囲は限定しないけれども、存在するリスク全てについて同時に対応をする必要はなく、優先順位を付けて行うことでかまわないという点ですので、考え方の枠組みについてここで押さえておきましょう。

Column 2-4

なぜ自社グループ以外の第三者（他者）の行為について責任を負うのか

自社やグループ会社でハラスメントなどの人権問題が生じた場合には、自分事として捉えられると思いますが、自社以外のサプライチェーン・バリューチェーンで生じた人権侵害については、「何故、他社がやったことについて責任を負わねばならないのか」という素朴な疑問が生じると思います。

この背景には、企業の事業活動がグローバル化、すなわち、本拠地である国以外の国におけるサプライチェーン・バリューチェーンを含んでいく中で、そのような国は低コストである一方、人権に対する悪影響への各種の規制が十分ではないため、人権保護が十分にされてこなかったという実態があります。

このような実態のもとで、自社の発注先会社が人権侵害を生じさせた場合に、「それは当社の工場ではなく、資本関係もなく、そこから商品を買っているだけだ」という主張は許されるべきではないという社会的な価値判断が、第三者の行為について責任を負う実質的な根拠だと考えられます。

不十分な人権保護の状況に乗じてビジネスをしてはならず、また、自分の手を汚していなければよいわけではないのです。

このような「第三者」の範囲をどのように定めるかにつき、１つの考え方として、その企業が「影響力を及ぼす範囲」、つまり、直接の取引先など、影響力が強い第三者については責任が強く、取引のチェーンの末端にいるような第三者については責任が弱いという考え方があります。しかし、そのような影響力の大小という発想では、例えば影響力があっても自社と関係のない人権侵害についても責任を負うという誤解を生んだり、チェーンの距離が長くとも責任を負うことが妥当な事案について適切な理解ができないという問題があると、指導原則を作ったジョン・ラギー教授は考えたのです。

そこで、そのような企業相互間の影響力に着目するのではなく、**企業活動に伴う第三者との関係性に由来する、現実に発生した人権への悪影響（の発生可能性）があるかどうか**、という観点から「第三者」の範囲を考え、ある企業と「取引関係」があるかどうかに着目するという枠組みで指導原則は作られています。

この「取引関係」とは、「取引先企業、バリューチェーン上の組織、及び、企業の事業、製品またはサービスと直接関係のある非国家または国家組織」を意味するとされ、例えば、直接の契約関係がある先を超えた企業や、ジョイント・ベンチャーを組成している場合の株主と出資先の関係なども広く含むものと理解されています。

このように捉えることにより、その第三者に対する影響力の有無にかかわらず、自社の事業、製品またはサービスと関係がある以上は責任を負い、逆に、そのような関係がないのであれば責任を負わないこととされています。そのうえで、責任の内容について、後述（本章Ⅲ）するように、人権への負の影響への関与の態様によって、異なるものとすることで、バランスをとるという仕組みになっているのです。

III　責任を負う場合と、その場合の対処

ここまで見てきたように、「全ての」企業は、間接的なものも含めてサプライチェーン・バリューチェーンなどの「取引関係」上にあり、自社の事業、製品、サービスと結びついて生じた人権への負の影響を受けた（受けうる）者全てについて、人権を侵害することを回避し、関与する人権への負の影響に対処すべき、すなわち「害をなさない（do no harm）」、という責任を負います。

次に、企業がこのような責任を負う場合、つまり、人権侵害に関与する場合とはどのような場合を言うのかと、そのような場合にどのように対処することが求められているのかについて見ていきましょう。

1　企業が「人権への負の影響」を与える場合

指導原則では、企業は、「人権を侵害することを回避」したり、「人権への負の影響」に対処すべきとされています。「人権への負の影響」というのは、あまり聞き慣れない概念かと思いますが、「ある行為によって、個人がその人権を享受する力を奪われた、またはその力が低下した」ことを意味するとされています。少しわかりにくいですが、ここでは一般的な用語法としての「人権侵害」とほぼイコールと考えていただいてよいと思います。本書で使われている「人権侵害」と、「人権への負の影

響」についても、特に使い分けはしていないという想定でお読みください。

このような、「人権侵害」「人権への負の影響」に企業が関係する場合に、注意すべきポイントがいくつかあります。

１つ目は、このようなものに企業が関係する場合の行動は、企業のビジネス上での行為を広く含んでおり、**作為（何かをすること）だけでなく、不作為（何かをしないこと）も含む**という点です。例えば、暴言などによってハラスメントを行う場合だけではなく、工場の安全対策が十分でないために労働安全上の危険が生じている場合も含まれます。

２つ目は、人権への負の影響は、すでに発生しているものだけではなく、発生する可能性はあるが、まだ発生していないものも含みます。これを「潜在的」と表現します。実際の負の影響については是正（本章Ⅲ３参照）をすることが必要とされますが、潜在的な負の影響については、可能な限り最大限、それが現実化することを防ぐ、または、現実化した場合にその影響を軽減することが必要とされます。

私は、**企業が潜在的な負の影響について対応する責任を負うという考え方は、「ビジネスと人権」を理解するうえでとても重要なポイントの１つ**だと考えています。後述する人権デュー・ディリジェンスなどはまさにそのような潜在的な負の影響があるかないかを調べ、それがある場合には未然に負の影響が発生することを防止することを求めるというコンセプトで成り立っており、**「自社事業のど**

こで人権侵害が発生しているか」だけではなく、「どこで発生しそうか」という考え方をとります。ステークホルダーとのエンゲージメント（対話）もすでに人権侵害を受けている被害者のみならず、人権侵害を受ける可能性がある人との関係でも行う必要があるなど（詳しくは第6章）、この考え方は企業の取組み全般を通じて一貫して求められています。

このような人権侵害・人権への負の影響が発生する可能性、危険性を「人権リスク」と言います。今まで見てきたように、**このリスクは、「企業活動がどのように人権への負の影響につながるか」についてのリスクであって、「人権への負の影響がどのように企業に悪影響を生じさせるか」ではない**のですが、実際には、企業は後者のような意味でこの言葉を使いがちです。

例えば、セクハラなどの人権侵害が起きた際、それによって訴訟を起こされて企業の評判が落ちたり、株価が下がったりすることをが「人権リスク」と言われたりすることもあります。これは指導原則の考え方からは真逆の言葉の使い方であり、これらは「人権上の問題が企業の事業にもたらすリスク」というような言い方をすべき場面です。

「人権リスク」という言葉について正しく使えない企業は、「ビジネスと人権」を理解しておらず、人権問題に対処できない人権軽視の企業という評価を受けかねません。この点については、すでに具体的な問題として捉えている企業も存在しており、私が意見交換を行ったある日本企業の重役が「当社では議論を重ねた結果、開示書類や内部の用語として『人権リスク』という用語を使わないと決定しました」と語ってくれました。人権リスクについて正しく理解し、また、危険な誤用を避ける見地からもよい工夫だと思いました。

「人権リスクは企業へのリスクではなく人へのリスク」、これは「ビジネスと人権」の基本中の基本となる考え方ですので、この本でも繰り返し述べていきます。

２　「引き起こす」、「助長する」、「直接結びつく」

次に、企業が責任を負う人権への負の影響（の発生可能性）との関係の仕方として、指導原則がどのようなかたちを想定しているかを説明します。

指導原則は、企業の人権への負の影響との関わり方として、①引き起こす、②助長する、③直接結びつくという３つのタイプを想定しており、それぞれの内容は次の通りです（例については「解釈の手引き」を参照）。

① 引き起こす（Cause）：企業自身の活動を通じて人権への負の影響を引き起こすもの

例１　上司が部下に対してセクシャルハラスメント行為を行い、性別によって差別されないという人権や、身体・精神の安全を侵害した

例２　工場における安全管理を怠り、その結果、従業員に怪我をさせ、その安全な環境で働ける権利を侵害した

例３　運営するレストランで特定の国籍の顧客に日常的に差別的な取扱いをし、国籍によって差別されないという人権を侵害した

②　助長する（Contribute）：企業自身の活動を通じて、直接的、または外部機関（政府、企業その他）を通じて助長するもの

例１　企業がインターネットサービス利用者に関する情報を権威主義的な政府の求めに応じて提出。その結果、政府が反政府的な活動を特定して逮捕した。人権侵害を直接しているのは政府だが、その行為を可能ならしめているのは情報提供を行った企業であり、助長行為に当たる

例２　企業が下請けのサプライヤーに対し、唐突に短納期での仕事を強要。サプライヤーは24時間フル稼働を強いられて、その従業員が休む権利が侵害された

③　直接結びつく（Directly Linked）：影響を引き起こさず、助長もしていないものの、その影響が、取引関係があり、かつ企業自身の事業、製品またはサービスに関連する組織によって生じているという理由で関与すること

③の「直接」という言葉がわかりにくいのですが、これの対概念として「間接」の結びつきというものはありません。**要は、単に関連性があることを「直接結びつく」と表現している**ものと理解してください。そのような結びつきは、自社の事業、製品、サービスと負の影響それ自体との間で必要ですが、取引関係の直接性（例えば、直接の契約先であること）は求められず、それを超えて発生し得ると考えられています。

例１　伝統的に女児より男児を望む傾向があり、妊娠中に女児だとわかると中絶させることが行われている国がある。そのような中、胎児の性別判断に超音波診断装置が用いられ、それにより女児の人工妊娠中絶を強いられる母親が増えた。当該装置を製造・販売している企業は、そのような性別による差別と直接の結びつきがある

例２　ある銀行が設立した金融子会社が、地元の精糖会社に融資を行った。この融資を受けた地元の精糖会社は、地域住民を無理矢理立ち退かせて工場を作り、そこで子どもを働かせる児童労働を行ったり、危険な労働環境の強制を行ったりした。当該銀行や、金融子会社が直接人権侵害を行っているわけではないが、融資行為を通じて人権侵害に直接結びついている

他方、自社がサプライヤーに対してスポーツシューズの製造委託をしている場合に、同じサプライヤーのバッグを作っている工場で労働者の安全に関する人権侵害があったとして、２つの生産ラインが全く異なるのであれば、自社の製品とその人権侵害との間に関連性がなく、直接の結びつきがないという評価となることもあるでしょう。

「引き起こす」というのは企業自身が引き起こしている場合なので、比較的イメージしやすいかもしれませんが、「助長」と「直接結びつく」の違いはわかりにくいかもしれません。

実際、**「助長」と「直接結びつく」は切り離された概念ではなく、連続性があり、例えば、「直接結びつく」状態が継続的した場合には、「助長」していることになる**という見解も示されています。

また、どのような関与の仕方をすれば、「助長」になるかは少し複雑であり、その判断は容易ではありませんが、次のような要素を組み合わせて総合的に考えられるとされています。

（状況）
・その企業が、人権への負の影響を動機づけているか
・その企業が、人権への負の影響の発生を容易ならしめているか
・その企業が、特定の相手方やプロジェクトにより人権への負の影響の発生を予見することが可能であったか
・その企業が、人権への負の影響の発生を予防、軽減するために影響力の行使をしたか
・その企業の人権尊重のための社内体制や、人権デュー・ディリジェンスのプロセスの実施
例えば、ある金融機関が、その融資先が過去にあるプロジェクトにおいて人権侵害をしたことがあるのを知っており、今回も同種のプロジェクトを行い、それを通じて同様の人権侵害が発生する可能性があることを知り得たとしましょう。それにもかかわらず、何らの警告などもせず、また、融資に先立ち人権デュー・ディリジェンスも行わずに、当該プロジェクトのために漫然と融資し、その結果、人権侵害が発生した場合には、当該企業の融資行為は「助長」に当たる可能性があるでしょう。

これに対し、金融機関が、特定のプロジェクトに対してではなく、一般的な企業融資を行い、それに先立ち、融資先の人権遵守状況について事前に確認をしていたにもかかわらず、融資先で人権侵害

が発生した場合には、「直接結びつく」にとどまると考えられます。しかし、このような場合であっても、人権侵害が発覚した後も、それをやめるような働きかけなどを行わず、漫然と融資を継続した場合には、その関係は「助長」に変化しうると考えられます。

一般的に、「助長」というと、刑法の共犯的なイメージを持たれるかもしれません。ですが、前記の考え方においては、「あれなければこれなし」という因果関係が厳密には求められておらず、かつ、企業の行為と人権への負の影響の結果そのものとの関係だけではなく、企業が人権への負の影響に対してどのように（積極的に）対処したかにも着目するという側面がある点などが違っています。

また、「**直接結びつく」については、実際には自社の事業、製品、サービスと負の影響とが何らかの形で関係していれば、ほぼ認められるぐらい、低いハードルであると考えておいていただいた方がよい**と思います。例えば、企業による投融資との関係では、出資において、保有する株式の大小や持ち株比率などは「取引関係」の有無の判断要素ではないとされていたり、単なる名義上株式を預託するような場合でも取引関係を構成しうるといった議論もあったりします。

これらの考え方によると、「**あまり強い結びつきではないと思い、特に何もせずに放置をしておいたら、いつの間にか助長しているという評価を受けてしまった**」という事態を招くおそれがあります。

自社のビジネスが人権への負の影響に何らかの関係があるかどうかについては、厳しく見るとともにに、そのような関係性が見つかったら速やかに対処することを日頃から意識することが重要になります。

3　負の影響への関わり方と求められる対応の違い

(1)「引き起こす」、「助長」している場合——「是正」

企業の人権への負の影響について求められる対処は、その関与の仕方により異なります。まず、自らが負の影響を「引き起こし」たり、「助長」していることが明らかな場合には「是正」すること（Remediation）が求められます。「是正」とは、人権への負の影響について**救済を提供するプロセス**、および負の影響を弱めまたは修復するような**実質的な成果**の双方を言います。指導原則では、「是正」とともに「救済」（Remedy）という語も用いられることがありますが、両者は基本的には同じ意味とされていますので、本書でもそのように取り扱います。

是正は、謝罪、原状回復、被害が再発しないことの保証、金銭的または非金銭的補償、罰金などの刑事罰または行政罰、特定の活動や関係の停止、といった様々な形をとる場合があります。これは、人権が「一人ひとりのもの」であること（第1章Ⅲ3）を思い出すと理解しやすいと思います。そうであるがゆえに、何が効果的な是正であるかについては、負の影響を受けた者が何を効果的な救済ととるかを理解することが重要です。

企業による救済を提供するためのプロセスについては、「苦情処理メカニズム」の箇所（第5章Ⅱ参照）において詳しく説明します。ここでは、企業が提供するもの以外のプロセス（例えば、裁判所や、政府が設けるその他の苦情処理受付窓口など）の利用を排除するものではなく、場合によってはそれらを優先的に活用し、企業はそのプロセスへの協力が求められるということを押さえておいてください。

⑵　「引き起こす」、「助長」または「直接結びついている」場合――「防止、軽減」

企業の人権への負の影響への関与の形態である、「引き起こす」、「助長」、「直接結びついている」、いずれの場合においても、前に述べたように、企業が対処すべき負の影響には現実に発生したものだけではなく、潜在的なものも含まれますので、そのようなものが実際に発生することがないようにする措置、すなわち「防止」をすること（Prevention）が求められます。

「防止」の例としては、危険な高所で従業員を働かせる場合、転落などの事故が起こらないように、ヘルメットや安全帯を付けるように指導する、工場で適正に処理した排水を海に流す場合、定期的なモニタリングで環境安全基準を満たしているかのチェックをするなどが挙げられます。

また、いずれの関与の形態の場合でも、人権侵害の発生の可能性、すなわち人権リスクがある場合には、そのような可能性をなるべく下げる措置をとるべきです。また、人権侵害が現実化しており、それが完全に是正されていない場合は、残っている負の影響の範囲をできるだけ減少させるべきとされます。これらを、負の影響または人権リスクの「軽減」（Mitigation）と言います。

このように、**企業が自ら負の影響を引き起こしていたり、他社との関係でそれを助長している場合**

には「是正」することまで求められているのに対して、「直接結びついている」場合にはそこまでは求められていないことがポイントです。なお、そのような場合であったとしても、企業が是正のための役割を担うことは否定されていない（むしろ期待されているとも言える）ことには注意が必要です。

4　企業に求められている具体的な行動

企業がその関わり方に応じて求められている人権への負の影響やそのリスクの是正、予防、軽減は、いずれも、企業の行動それ自体を規定するものではなく、人権リスクを負う側、つまり、ライツホルダーの側から見て達成されるべき内容といえます。少しわかりにくいのですが、企業が何をするかというよりは、**人権侵害による被害が救われ、少しでも軽くなり、または、そもそも発生しないという状況を作り出すこと自体が求められている**と言え、ある種「結果責任」的な考え方とも言えると思います。

国連指導原則は、前記のような考え方をとると同時に、企業がなすべき具体的な行動も定めています。それは、以下の３つであり、詳細は第４章から第６章で触れますので、まずは、この３つがあるということを押さえてください。

①　人権を尊重する責任を果たすという企業方針のコミットメント
②　人権デュー・ディリジェンス

③　苦情処理メカニズム

前述した「是正、予防、軽減」と、この「3つの行動」の関係については、国連指導原則では必ずしもはっきりとは書いていませんが、私は、以下のように理解しています。

・「是正、予防、軽減」は企業が果たすべき責任の中身それ自体であり、それに関連してとるべきものが3つの行動である
・「是正、予防、軽減」が果たされるかに関係なく、3つの行動はとられるべきである
・しかしながら、3つの行動がとられたからといって、「是正、予防、軽減」が果たされていることにはならず、3つの行動の有無にかかわらず、「是正、予防、軽減」の責任は果たさなければならない
・「是正、予防、軽減」と3つの行動は、オーバーラップしたり、相互に関連し合うという関係にもある

この理解に基づくと、例えば、人権への負の影響を特定し、防止、軽減するために行われる人権デュー・ディリジェンスは、人権への負の影響が発生しているか、その発生可能性があるかどうかには関係なく、企業はそれを行わなければなりません。また、人権デュー・ディリジェンスをしていたにもかかわらず、事業遂行上、人権への負の影響を引き起こしてしまった場合にはこれを是正したり、軽減する必要があり、**人権デュー・ディリジェンスをしていたからといって責任がなくなったり軽くなるわけではありません**。また、苦情処理メカニズムは、あるときには、その設置・運用が、人権への負の影響の予防や、是正そのものとして機能することがあるでしょう。

これらの関係性についてはわかりにくいところがあろうかとは思います。ひとまずは、**企業の責任には、人権への負の影響の結果そのものに関するものと**（**結果責任的**）、**それを回避したり軽減するためのプロセスに関するもの**（**行為責任的**）**なものとがあり、その両者を果たす必要がある**という点をご理解いただければと思います。

5　優先順位を付ける──リスクベースアプローチ

ここまで述べてきたように、企業は、そのサプライチェーン・バリューチェーン上に存在する全ての人に対して、自社の事業などと取引関係上関連する人権への負の影響に関する責任を負い、また、人権デュー・ディリジェンスの実施などのアクションをとることが求められます。

企業活動は非常に多岐にわたり、また、サプライチェーン・バリューチェーンは長大なものになることもあるでしょう。そのためこれら全ての局面におけるあらゆる人権への負の影響について、その発生可能性まで含めて検討し、対応を「一度にすること」は、企業の様々なリソースや、時間的な制約などを考えると、多くの場合、現実的ではありません。

指導原則もそのことは理解しており、同時に全ての影響に対処することが難しい場合には、**問題となりうる人権への負の影響を比較したうえで、人々にもっとも深刻な影響または対応の遅れが是正を不可能とするような影響を第1に扱わなければならない**とされます。このような考え方を「リスクベースアプローチ」と言います。

ここで注意をすべきは、この考え方はあくまでも「どの問題から手をつけるか」という**順番の話に**

過ぎず、責任の範囲を狭めるものではないということです。したがって、優先順位に従ってある負の影響への対応が終わったら、企業は次に深刻な負の影響に対処すべきであり、その後も、全ての対応が終わるまで同様に続ける必要があります。**人権の尊重への取組みに終わりはない**なのです。

では、そのような優先順位はどのように付けるべきか、人々にもっとも害を及ぼす影響かどうかは、どのように判断すればよいのでしょうか？　指導原則は、「深刻さ」というコンセプトを用いており、それは、人権への負の影響の、①規模、②範囲、③是正不能性で判断されるとされています。

これらの要素の中身は何なのか、その要素の測定をどのように行うのかについて、国連開発計画（ＵＮＤＰ）が作成・公表している「研修進行ガイド　人権デュー・ディリジェンス」（https://www.undp.org/ja/japan/publications/hrdd-guide-2022）を踏まえ、経済産業省が作成した「責任あるサプライチェーン等における人権尊重のための実務参照資料（令和５年４月）」にまとめられています（https://www.meti.go.jp/press/2023/04/20230404002/20230404002-1.pdf）（次頁表）。

これによると、規模、範囲、是正不能性という３つの要素をもって、深刻度の認定をしたうえで、次に、人権への負の影響を発生させた事由が将来再び起こる可能性である「発生可能性」をこれに組み合わせるべきとされています。

このような深刻度と発生可能性を組み合わせた優先順位の評価は、前出のＵＮＤＰ「研修進行ガイド」では96頁のようにヒートマップとして図示されています。

優先順位付けの判断基準の例

深刻度 最重要要素	規　模 （影響がどれくらい重大または深刻であるか）	高　度	人権侵害が、個人・コミュニティの身体的、精神的、情緒的な幸福に対する重大な影響を伴っている。対象になっているコミュニティが特に脆弱な立場にあると考えられる
		中程度	人権侵害が、個人・コミュニティの身体的、精神的、情緒的な幸福に対する中程度の影響を伴っている
		低　度	人権侵害が、被害者の生活に対する長期の、または実質的な影響を伴っておらず、脆弱な立場にある人々を対象としていない
	範　囲 （影響を受けた人々の数）	高　度	影響を受けた人々が多数であること。これには、社員、家族または労働者、そして周囲の住民が含まれます
		中程度	影響を受けた人々が中程度の人数であること
		低　度	影響を受けた人々が少数であること
	是正不能性 （影響を受けた人々について負の影響を受ける前の状況と少なくとも同一または同等の状況に回復させることができる限界）	高　度	即時に措置を講じなければ、人権侵害の影響を是正できないことになる
		中程度	速やかに措置を講じなければ、人権侵害の影響を是正することができない可能性が高い
		低　度	人権侵害を完全に是正するために即時に措置を講じる必要はない
発生可能性		高　度	事業活動（または部門）において事由が年に数回発生しており、再び発生する可能性が非常に高い
		中程度	事業活動において事由が数回発生しており、その業界で過去にも発生している
		低　度	事業活動においてその事由が発生したことはないが、その業界で過去に発生した可能性がある

＊　前出の経済産業省「責任あるサプライチェーン等における人権尊重のための実務参照資料（令和５年４月）」14 頁図表４をもとに作成

優先順位の評価のためのヒートマップ

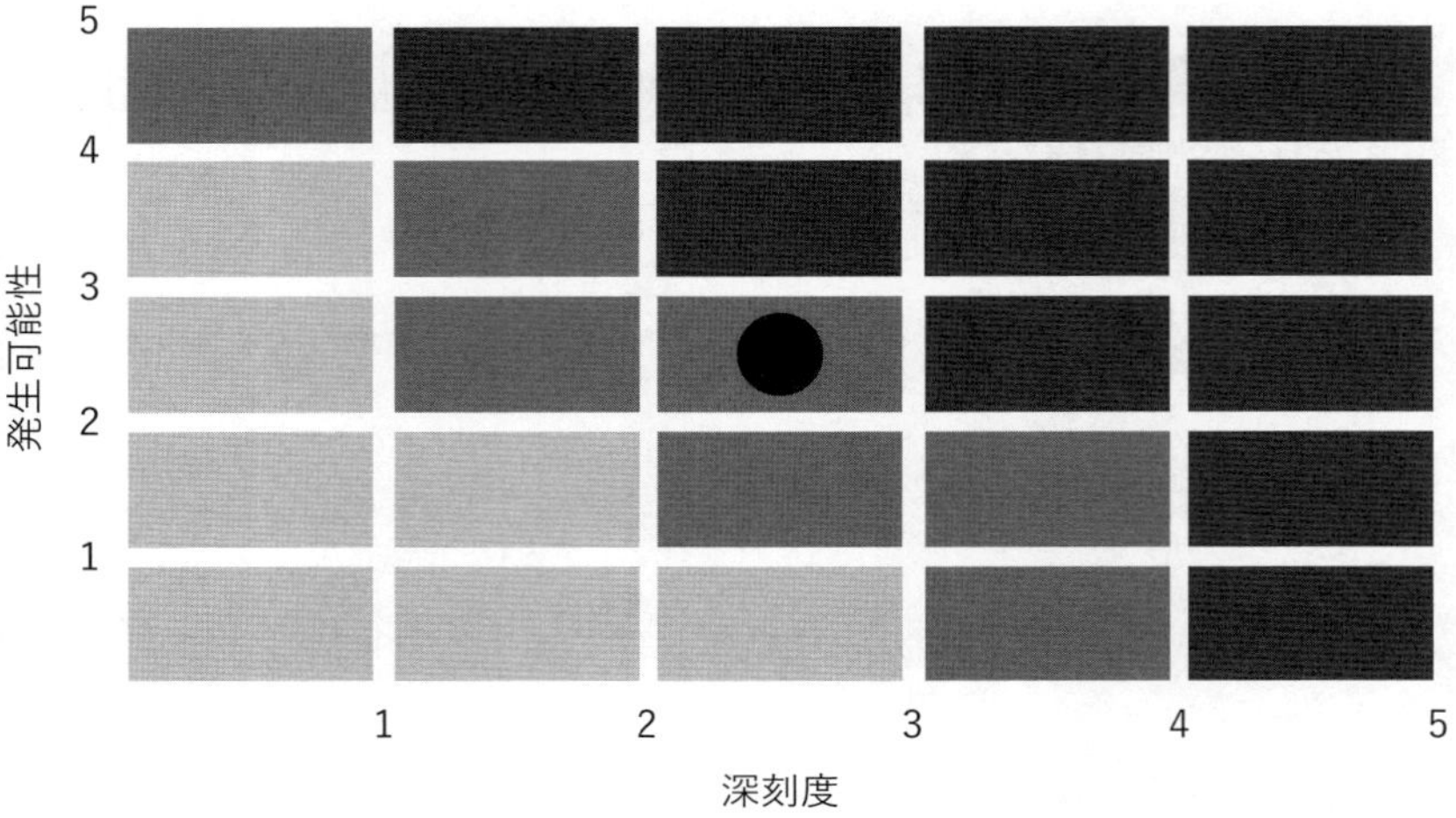

＊　前出の UNDP「研修進行ガイド」62 頁より

ただし、このようなマッピングは、優先順位のいくつかある評価方法の１つに過ぎないとされている点には留意が必要です。特に、指導原則では、**「深刻さ」こそが、優先順位付けの支配的な要因でなければならない**とされており、発生可能性が低いというだけで、優先順位を下げることを正当化はできず、是正可能性（があること。イコール、「深刻さ」が低いこと）が対応を遅らせることの正当性の主要な要因であるべきとされています。

Ⅳ　人権尊重責任を果たす際の重要ポイント

このように、企業は、人権への負の影響について、それを引き起こし、助長し、または、自社の事業等と直接結びついている場合には、その関与の仕方に応じて是正、軽減、防止をする責任を負うとともに、人権デュー・ディリジェンスの実施等の取組みを、リスクベースアプローチに基づいた適切な優先順位付けをしながらすることが求められます。このような一連の取組みをする際に注意すべき重要なポイントを紹介します。

1　継続的な対応を行う

企業活動に関連する**人権への負の影響は、企業が事業活動を継続している限り、常に発生する可能性があります**。例えば、今日はハラスメントが発生していなくても、明日発生する可能性があります。私が業務をしているミャンマーでも、軍によるクーデターは、いわば「寝耳に水」的に突如として発生し、かつ、当初は強い弾圧はされていなかったものが、途中から苛烈な暴力が振るわれるようになりました。しかもこの変化はわずか数週間のうちに起きています。

また、前述した人権の動態性によって、新たに人権として認められるものが出てきた場合には、従前は考慮されていなかった負の影響が実は生じているという事態もありうるでしょう。

このような負の影響について、これを防止、是正、軽減するためには、企業の人権への取組みは1回限り行えばよいわけではなく、継続的に行うことが求められます。

そして、企業の取組みの様々な文脈において継続性が求められていると考えるべきでしょう。具体的には、以下のような場面で現れます。

・一旦作成した人権方針（第4章II）を作りっぱなしにせず、定期的に見直す

・自社事業に関する人権影響評価（第5章Ⅰ）を折々に実施し、事業に関係する人権リスクのタイムリーな捕捉に努める
・自社の人権尊重のための（人的、予算的）体制については常にアップグレードを図る
・人権対応が十分になされているのかのモニタリングを恒常的に実施する
・特定の人権への負の影響への対処について継続してフォローアップをする
・外部に対する人権対応の情報提供を一定の頻度で実施する

このように継続的な対応をするためには、人権尊重に関する理解が社内に広くかつ十分に浸透している必要があり、これを人権方針の「定着」と言います（第4章Ⅱ4）。また、それを続けるための人的な体制や予算を整備することが不可欠になります。これら社内体制の整備については第5章で詳しく述べます。

2　自分たちだけで考えない

次に重要なのは「自分たちだけで考えない」ことです。具体的には、**①ステークホルダーエンゲージメントを行うことと、②専門的な知見を活用すること**が必要とされます。

①ステークホルダーエンゲージメントは、人権対応の一丁目一番地ともいえる非常に重要なものですので、本書では丸々1章をこれに当てて詳しく解説しています（第6章）。ポイントは、人権が一

人ひとりのものであること（第1章Ⅲ3参照）から、その人権の保有者――すなわちライツホルダー――の見解を丁寧に聞きながら、人権侵害の状況や、それへの対応の適切性を確認しつつ対応する必要があるということであると、ひとまずはお考えください。

次に、②「専門的な知見の活用」が求められるのは、そもそも人権に関する知識が乏しい場合にこれを補うという趣旨もあれば、自社だけでは十分に分析や検討ができていない人権への影響や、同じ業界・業種を超えた最善の取組事例に関する知見、前述の人権の動態性などに鑑みた今後の世の中の動向などを正確に理解することなどが、適切な人権対応のために必要と考えられているからです。また、外部の専門家からの客観的な見え方を知ることは、自社の置かれている状況やその取組みの十分性について把握することにとっても有用でしょう。

専門的知見の活用には、人権問題に関して国際的な評価が高いNGO、大学などで人権問題を研究している学者、あるいは、「ビジネスと人権」に詳しい実務家などに聞くことが挙げられます。また、企業内部で頼りになる人権の専門家がすでに育っている場合があれば、そのような社内のリソースを活用することでも問題ありません。

また、求められているのは「知見の活用」ですので、必ずしも専門家の「意見を聞くこと」に限られず、人権に関する国連やILO、OECDのウェブサイトに掲載されている情報、前述した国連グローバルコンパクトのウェブサイトに掲載されている各種の資料、「ビジネスと人権」に関する信頼されている情報源などの参照も、専門的な知見の活用に含まれています。

ポイントとなるのは、**ステークホルダーエンゲージメントと、専門的知見の活用は、状況に応じて、どちらも必要になりうる**ということです。人権問題に詳しいコンサルタントに意見を求め、アドバイスを得たから、ライツホルダーの話は聞かなくてよいというわけではありません。逆にライツホルダーの意見を聞いたら、専門的な知見を求めなくてもよいという話でもありませんので、場面に応じて適切な対応が必要となります。

また、これらの活動を行うためには、相応のリソースが必要になる場合があるでしょう。それには、これらの情報、知見にアクセスするための社内の人員の配置、育成から、外部リソースにアクセスするために必要となる予算などが含まれます。後述（第5章）するように、人権デュー・ディリジェンスの一部として社内の適切な体制確保が求められますので、計画的な準備が必要となる点も頭に入れておいてください。

3　人権対応に一律・決まったやり方はない

人権が一人ひとりのもの（第1章Ⅲ3参照）である以上、人権対応も一人ひとりによって異なるはずであり、企業の人権対応のプロセスの要所要所でステークホルダーエンゲージメント（第6章）が求められているのもこの表れにほかなりません。

例えば、企業内で複数の被害者が発生するハラスメント事案があった場合、その被害者の中には、謝罪を求める人もいれば、慰謝料という形で金銭的な補償を求める人もいるでしょう。あるいは精神的なダメージをケアするための処置を求める被害者もいるかもしれません。企業側としては、そうした異なるニーズをきめ細かに捉えた個別の対応が求められます。

したがって、ある人権課題に対する対応をする際に、「これをやっておけば大丈夫」、「前もこうやったから今回もこうやろう」、「○にはこう書いてある（○先生がこう言っている）からそうしよう」、「○との関係ではこれが上手くいったから、△との関係でもこれでいこう」、「他社がこの程度だから、ウチも同じぐらいでいいだろう」という考え方は、いずれも問題をはらんでいます。

その一方で、例えば、被害者がある一定の地域にまとまって存在する場合や、非常に多数存在する場合などは、一人ひとりに完全に個別対応をすることが現実的に難しい場合もあるでしょう。このような場合には、ある程度一律の対応をとらざるを得ないこともあるかもしれませんが、それはあくまでも例外であるという認識が重要です。

このように、**個別対応が原則、一律対応が例外**という枠組みを押さえておくことは個別の事案における取組みの姿勢にも表れてきます。例えば、数万人規模の人権侵害事案が発生した場合に、会社としての予算の制約などに基づく一律対応ありきの姿勢で臨んだ場合には、一人頭いくら払えるかというところで思考が止まってしまうかもしれません。これに対し、被害者の意見を個別に聞くのが原則であるという認識があれば、金銭的な補償以外に、意見を聞くための場をどのように設けるかということにも思いが至りやすくなると思います。

どのような場合であっても、人権は一人ひとりのものであるという立脚点に立ち帰り、そのために

何ができるかを考えるのがあくまで本筋なのです。このように考えると、人権対応に「1つの正解はない」ということも理解できるでしょうし、「何が（単一の）正解か」を探りに行きがちな悪いクセも直しやすくなると思います。

4　相殺は容認されない

前出（本章Ⅰ4）とも関係しますが、指導原則は、**企業が人権の促進のための諸活動に取り組んだ場合であったとしても、それが事業を通じて人権を尊重することを怠った場合に、これを相殺するものではない**としています。「解釈の手引き」でも、「人権に生じた損害について二酸化炭素の排出量の問題における相殺（オフセット）に相当するものは存在しないことに留意しておくことも重要である。すなわち、ある分野で人権を尊重しなかった場合に、それを他の分野で提供された利益で帳消しにすることはできないのである」としています。

このことは、人権が1つひとつ独立していることを考えれば、当然の帰結のはずなのですが、あまり理解がされていないような印象を受けることもあります。

例えば、ある国の経済的に貧しい地域に工場を建てるために、地域が大切に守ってきた祈りの場所である墓所の移設を強行したとしましょう。それは信仰に関する人権の侵害に当たります。ところが、進出する企業側は、工場ができることで地域住民の雇用が創出されたり、インフラが整ったりすることのメリットを強調しがちです。それがまさに「相殺」に当たります。地域住民にとって、収入が増える、電気が通うようになって生活が豊かになったというプラスの面があったとしても、それは、祈りの権利が失われたという人権侵害とは何の関係もありません。

特に、**経済的な便益を優先するような考え方や物言いは、１つひとつの人権に上下・優劣はないという基本的な考え方を理解していない**と受け止められたり、ひどい場合には札束で頬をたたいているような印象すら与えかねませんので、もしそのような考え方をしているのであれば、特に注意が必要でしょう。

第3章

企業の「ビジネスと人権」対応のツボ

本章のポイント

第1章においては「人権」とは何か、第2章においては企業がそれを「尊重する」とは何を意味するのかについて、国連指導原則の考え方に沿って説明をしてきました。

次章以降においては、企業の人権尊重責任の果たし方の各論について説明をしていきますが、その前に、企業が「ビジネスと人権」に取り組むにあたっての「ツボ」を本章では紹介します。

本章を通じて、国連指導原則をどう位置づけるかや、それを読み解くにあたってどのような考え方をすべきか、取り組むにあたっての心構えなどを準備をしたうえで、個別の論点に進むことで、それらの理解もしやすくなるのではないかと思います。

I 「国連指導原則」の理解

「ビジネスと人権」におけるスタンダードである国連指導原則は、全31カ条と決して長くはありません。特に、企業の責任に関して定める第2章はわずか14カ条しかなく、苦情処理メカニズムについての第3章の規定を含めても、その数は非常に少なく、かつ、規定内容が企業人目線で見ると具体性を欠いています。初めて読む人にとってはその短さがかえってとっつきにくさを生じさせ、実際の活動に落とし込みにくいものとなっているのではないでしょうか。

しかしながら、国連指導原則のコンセプトを理解すると、その抽象性などが、まさに指導原則が「ビジネスと人権」に関して世界的に支持を受けている理由であることが理解できると思います。まずは、国連指導原則についての理解を少し深めていくところから始めたいと思います。

1　国連指導原則の制定の経緯

後述するように、国連指導原則は法的拘束力を有しない規範、いわゆる「ソフトロー」です。にもかかわらず、なぜそれが現在のように広い支持を受けているのか、また、その読み解き方、内容を理解するにあたっては、**指導原則が定められるに至った経緯を知ることがとても重要**です。

まず、「ビジネスと人権」の根底にある問題意識、事実認識として、グローバル化に伴い企業活動が人権に対する悪影響をもたらしているということ、そして、このような事態に対して国のような公的な主体が制裁などを通じて実効的な形で規制をすることができていないことがあります。指導原則の起草者であるハーバード大学のジョン・ラギー教授は、この状況を「つまり、経済的な力とその行使者が及ぼしている範囲や影響と、それがもたらす有害な結果を管理する社会の能力との間にギャップが拡大している」（ジョン・ジェラルド・ラギー〔東澤靖訳〕『正しいビジネス』〔岩波書店、2014年〕10頁）と表現しています。これは、一般的にはガバナンス・ギャップと呼ばれます。

この問題にどう対応するかという点について、指導原則が定められる前に1つの試みがなされました。それは、国連の人権委員会の専門家による「多国籍企業及びその他の企業に関する規範」と呼ばれるものの策定です。この草案の特徴は、企業による人権尊重を、国際「法」に基づいて直接義務づける点、つまり、法的拘束力を持った形で行わせるところにありました。しかしながら、経済界はこれに強く反対し、各国政府の支持も得られませんでした。他方、このような法的拘束力を有する規範ではなく、企業の自発的な取組みの枠組みを作ることについては、人権擁護団体からの強い反対があり、この草案が日の目を見ることはありませんでした。

そのような中、ラギー教授が、２００５年に当時のコフィー・アナン国連事務総長より「人権と多国籍企業及びその他の企業の問題」に関する事務総長特別代表に任命されます。ラギー教授は、**企業活動による人権への負の影響に対応するためには、「何がなされるべきか」にまず焦点が当てられるべきであり、（法的に）「強制的に」か「自発的に」かという形式論は後回しであるという現実主義的なアプローチ**をとりました。

専門的な話は本書の性質上割愛しますが、ラギー教授は、かたや、条約という法的拘束力のある国際的な規範によっては、その制定に要する時間や、現実的な実効性などの様々な問題点から、目の前で発生している人権侵害に対応することは難しいと考えました。他方において、前に述べたＣＳＲのような企業の自発的な取組み（イニシアティブとも言います）についても、それを行っている企業の数の少なさやその構造上の限界などを理由として、「ビジネスと人権」を巡る課題の解消には不十分であるとも考えました。

このような状況の表現として、ラギー教授は「**ビジネスと人権の難題を解決する銀の弾丸などはない**。全ての関係者による、各方面に配列された広範な措置が必要とされる」と述べています（ラギー・前掲書１２３頁）。

ラギー教授は、このような分析や、「ビジネスと人権」を巡る既存の基準、法令、慣行等の調査研究を行いながら、様々なステークホルダーとの協議を行い、それらの期待や行動を集めることができる権威のある規範的な枠組みと、それに対する政策ガイダンスを作り、国家、企業、市民社会組織といった全ての関係者の合意を獲得することを目指したのです。

その活動は、２００８年に「保護、尊重及び救済」という枠組みとして提示され、国連人権理事会において「歓迎」されました。**この枠組みは、人権を保護する国家の義務、人権を尊重するという企業の責任、および、救済へのアクセスという3つの柱（スリー・ピラーズとよく呼ばれます）から成り立っています。**

そして、この枠組みが「何がなされるべきか」についてのものであるとすると、これを「どのようになすべきか」について定めるものとして、「ビジネスと人権に関する指導原則――国際連合『保護、尊重及び救済』枠組実施のために」、すなわち国連指導原則が定められ、２０１１年の人権理事会において、全会一致で支持（endorse）されるに至ったのです。この働きに対するラギー教授の多大な貢献に敬意を表し、国連指導原則はラギー原則と呼ばれることもあり、２０２１年に死去された際には立場を超えて多くのステークホルダーから哀悼の意が示されました。

ここで押さえていただきたいのは、**国連指導原則は、様々なステークホルダー（国家、企業、市民社会）から広く支持を得ることを目的とし、あえて、「法的強制力」も持たせず、かつ、単なる「自発的な取組み」にもとどまらせないことを目指して作られた**ということです。

往々にして企業の側からは、「何故、法律のような強制力のある規範ではないものを守らねばならないのか」という問いが出されますが、それに対する答の１つとして、「そもそも、皆に守ってもらえる共通の規範とするためにあえて法的強制力を持たせていない作りにしてある（ので、強制力の有無のみに着目した議論は無意味である）」という点が挙げられるでしょう。

Column 3-1

国家の義務

人権の尊重については、国家がそれを行う（名宛人とされる、などとも言われます）ものというのが伝統的な理解だと思います。

そのような考え方からは、なぜ私企業がその責任を負うのか、人権を守るのは国の仕事ではないのかという疑問が湧いてくると思います。

指導原則も、前述の３つの柱（スリー・ピラーズ）の中の**第１の柱を「人権を保護する国家の義務」としており、第２の柱である企業に先んじて、国がこれを行うべきことを明確にしています。**

そして、このような「義務」を踏まえて、日本を含む多くの国において、国連指導原則を実行するための行動計画（国別行動計画、National Action Plan. 日本は２０２０年に策定）を作ったり、後述のマンダトリーローなど人権遵守のための立法措置などを講じたりしています。

したがって、人権尊重に向けた各種の取組みを官民ともに行うべきであるというのが国連指導原則の構造であり、民間だけに責任を押し付けているものではありません。指導原則においても、企業の人権尊重責任は国家の義務とは独立したもので、国家の義務を軽減させるものではないとしています。

ともすると、「ビジネスと人権」に関する情報は企業の責任に関するものばかりに目が行きがちですが、上述の人権の伝統的な理解や、指導原則上も「責任」とは異なる「義務」とされていることにもあるように、国による取組みが第1の柱であり、企業の取組みのみに依拠することは想定されていないということは、関係者が共有すべき大事な点だと思います。

2 国連指導原則は「ソフトロー」である

前記の経緯にある通り、国連指導原則は、人権理事会において支持（endorse）された「原則」であり、法律でもなければ、国家間の条約でもないので、国際的にも国内的にも、その執行、実現を国家権力などの力で強制的に行うことができる力――法的強制力や法的拘束力などと言います――を持つ国家等が定めた制定法（このようなものを「ハードロー」と言います）ではありません。

他方、指導原則は、いわゆる「ソフトロー」であると一般的には理解されています。ソフトローとは、裁判所等の国家機関によるエンフォースメント（法や規則の執行）が保証されていないにもかかわらず、企業や私人の行動を事実上拘束している規範（ソフトローの定義については、中山信弘編集代表『ソフトロー研究叢書』シリーズ〔有斐閣、2008〜2010年〕を参考にしました）のことを言い、民間で自主的に定められているガイドライン、行政府が示す法解釈なども含む幅広い概念です。

このようなソフトローの例の1つとして、東京証券取引所（東証）が実効的な企業統治を実現するための主要原則をまとめた「コーポレートガバナンス・コード」が挙げられます。企業が、株主をはじめ、顧客・従業員・地域社会などの立場を踏まえて、「透明・公平かつ迅速・果断な意思決定を行うための仕組み」を維持し、実効的な「コーポレートガバナンス（企業統治）」を実現するためのものであり、東証に上場する企業が守るべき規範となっています。

このようなソフトローについては普通の日本企業であれば、ハードローではなくても、当然に遵守すべき規範であると考えていると思います。つまり、**単なるお題目であるとか、理想論とか、マナー、社会的な慣行・常識などとは異なり、社会的に守るべき規範としての地位を有している**ものとなっています。

国連指導原則も、そのようなソフトローの１つであると捉えられていると言えますし、日本政府が指導原則等の「ビジネスと人権」に関する国際的なスタンダードを敷衍して令和４（２０２２）年９月に策定した「責任あるサプライチェーン等における人権尊重のためのガイドライン」（「日本政府ガイドライン」）もまたソフトローの１つと言えるでしょう。

そうであるとすると、他のソフトローを遵守するのと同様に指導原則も企業にとっては守るべき社会的な規範と捉えて、取り組む必要があることが、まずは理解できるのではないかと思います。

３　ソフトロー遵守とハードローコンプライアンス

このように、指導原則はソフトローであると考えられる一方、世の中には各国が制定した法的拘束力・強制力がある法律等のハードローが存在します。この両者の関係などをどのように考えるかについて、いくつかポイントを挙げてみましょう。

(1) 一般的な法令と指導原則の関係

指導原則は、この点について、次の3つのポイントを挙げています。

> 原則23．あらゆる状況において、企業は、次のことをすべきである。
> a．どこで事業をおこなうにしても、適用されるべき法をすべて遵守し、国際的に認められた人権を尊重する。
> b．相反する要求に直面した場合、国際的に認められた人権の原則を尊重する方法を追求する。
> c．どこで事業をおこなうにしても、重大な人権侵害を引き起こすまたは助長することのリスクを法令遵守の問題としてあつかう。

aは、大前提として、企業は事業をどこで行おうと、人権を尊重する責任があるということです。**ある国であれば人権を尊重するが、違う国であれば人権を尊重しなくてよいということではありません。**また、ある国の人権保障に関する法令が、必ずしも十分に執行されていない場合であっても、当該法令を遵守することが求められています。加えて、ある国の法令の人権保障の水準が国際的な水準に達していない場合には、法令にかかわらず、より高い国際的な水準で事業を運営すべきとされます(指導原則23解説)。

bは、そのような原則も、個別の状況によって企業がその責任を果たす際には難しい場面があり得ることを想定しています。例えば、国際的に認められた人権に反して行動することを現地政府に強いられる場合などが考えられます。例えばイスラム教の国には、女性はヒジャブと呼ばれる髪を隠す布を被らなければならないと法律で定めているところもあります。それは国際的な人権の基準からすると、女性の表現の自由、宗教の自由やプライバシーの権利の侵害と考えられており、このような場合に、企業は、国際的な人権基準と、その国・地域における法律上の要求の板挟み（ジレンマ）に陥ります。

このような状況を解消するための１００点満点の正解はありませんが、**どうやれば国際的に認められた人権を尊重できるかを考える努力が企業には問われます**。この例で、法令の内容や運用がそれほど厳しくない国の場合には、「仕事中にヒジャブを脱ぐことを禁止しない」といった運用が考えられます。他方、ある国では、民間企業が社内でヒジャブの不着用を許した場合、事業所の閉所や、幹部の拘禁・出国禁止などの処罰を受ける場合もあり、そのような場合には異なった対応をせざるを得ないでしょう。考え方によっては、そもそもそのような国には進出しないという選択肢もあるかもしれません。

ｃで言う「重大な人権の侵害」とは、例えば集団殺害犯罪（ジェノサイド）、奴隷制度および奴隷制度に類似する慣行、即決のもしくは恣意的な処刑、拷問、強制失踪、恣意的かつ長期の拘置、および組織的差別などが挙げられます。この他、経済的、社会的および文化的な権利を含むその他の人権侵害も、大規模なまたは特定の住民の集団を対象とした組織的なものである場合などには、重大な侵害とみなされることがあります。

企業としては**そうした重大な人権侵害に加担しないことに関しては、法令違反を犯さないことと同等の厳しい取組みが求められています**。例えば、ある者が化学薬品を用いて集団的な殺害行為を行った場合には、その者に化学薬品を提供することは、重大な人権侵害への加担に当たり得ます。そのような重大な侵害への関与のリスクについては、深刻な犯罪への関与と同様に取り扱うことが求められているのです。特に、このようなリスクは、紛争による影響を受ける地域において生じていると考えられていますので、自社の事業のプロセスの中にそのような地域が含まれている場合には、より一層の注意が必要となります。

これらは、一見するとわかりにくいかもしれませんが、前述した指導原則の制定の経緯に立ち戻っていただくとそれほど難しくはありません。つまり、**指導原則は、もともとガバナンス・ギャップ——これには各国の法令が人権尊重のためには十分でないことも含まれます——の解消のために作られたものですので、（そのような不十分な）ハードローを守っているからよいではないかという考え方は、指導原則の根本的なコンセプトと相容れない**のです。同時に、指導原則は、ハードローに違反してまでも、国際的なスタンダードを守ることまでを絶対的には求めておらず、「できる限りのことをしよう」と言っており、ラギー教授の現実主義的な考え方がよく表れているところです。

⑵ 「ビジネスと人権」を巡って制定される法令との関係

近時、欧米を中心として「ビジネスと人権」に関する企業の人権尊重責任の遵守を法的義務とする制定法——ハードロー——が各法域で制定されつつあります。その内容は、現代奴隷に関する取組み状況の報告を義務づけるもの（例：英国やオーストラリアの現代奴隷法）から、人権や環境に関するデュー・ディリジェンスを行う義務を明確に課すもの（例：ＥＵで制定されたコーポレート・サステナビリティ・デュー・ディリジェンス指令〔ＣＳ３Ｄ〕）など多岐にわたります。

前述のように、指導原則はハードローと自発的取組みのいずれでもないアプローチをとって作られたという経緯からすると、なぜ、いまになって各国でハードローが作られるのか、疑問に思われるかもしれません。

これは、指導原則の運用が始まった後の企業の行動を見たところ、やはり、法的拘束力がない規範では守る企業が多くないことや、誠実に指導原則を遵守している企業とそうでない企業との間では競争環境が対等ではなくなってしまっており、それを解消する声が企業側から上がっていること（このような公平な競争環境を「レベル・プレイング・フィールド」などと言います）や消費者・投資家の声などもあり、「やはりハードローにしないとダメだ」ということで様々な国で制定される流れになったものです。

本書ではこれらの法令の内容の詳細には立ち入って解説しませんが、このような、「ビジネスと人権」に関するハードロー（人権デュー・ディリジェンスなどを義務づけることから、**マンダトリー（義務的）ロー**とも呼ばれたりします）と、ソフトローたる国連指導原則の関係性をどう考えるか、マンダトリーローをどう理解するかについて、少し解説をしたいと思います。

まず、マンダトリーローのほとんどは国連指導原則を参照していますが、そのカバーする範囲や、企業に求める行動の内容は必ずしも指導原則と同じではありません。例えば、前述した現代奴隷法は、数多くある人権課題の中で、強制労働や人身売買といったものに限り報告等の対象にしていますので、

「国際的に認められた人権」全てをカバーする指導原則よりもカバーする人権の範囲が限られています。また、前にも挙げた通り、CS3Dはそもそもその適用される企業が一定規模以上の企業に限られており（第2章II 1参照）、全ての企業に適用される指導原則よりも適用対象企業の範囲が狭くなっています。

ハードローができたからといって、指導原則がなくなったり、これを遵守しなくてよくなるわけではありません。前記例のように、**指導原則よりも範囲が狭いハードローを遵守したからといって、その範囲外の箇所についての人権尊重責任がなくなるわけではない点**に留意が必要です。

次に、企業では、多くの場合どうしてもコンプライアンスの観点からハードローの中身や解釈を知りたいという思いが先行しがちのようです。それ自体は当然のことだと思いますが、普通の法令のコンプライアンスとは違った頭の使い方が必要ではないかと考えられます。と言いますのも、これらのマンダトリーローを見ればわかるのですが、そこで求められている企業の人権対応の中身というのは、ほぼ、国連指導原則や、同じく国際的なスタンダードとして認識されているOECDガイダンスを参照・依拠などしています。これら法令固有のやるべきことがないわけではないのですが、**結局のところは指導原則などが求めている内容に行き着きます**。

ですので、（そもそも法令の適用があるかといったベーシックな点や、法令固有の要求事項についての検討はもちろん要りますが）これらのマンダトリーローの法令解釈をすることも大事なことではありますが、指導原則に基づく対応をしっかり行うことがマンダトリーローコンプライアンスにも資するものであると考えています。

また、マンダトリーローにおいて企業に特定の行為が求められているときには、そのような要求を企業の人権尊重への取組み全般に取り込んでいくのもよいでしょう。例えば、ＣＳ３Ｄにおいては、直接の取引先に対して、企業が策定する行動規範等の遵守を確約することの保証を契約上求めることとされています。このような契約条項を取引全般に及ぼしていくことは、マンダトリーローの遵守を超えて、人権対応一般にも資するものですので、積極的な活用も検討の余地があると思います。

▼この分野で有益な情報源▲

ジェトロ（ＪＥＴＲＯ：日本貿易振興機構）は、貿易・投資促進と開発途上国研究を通じ、日本の経済・社会のさらなる発展に貢献することを目指されている独立行政法人であり、そのウェブサイトの「特集　サプライチェーンと人権」というページ（https://www.jetro.go.jp/world/scm_hrm/）で海外の法令・ガイダンスがまとまって紹介されています。日本語訳も掲載されており（筆者も、そのうちの１つの海外法令の和訳の手伝いをしました）、たいへん便利です。

4　国連指導原則の読み方――「原則」であるということ

国連指導原則は、その制定の経緯において述べた通り、法的強制力を持たせず、かつ、単なる自発的な取組みにもとどまらせないことを目的として、「原則」（Principles）という形で作られています。**「原則」であるという点が、読み方の１つの大きなポイント**となります。

一般的に、ある規範を社会において適用する際のアプローチには、「プリンシプル・ベース・アプローチ」という考え方と「ルール・ベース・アプローチ」という考え方があります。特に金融関連規制ではよく使われるため、金融関係者の皆さんには親しみがあるかもしれません。

「プリンシプル・ベース・アプローチ」とは、尊重すべき重要ないくつかの原則（プリンシプル）や規範を示したうえで、それに沿った規制等の対応をするというやり方で、**対象となる企業などの自主的な取組みの幅が大きい点が特徴的**です。**規制の仕方も定性的になりがちで、どこまでならOKで、どこから先はダメというふうにあらかじめ設定するのは非常に困難**であり、対象となる者の望ましい自助努力の目指すべき方向性を示す役割を有しているとされています。

これに対して、「ルール・ベース・アプローチ」とは、ある程度詳細なルールや規則を制定し、それらを個別事例に適用していく手法であり、ルールを適用する側の恣意性の排除あるいは規制される側にとっても予見可能性の向上といったことが期待され、規制のあり方としては行為規制（ある行為をしてはいけない・せよという形での規制）が中心となるとされます。

指導原則は、文字通り「原則」ですので、前記のアプローチのうち、まさに「プリンシプル・ベース・アプローチ」を採用しています。したがって、**指導原則を読み解き、理解する際には「プリンシプル・ベース・アプローチ」的な読み方をする必要があります**。逆に言えば、「原則」であるものを「ルール・ベース・アプローチ」的な発想で読もうとすると、無理が生じ、場合によっては読み間違いが生じます。多くの企業人——場合によっては弁護士も——が指導原則を読みにくい、内容がわかりづらいと感じているのは、この読み方の入り口のところで「ルール・ベース・アプローチ」的に読もうとしている点が大きいように思われます。

２０２１年に経済産業省と外務省は共同で日本企業のサプライチェーンにおける人権に関する取組み状況についてアンケートを実施しました。その回答の多くが、人権デュー・ディリジェンスの実施方法がわからないとし（https://www.meti.go.jp/press/2021/11/20211130001/20211130001.html）、また、自主的な取組みのためのガイドラインの整備を求めていました。これは、国連指導原則が「原則」であるために、ルール・ベース・アプローチの規範における明確な行為規制（「〇〇をしなさい」、「××を禁止する」など）のようなわかりやすさがない点が大きな理由ではないかと推察します。

このような、**「何をすればよいのかわからな」さは、プリンシプル・ベース・アプローチの規範である以上、ある種当然のこと**です。むしろ、自主的な取組みの裁量の幅が広い、自社の好きにやってよいぐらいの頭の切替えをしたうえで対応することが、「原則」の期待している取組み方だとお考えください。**理屈っぽく作られていないものを理屈っぽく読んではいけないのです。**

Column 3-2

法務・コンプラアタマと「ビジネスと人権」アタマ

前述のように国連指導原則がソフトローであることなどもあり、従来は「ビジネスと人権」が法務部門で扱われることは少なかったと思います。他方、サステナビリティ推進・ＣＳＲ部門においては、いわゆる社会貢献的活動が活動の主軸であり、指導原則のような規範をどう読み解くかについては不慣れであるケースが多いように見受けられます。

このように、「ビジネスと人権」は、法務・コンプライアンス部門とサステナビリ

法務・コンプライアンスと「ビジネスと人権」のアプローチの違い

	法務・コンプライアンス	「ビジネスと人権」
規　範	各国の制定法令・判例法	国連指導原則その他ソフトロー
規範の抽象性	低（国による）	**高**
求められる行動の一義的明確性（「正解」の有無）	**中-高** （基本的には「正解」がある）	低-中 （基本的には「正解」がない・複数ある）
価値観の重み	低-中	**中-高**
対外公表・透明性の要求	法令が求める限りにおいて	**原則公表・開示**
関係者とのエンゲージメントの要請	法令が求める限りにおいて	**高**
「リスク」の捉え方	企業にとってのリスク	**影響を受ける個人のリスク** **（「人からリスクを捉える」）**
外部の評価	減点主義	**加点主義**

＊　筆者作成

ティ推進・CSR部門の間の「エアポケット」的な存在であったかと思いますが、近時は前記のようなマンダトリーローの制定の動きもあり、法務・コンプライアンス部門も取り組むべき領域の1つであるという認識が広がりつつあります。

この場合に注意を要するのは、伝統的に法務・コンプライアンス部門はルール・ベース・アプローチの規範が多いハードローの分野を取り扱ってきたため、どうしても規範をルール・ベース・アプローチで読みがちであるという点です。

また、法務・コンプライアンス的発想は、「会社のリスク」をどのように最小化するかという点に主眼があります。ですから、例えば、人権侵害があったときに、「会社にどのような刑事・民事上の責任が発生するのか」など、自ずと物事を「会社の側から見る」アプローチになりやすく、指導原則が求める「人から見る」アプローチとはベクトルが逆になることが往々にしてあります。このような違いについて、前頁の表のように簡単にまとめてみました。

このようなものの考え方・視点で国連指導原則を理解しようとすることの危険性については、前に述べた通りです。私がコメンテーターとして参加したあるシンポジウムでも「ビジネスと人権」に関する世界的に有名な学者が、弁護士が（前記のような考え方で）この分野に取り組むことの危険性について強い警告を発していました。私も全く同感であり、（弁護士である私が言うのもなんですが）この分野について法律の専門家に相談をする場合には慎重を期する必要があると思います。

このような課題への取組みの１つとして、ある大手メーカーのサステナビリティ推進部門のご依頼で、社内法務部門向けの「ビジネスと人権」のワークショップを開催したことがあります。このワークショップでは、法務・コンプライアンス部門の業務領域とそれらが「ビジネスと人権」においてはどう位置づけられるのかや、法務・コンプライアンス要員が持っているスキル（例えば、規範を読み解く力や、原理原則から考える分析力、マネジメントからの信頼など）がどのように活用できるかなどを説明しました。このように法務・コンプライアンス部門と「ビジネスと人権」の考え方を近づける取組みが必要となります。

法務・コンプライアンスイシューと「ビジネスと人権」

法務・コンプライアンスイシュー	対応事項	「BHR」における位置づけ
契約法務	・取引前の相手方の確認 ・取引契約等における人権条項	・人権侵害への「加担」「直接関連」の防止 ・人権への影響評価の「組み入れ」
組織・ガバナンス	・各種規程・規範の策定 ・人権対応体制の構築 ・各種開示対応 ・株主総会対応における「BHR」視点の考慮	・コミットメントの外部開示 ・コミットメントの「定着」 ・人権への影響評価の「組み入れ」 ・人権への影響対応の外部への開示 ・コミットメントの実践
ハードローコンプライアンス	・人権関連ハードローの遵守	・「BHR」規範の遵守
監　査	・「BHR」の観点も加味した内部監査体制	・人権への負の影響の「特定」「評価」 ・人権への影響評価の「組み入れ」
危機管理	・内部通報制度と人権侵害通報システム ・各種広報対応 ・「有事」における対応	・人権への負の影響の「特定」「評価」 ・人権への影響評価の「組み入れ」 ・人権への影響評価の外部への開示 ・事業レベルの救済メカニズム
M&A	・取引前の相手方の確認(M&Aにおけるデュー・ディリジェンスとは別途) ・M&A契約における人権条項	・人権への負の影響の「特定」「評価」 ・人権への影響評価の「組み入れ」 ・人権侵害への「加担」「直接関連」の防止
社内研修	・「法務」と「BHR」双方の考慮	・コミットメントの「定着」

＊　筆者作成

＊＊　表内では「ビジネスと人権」を「BHR」と略記しています。

なお、このことは、企業が人権問題に直面した場合に、法務・コンプライアンス的な観点から考えることを不要とするものではありません。人権侵害があった際には、民事上・刑事上の責任が発生する場合など、法務的な見地からの分析も必要です。

そのうえで、「ビジネスと人権」の観点からとるべき行動と、法務・コンプライアンス的な観点からとるべき行動を併せ考え、最終的なアクションを決めていくことが求められます。ポイントとなるのは、異なる観点の双方から考えることと、それらを混同しないことです。

Ⅱ　企業にもたらすリスクの理解は十分か？

「ビジネスと人権」への取組みにいまひとつ積極的になりにくい理由の１つとして、「これに取り組まないと企業にとってどのような問題が生じるかがわからない」という点があるかと思います。私がアドバイザーをしているあるメーカーの業界団体においても、実際に人権侵害にまつわるクレームを受けたり、問題があったことは「ない」という会社がほとんどでした。他方、人権対応についての先進企業は、自社において人権にまつわる問題が生じたことをきっかけとして取組みをはじめ、その結果フロントランナーとなっているケースが多いように見受けられます。

最も有名な事例は、「ビジネスと人権」における象徴的な事件である、２０１３年にバングラデシュでの縫製作業場が多く入居していたビルの倒壊により千人単位の多数の死傷者が出た「ラナ・プラザ事件」でしょう。この事件では、労働者が建物の安全に懸念を示していたにもかかわらず、工場の監督者が建物内での就労を強要するなど、安全な労働環境の権利が侵害され、また、そのような工場が世界的に有名なアパレルブランドの委託先であったことから、それらブランドの人権への責任が問われました。この事件をきっかけに、アパレル業界においては様々な取組みがされています。

また、金融業界においては、オーストラリアの銀行がカンボジアで行った融資先が人権侵害を行っていたことから、融資も人権侵害に関与しているものとしてNGOなどとの紛争に発展したケースがあります。この銀行はその教訓を経て、世界で初めて銀行業界において人権に関する苦情処理メカニズムを導入するに至りました。

「ビジネスと人権」に限らず、多くの場合、失敗から貴重な学びが得られるのですが、実際問題、そのような場面が多くあるわけではないと思います。そこで、ここからは、人権対応をしっかりと行わないとどのようなことになるのかを、実例を交えて紹介したいと思います。

繰り返しになりますが、**企業による人権尊重はライツホルダーに害をなさないために行うものであって、企業が損をしないために行うものではありません。対応不十分で企業にもたらされるリスクは「人権リスク」とは言わない**。このことを念頭に置きつつ読んでいただければと思います。

1　取引先からの人権対応の要請

近時、企業が取引に入るにあたって、人権尊重への取組みを行っているかを確認され、それができていなければそもそも取引に入れないという場面が増えてきています。

これを後押ししているものの１つが、前述のマンダトリーローであり、近時私がワークショップを行ったある企業においても、ＥＵの立法の動きがきっかけとなってヨーロッパの発注元から厳しく見られているというお話をうかがいました。なぜ、このような要請が取引先からなされるのでしょうか。

例えば、ＥＵ某国にあるＡ社と、日本にあるＢ社に取引関係があるとしましょう。そしてＡ社が所在する国では、人権尊重に関して次のような法律が存在しているとします。

・企業は、自社のみならず、その取引先においても人権尊重がなされていることを検証し、問題がある場合には必要な対応をする義務（人権デュー・ディリジェンス義務）がある。
・企業は、自社の取引先にも、自己の人権方針を守らせる対策を講じる義務がある。
・企業は、当該義務の履行の状況について定期的に公表しなければならない。

日本にあるＢ社は、Ａ社の所在国の法律の直接の適用対象にはなっていません。しかしながら、Ａ社としては、取引先であるＢ社に人権尊重の対応をさせなければ自ら法令違反状態に陥りますので、Ｂ社が人権尊重責任を果たせないのであれば、Ｂ社と取引をすることができません。そのため、Ａ社としては、Ｂ社と取引に入る前であれば、Ａ社が所在する国の法律の要求を守ることを条件として求め、また、取引に入った後も、そのような要求を守れないのであれば、契約を解消するような契約条件を設定せざるを得ません。この結果、Ｂ社としても結果的には、Ａ社の所在国の法律の要求に事実

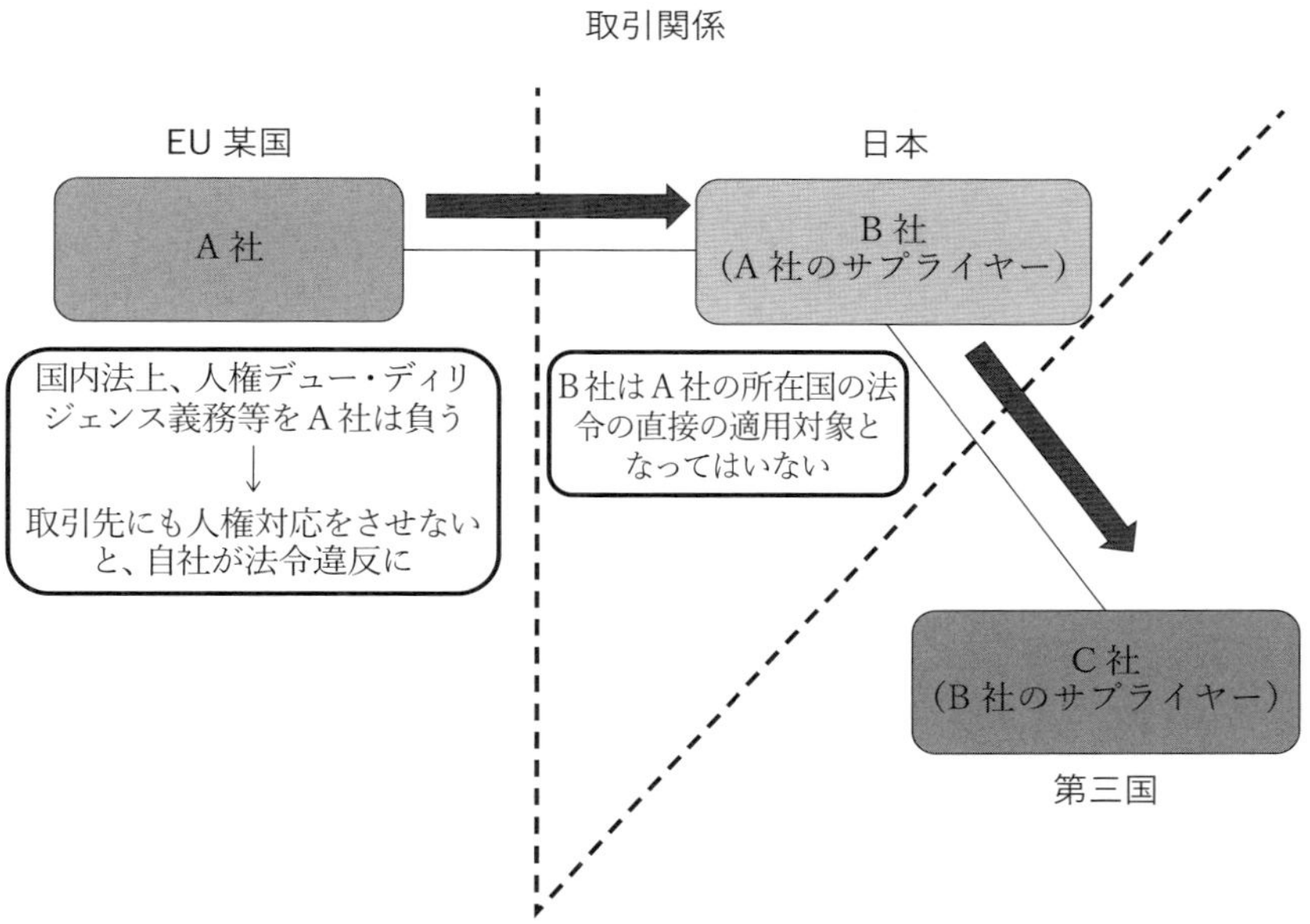

＊　筆者作成

上応じなければならなくなります。そうでなければ、B社はA社との取引ができないからです。

話はこれだけでは終わりません。

B社は、このA社との取引のサプライヤーとして第三国に存在するC社とも取引があるとしましょう。A社がある国の人権尊重に関する法律では、サプライチェーンとバリューチェーン全体に人権尊重がなされていることを検証し、必要があれば対応をする義務があるとしています。そのため、A社と取引を続けたいなら、B社は第三国にあるC社にも人権尊重を求める必要が出てくるのです。A社と人権尊重に関する契約を交わしたにもかかわらず、いわば第三者であるC社における人権侵害が明らかになった場合、契約解除などのペナルティが課せられるおそれがあります。

この例では、**B社は自国（日本）においてはマンダトリーローに基づく人権尊重に関する法的義務はないにもかかわらず、A社との契約を通じて、契約上の義務という法的義務を負うに至っている点**がポイントです（ただし、有効な法的義務になるかについては、その契約がどこの国の法律によるかによって変わります）。

このように、契約という法的な存在を通じて、結果的にハードロー上のものと同様の義務を負い、また、このような契約に応じなければそもそも仕事がもらえないという場面が現実には増えつつあります。すなわち、**人権対応が「そもそも仕事がとれるか、維持できるか」という事業の根幹と直結している**世界になっているのです。

2　公共調達

前記は民間同士の取引の場面の話でしたが、公共調達においても同様の動きがあります。

例えば、2023年4月3日付け「ビジネスと人権に関する行動計画の実施に係る関係府省庁施策推進・連絡会議決定」の「公共調達における人権配慮について」では、次のように書かれています。

> 政府の実施する調達においては、入札する企業における人権尊重の確保に努めることとする。
>
> 具体的には、公共調達の入札説明書や契約書等において、「入札希望者／契約者は『責任あるサプライチェーン等における人権尊重のためのガイドライン』（令和4年9月13日ビジネス

と人権に関する行動計画の実施に係る関係府省庁施策推進・連絡会議決定）を踏まえて人権尊重に取り組むよう努める」旨の記載の導入を進める。

このような公共調達の場面における人権の考慮の例としては、2020年東京オリンピック・パラリンピック競技大会組織員会が策定した「持続可能性に配慮した調達コード」(https://www.2020games.metro.tokyo.lg.jp/special/watching/tokyo2020/games/sustainability/sus-code/) があります。このコードでは、調達物品に関して、調達に関与するサプライヤー等は、①国際的人権基準の遵守・尊重、②差別・ハラスメントの禁止、③地域住民等の権利侵害の禁止、④女性の権利尊重、⑤障がい者の権利尊重、⑥子どもの権利尊重、⑦社会的少数者（マイノリティ）の権利尊重が、法令遵守とともに求められました。

同様の基準は2025年大阪万博における「持続可能性に配慮した調達コード」や、東京都が行うほぼ全ての調達を対象とした「東京都社会的責任調達指針（令和6年7月）」においても定められており、今後、公共調達の場面において同様の要求がされる可能性は大いにあるでしょう。その場合、このような要求を満たさない企業はそのような調達に参加できなかったり、調達における競争において不利な立場に立たされる可能性があります。**人権尊重ができないなら、入札に参加することすら許されなくなる時代が目の前にきている**のです。

3　投資引上げ（ダイベストメント）

日本株のおよそ30％前後を保有しているのは、外国人投資家であり、その実態は個人ではなく、海外の機関投資家です。海外の機関投資家の間には、人権を軽視して尊重しない企業から資金（株、債券、投資信託、銀行口座の預金など）を引き上げる動きが出ています。これは、インベストメント（投資）に対してダイベストメント（投資引上げ）と呼ばれています。

海外の機関投資家には、投資先が妥当かどうかを審査する諮問機関のような第三者機関が存在しています。そうした第三者機関は、ＥＳＧ（環境、社会、ガバナンス）を重視しており、このうちのＳ（社会）との関わりで人権に対する取組みを注視しています。

例えば、世界最大級のノルウェーの政府系ファンドである「ノルウェーガバメント・ペンション・ファンド・グローバル」は、ノルウェーの中央銀行によって運用がされており、また、その投資先に関するエシカルガイドライン（倫理基準）が定められています。そこでは、核兵器、クラスター爆弾、対人地雷といった人道に反する兵器、タバコや薬物のように健康を害するもの、石炭のように温室効果ガスの排出量を増やすような活動などに関わる企業には、投資しないこととされています。人権との関係においては、**ある企業が深刻な人権侵害に寄与していたり責任があることについての受け入れがたいリスクがある場合には、投資から除外され、または、監視対象とされる**こととされています。同国の財務省により設けられた倫理委員会の諮問により、そのような倫理基準に適合しないとされた企業は、投資先から除外されたり、投資を継続してよいかどうかの監視対象とされ、２０２４年２月末時点でその数は世界各国合計２００社近くにも及びます。

投資に際して、人権問題をはじめとするエシカルガイドラインを設けるのは、ノルウェーのみにとどまらず、欧米諸国の機関投資家では世界的な潮流になっていくでしょう。そのため、人権対応は企業の機関投資家対応など財務面においても重要な意味を持ちつつあります。

4　団体や組織などへの加盟

例えば、すでに触れた国連グローバルコンパクトに加入するに際しては、人権を含めたグローバルコンパクトの4分野・10原則に賛同するというコミットメントをする必要があります。サステナビリティやコンプライアンスに完璧に対応できている企業などはないのでしょうから、この10原則に完全に対応をしていないと署名ができないわけではありませんが、過去にこれらの点に問題があった企業は加入の際にその問題にどう取り組んでいたかを問われます。また、署名企業は、毎年10原則の取組み状況を報告する必要があり、期限までに提出できない企業は除名処分を受けます。

グローバルコンパクトはあくまで任意団体ですから、全ての企業が必ずしも入る必要はありませんが、それへの加盟が1つの評価指標になる場合もあります。例えば、世界的に有名な「ビジネスと人権」に関する情報ハブである「ビジネスと人権リソースセンター」（https://www.business-humanrights.org/ja/）のウェブサイトには企業ごとの人権対応状況を示すページがあります。そこにおける評価項目の1つには、グローバルコンパクトに加盟しているかどうかも含まれています。このような評価は、機関投資家をはじめとして企業を取り巻くステークホルダーが、人権などのサステナビリティ課題に企業が取り組んでいるかを確認する際に参照されますので、任意団体ではありつつも、加入をするかどうかは経営戦略上重要な位置を占めることになります。

このような外部評価に加えて、このような団体に加盟すること自体が企業の人権尊重への取組みにとって有益な場合があります。例えば、２０２３年にはグローバルコンパクトの日本のネットワークであるグローバルコンパクト・ネットワーク・ジャパン（ＧＣＮＪ）が主導して、加盟企業がまとまった形でジュネーブにおいて開催された国連ビジネスと人権フォーラムへ参加しました。筆者もその一部にご一緒しましたが、業種が異なる各企業や専門家との貴重な交流の場として大いに見聞を広めることができる機会であったと思います。また、ＧＣＮＪは複数の分科会を設けており、その中には人権デュー・ディリジェンスに関するものもあり、とても有意義な意見交換、勉強の場となっているようです。

企業が人権尊重への取組みをするにあたって、このような組織・団体に加入していないことの実務上のインパクトは、外部評価の観点からも企業のレベルアップの観点からも、過小評価できないと思います。

５　レピュテーション（評判）の低下

人権問題に起因して社会的な評判が低下し、消費者による不買運動が展開されるリスクなどがあることは容易に想像できると思います。

現在、日本のあらゆる業界では人手不足が深刻化していますが、そのような中、企業の評判が低下すると人材の確保はますます難しくなります。特にZ世代（1990年代半ばから2010年代序盤生まれの若年層）は、人権問題などの社会課題に企業がどのように対応しているかを非常にシビアに見ていますから、人権を重視しない企業で働こうとは思わないでしょう。大学やロースクールで学生たちと接していて、これら若い世代の意識の高さを非常に強く感じます。

このような人材が確保できないと、組織の人的な継続性が保てないばかりか、年齢の多様性が低下し、人権問題をはじめとする新たな問題への対応力や視点が乏しくなり、将来的には企業の存続にすら関わる重大な問題になると私は思います。

6　争訟対応

近時、企業の人権への取組みが不十分であることなどを理由として、ライツホルダーやNGOから企業が訴えられるケースが世界的に増えてきています。

このような訴えは、裁判所に対して行われるケースもあれば、裁判所ではない紛争解決の機関に対して行われることもあり、特に、OECD多国籍企業行動指針に基づき各国に設けられている各国連絡窓口（NCP：National Contact Point）に対する人権・環境に関する申立てが近年増えており、日本のNCPへの申立て事案も出てきています。NCPの概要や、日本NCPにおける取扱い事例は外務省のウェブサイトに掲載されていますので、是非一度ご覧下さい（https://www.mofa.go.jp/mofaj/gaiko/csr/housin.html）。

このような紛争解決機関への申立てがされた場合、これが裁判所における訴訟ではなくとも、裁判手続同様に事実確認をし、主張を整理したうえで対応することが求められます。また、紛争解決機関の判断には法的な拘束力がない場合でも、紛争解決機関が企業の対応に問題があると判断した際には、企業の評価に傷がつきますし、実際にはそのような判断を踏まえて金銭の支払いを伴う和解に至った例もあるなど、事実上は訴訟と同様のレベルでの対応が必要になってきます（他方、ＮＣＰ等の場をステークホルダーの声を聞き、人権への負の影響に取り組むための場として前向きに活用するという発想も重要です）。

従前より、人権問題への対応はレピュテーションリスクに過ぎないと捉える向きが多かったかと思いますが、もはやそのような時代は終わっており、訴訟リスクと同様のリスクに企業は直面しているという認識が必要です。

▼この分野で有益な情報源▲

前記のＯＥＣＤのＮＣＰに対する申立ての状況については、国際的な市民社会団体（ＣＳＯ）のネットワークであり、多国籍企業行動指針を促進しているOECD Watch の Complaints database（https://www.oecdwatch.org/complaints-database/）において確認することができます。

また、欧米における訴訟などを通じた企業責任の追及事例については、私も著者として参加した日本弁護士連合会国際人権問題委員会編『詳説　ビジネスと人権』（現代人文社、２０２２年）において紹介されていますので、よろしければ手に取ってみてください。

III　ものの考え方・取り組む姿勢や心構え

ここまで、国連指導原則が国際的に認められたソフトローであること、それを理解するにはプリンシプル・ベース・アプローチ（原理原則から考える）ことが大事であること、これに則した人権への取組みを行わなかった場合に企業が直面する問題について紹介し、企業が「ビジネスと人権」に取り組む必要性についてお話ししてきました。

企業が人権尊重をする根本的な理由は、その事業活動を通じて人に害をなすことが「悪いこと」であるという価値判断にあります。繰り返しになりますが、企業活動の損得を目的としているものではありませんので、人権尊重への取組みも自社、担当者の保身やアリバイ作りを目的をして行われるべきではなく、人権を侵害されるリスクがあるライツホルダーのために「実際に意味があるのか」という観点から行われるべきという点は、強調しておきたいと思います。

そのうえで、本章の最後に、企業が「ビジネスと人権」に取り組むにあたってのもう少し一般的な「心構え」的なお話をしたいと思います。前の2つの章も含めて、ここまではどちらかと言うと知識寄りの内容でしたが、**「ビジネスと人権」に取り組むにあたっては、それと同じか、それ以上に「心構え」や「姿勢」が大事になります。**このような「心構え」や「姿勢」がないことは、話しているとすぐにわかり、実際の企業の取組みにおいてもこの点が弱いために、具体的な人権対応の場面でうまくいっていないケースを多々見ています。是非思い当たる点がないか、チェックシート的に使ってみてください。

1　唯一無二の正解があるとは思わない

「ビジネスと人権」における企業の取組みについてお話をしているときによく出る質問の1つが、「一体どこまでやればいいんですか？」という質問です。

例えば、自動車会社のサプライチェーン・バリューチェーンを川上に辿っていくと、最終的には原材料である鉄鉱石やリチウムの採掘現場まで行き着きます。企業人の質問は、「鉄鉱石やリチウムの採掘現場まで遡らないと、人権デュー・ディリジェンスを適正に行ったと評価されないのか？」という趣旨なのでしょう。担当者として当然の疑問だと思います。

この質問の答えとしては、「一体どこまで遡ればよいかについての1つの正解はない」になります。「どこまでやればいいんですか？」という質問が出てくるのは、何らかの「正解」があることが前提になっているからでしょうが、そもそもそのような**1つの決まった正解がないのが「ビジネスと人権」の世界です**。

なぜなら、企業活動が人権への負の影響を及ぼしている可能性は、サプライチェーン・バリューチェーン上のあらゆる段階に存在する可能性があり、ライツホルダーもあらゆるところに存在しえ、かつ、その受けうる負の影響への対処の方法もライツホルダーごとに考えるべきだからです。現に、**指導原則のどこを見ても、「ここまでやればよい」などとは書いていません**。前述のプリンシプル・ベース・アプローチ的な発想も1つの決まった正解を出すという方法論ではありません。そもそも指導原則はそのようなものの考え方をしない作りになっているのです。

うがった見方かもしれませんが、「どこまでやればいいんですか？」という質問には、どこまでやれば「会社の責任は問われませんか？」、「会社、役員は批判されないでしょうか？」、「私は担当者として怒られないでしょうか？」などというニュアンスが感じられます。これらは、**いずれも、「会社」「役員」「私」が主語になっていますが、まさに人権リスクを会社事として捉えており、繰り返し述べている「人から見る」という発想ができていない**からこそ、こういう問いが出てくるのだと聞いている側は受け取ります。

そうした質問をしてくる企業の担当者は、おそらくマネジメント層などから「どこまでやればいいか、弁護士に聞いて調べてこい。やるにはどのくらいのコストがかかるか、経営会議までに算出しておけ」などといったオーダーを受けているのでしょう。また、担当者レベルでも対応のための予算をとったり、具体的なアクションをどこまでとればよいのかわからないと行動計画が立てられない、という実情があるのもよくわかります。

ですので、原理原則論に基づいて、「正解はない」とか「正解は1つではない」などと申し上げると、途方に暮れられたり、（そこまではっきりはおっしゃいませんが）「そんなアドバイスが欲しくて来てるのではない」という表情をされてしまいます。そのたびに申し訳なく感じますが、私は、是非この機会に、発想の切替えをしていただきたいと強く思っています。

つまり、「正解は1つではない」ということを、「正解が複数ある」（だから、そのうちのどれかにヒットすればよい）と捉えたり、「ある行為が絶対に間違いとされるわけではない」（なので、絶対悪とされたり、怒られるというものではない）と捉える方向での切替えです。正解が１つしかない世界なのであれば、それを外すと大変なことになりますので、強度の緊張を強いられますが、「ビジネスと人権」はそうではなく、**幅・グラデーションがある世界であり、ひとまずはその中に収まることを目指すという認識を持つことが何より大事な点**だと思います。

幅・グラデーションには一定の範囲があるのですが、その範囲を定めているのが国連指導原則が示している原理原則ですので、**「それに従っている限りは」**、絶対の間違いということはないはずです。もちろん、幅・グラデーションの中で色々な考え・立場の違いはありますので、ある取組みに対して外部から批判を加えられる可能性は否定できません。ですが、原理原則に従って考え抜いた対応であれば、「それは１つの貴重なご意見ですが、我が社としては人権問題をこう捉えており、国連指導原則に則して対応しております」と堂々と言えます。もし、外部からの声に聞くべきところがあればそれを取り入れればよいだけです。唯一無二の答えになっているかどうかを恐れて怖々と取り組んでいるよりもよほど気持ちよく仕事ができるのではないでしょうか。

指導原則自体、企業の取組みが常に完璧であることなどはもとより想定しておらず、このような外部とのやりとりに基づく不断の改善を期待しているからこそ、ライツホルダーとのエンゲージメントや、専門家の知見の活用、外部から指摘ができるようにするための透明性の確保を求めているのです。このような考え方に従って取り組んでいるのであれば、ある時点での対応が不十分であったり、見逃していることがあったからといって「一発アウト」になるような仕組みにはそもそもなっていないのです。

1つの正解があると思い込んでそれに完璧を目指して時間をかけて対応を遅らせたり、外部からの批判を恐れて情報の公開に消極的になるような態度は、むしろ国連指導原則の精神に反するものとして、それこそ「間違った」対応として問題になります。**まずは、「1つの正解」はないことを理解し、「どこまでやればよいか」という発想から一度離れることが何より肝要です。特に、マネジメント層の方にはこの点をよくよくご理解いただき、現場の担当者の方へのオーダーを出していただきたいと思います。**

2　マニュアルを作って満足することの危うさ

筆者は業務上、「我が社の人権対応マニュアルを作ってください」「人権対応のフローチャートを作ったのですが、レビューしてください」などのご依頼をいただくことがあります。そのよう場合には、「**基本的には人権対応のマニュアルを作ることはお勧めしません**」という趣旨のことをまずは申し上げるようにしています。

マニュアルといってもその内容は様々でしょうから、一概に良い・悪いと言えるものではありません。しかし、これまで述べてきたように、人権が一人ひとりの対応を要求するものであること（したがって唯一の正解、「これだけやっておけばよい」はないこと）、指導原則がプリンシプル・ベース・アプローチの規範であること、企業活動やそれを取り巻く社会情勢は流動的であることなどを考えると、**人権対応と画一的になりがちなマニュアルとは基本的には相性が非常に悪い**ものだと考えています。

さらに、マニュアルをひとたび作ってしまうとそれが一人歩きしてしまい、現実に目の前で起こっている人権侵害を固定化したマニュアルに無理して当てはめようとした結果、的確な人権対応がとれなくなるおそれがあり、極めてリスキーです。実際に、ある企業から見せてもらったマニュアル的な社内資料には少なからず問題があり、それがその企業の様々な人権課題対応にそのまま使われたら問題が生じることが強く懸念されたことがあります。そのケースでは役員稟議まで経てしまっており全面的な修正が難しいということがありました。そのような硬直的なものを作ってしまうと、ますます、個別具体的な状況に応じた柔軟な取組みが要求される人権対応からは遠ざかった対応をすることになりかねません。また、継続的な改訂を行わない場合には、陳腐化したものを使い続けてしまう怖さもあります。

その一方、人権対応の現場においてマニュアル的な文書が求められる現実も理解できます。大勢の社内のメンバーに人権対応について都度説明するほどのマンパワーがないことが多く、また、人によって対応がズレないようにするために意識合わせのための素材を作っておくことにも意味はあるでしょう。従業員全員が、指導原則について細かく理解するのを要求するのも（本当はしていただきたいですが）なかなか現実的でもないのもわかります。

実際にも、人権方針（第４章Ⅱ）を作っただけでは、役職員の皆さんがどのように具体的な行動に落とし込んだらよいのかがわかりにくいでしょうから、それを具現化する行動規範のようなものは必要になってくるでしょう。また、ある程度人権課題が具体的に特定されており、かつ、恒常的に問題になり得るような場面では、経験や共通認識をまとめて共有するようなドキュメントがあったら有用だとも思います。

しかし、そのようなものを作る場合でも、是非とも、**指導原則が示す基本的な考え方、精神を理解するということが大前提であること、前述のようなマニュアル的なものが持つ限界や危うさに留意をすることが適切な人権対応にとって肝要であるということを意識したうえで作成、運用**などしていただければと思います。

3　間違いはありうるという前提に立つ

人権尊重への取組み姿勢において日本企業と欧米企業でとても対照的だと思うことがあります。それは、日本企業は、「うちは当然人権が大事だと思っている」、「そんなことは外から言われなくてもきちんとやっている」（＝だから、わざわざ自慢げにやっていることを外に伝えることはない）という姿勢であるのに対し、欧米企業はこれでもかと言わんばかりに、「当社はこんなことや、あんなこともやっている」と自社の取組みをアピールする点です。

実際、コンプライアンスなどについては、日本企業は優秀であり、人権対応についても外部からの指摘を受けるまでもなく、守れている場面が多いように感じています（最近の各種の報道等を見ていると、存外そうでもないような気もしてきますが…）。私が長年仕事をしているミャンマーでも、日系企業の労働環境などはおしなべてきちんとしており、残業代を払わないとか、従業員に暴行を振るう等の事件が起きるのは、大概非日系の工場であったりしました。

このような姿勢の違いが生じる背景は様々で複雑なのでしょうが、**企業や人が間違い・エラーを起こさない、悪いことをしないという認識が出発点になっているのか、これらが起きるのが前提になっているかの違いが大きい**気がしています。

概して日本の企業人のマインドセットとして、基本的に規範に対して忠実であり、遵法精神が高く、物事をしっかりとやろうとする傾向が強いように見受けられます。そのような立場からすると、人権尊重などもいわば「当たり前」的に行われていてしかるべきという認識になり、そうであるからこそ、外部の人権NGOから「人権に対する取組みを開示しろ！」といきなり言われると、「言われなくてもちゃんとやっているのに、なぜいちいち関係ない人から言われないといかんのだ！」という不満が湧き上がってくるのも理解できます。私も、ミャンマーに行く前にはこれに近いマインドセットだったような気がします。

しかし、初めての海外駐在でミャンマーで仕事を始めた際、私は日本との仕事の仕方の違い、言い方を選ばずに言えば、その「かっちりしてなさ」に衝撃を受けました。その後、国連のビジネスと人権フォーラムなどの会合に出席したり、他の国で働いている方のお話を聞くなどして知見を広げるにつれてわかったのは、世界的に見ると、「日本のしっかりさが特異に例外的である」ということでした。よくニュースなどで、海外からの旅行者が日本の新幹線の運行の正確性に驚いていたり、サッカーの試合後にサポーターがスタジアムの掃除をする場面が紹介されたりします。これは世界的に見て特異な所作だからこそ、このような反応になっているのでしょう。

ただ、日本がしっかりとしているように見えるのも、障害がなく、経済的に困窮もしていない、社会的な地位がある年齢層の男性という立場から見えている世界に過ぎず、そうでない立場にある人々にとっては、不条理なことがまかり通っている世界であるというのが実相ということもあるでしょう。

この状況は、人権侵害の場面でもそのまま当てはまります。人権侵害が起こる理由は様々で、悪意を持って差別がされたり、理不尽な暴力が振るわれる場合もあれば、単なる知識の乏しさや、うっかりによる場合もあるでしょう。ただ、いずれの場合であるにせよ、**「人は間違ったことをしうる存在である」ことがスターティングポイントとなっており、そのため、人権対応においても、「人権侵害は常に存在しうる」ことが前提となった制度設計になってきます。**

これは、欧米の法体系においても垣間見られる考え方です。例えば、フランスやアメリカの憲法は、国家というものは、放っておくと国民の人権を侵害するものだという前提に立っています。ですから、そうした国家の手足を縛るために、変えるのがなかなか難しい憲法というベーシックなルールを作り、そこへ人権規定を必ず入れているのです。

国連指導原則にもその影響が見られると私は思います。指導原則の中の「人権侵害はいつでも起こりうる」という文言自体その表れのようにも思います。欧米のむき出しの資本主義の中での厳しい競争や、個人個人が自由に生きる中でぶつかり合う世界を前提としているからこそ、ライツホルダー当事者と話しなさい、人権侵害がないか恒常的にチェックをしなさい、その結果を広く公表しなさいといった念入りな内容になっているのだと理解しています。綺麗事としてやっているというよりは、むしろ放っておくととんでもないことになるからこそ、常に何かをしていることを説明できなければ、やっているとは認められない仕組みなのです。

このような発想で動いている世界であることが理解できれば、なぜ、情報開示などを通じた透明性が求められたり、人権ＮＧＯなどが厳しい物言いをするのかが何となくでもわかるのではないでしょうか。

4　黙っていては何も伝わらない

このような発想・制度設計を前提とすると、自社の人権尊重への取組みも、**黙っていると**（**人権侵害をしている可能性があることが前提なので**）**「何もやっていない」か「嘘をついている」か「何か隠している」と思われてしまいます。**

日本には「秘すれば花」という言葉もありますが、人権尊重対応に関しては、積極的に自社から「こういう人権尊重対応をしています」などとアピールすることが必須になります。

実務上も、企業の人権対応の評価は、「見えるもの」をベースにされています。例えば、企業の人権対応について評価をしているワールドベンチマーキングアライアンスという組織は、コーポレートヒューマンライツベンチマークというベンチマークで、企業の人権への取組みを１００点満点で点数化しています（第４章Ⅶ１）。このベンチマークは、人権方針を作っているか、人権尊重と人権デュー・ディリジェンスの仕組みを会社に定着させているかなど、細かい指標を設けているので、是非機会があったら見ていただきたいと思います。ポイントは、この評価にあたっては**基本的には企業側の公開情報をベースにして、ポイントをつけている**という点です。そのため、**人権尊重対応を真摯にや**

っているとしても、それに関して何も情報発信をしていなかったとしたら、評価が加点主義であるがゆえに、そもそも点がつかなくなってしまいます。

残念ながら、日本企業は概してプレゼンテーションやアピールが下手だと感じることが多くあります。せっかく人権問題に真摯に取り組んでいながら、その表現の仕方で誤解をされたり、低い評価に甘んじるのはあまりにもったいないと思います。同じようなことをしていながら、表現の下手さゆえに欧米企業の後塵を拝しているのだとしたら、それはとても悔しく感じます。

別に派手な打ち出し方をする必要はないのですが、やっていることがあるのであれば、きちんと外部に示すことが正しい評価・理解につながりますので、是非とも前記のような背景を理解のうえ、積極的な情報発信に努めていただければと思います（ただし、それらが「ブルーウォッシュ」〔第4章II 3〕にならないよう、気をつける必要があります）。

Column 3-3

旗幟を鮮明にすることの重要性

2021年にミャンマーでは軍事クーデターが起こりました。その2週間後、ミャンマーで活動している有力な人権NGOが音頭を取り、ミャンマーで経済活動をしている企業が共同で「ミャンマーで操業している懸念する企業からのステートメント」という文書を出しました（https://www.myanmar-responsiblebusiness.org/news/statement-concerned-businesses.html）。

このサイトには日本語訳もありますので、是非見ていただければと思います。この文書では、国軍を直接非難することなく、「私たちの国際人権基準へのコミットメントが、ミャンマーにおける開放性と民主主義への歩みに大きく貢献すると信じています。私たちは、私たちの従業員およびミャンマーの人々とともにあり続けます。私たちは、ミャンマーの人々の意志と利益に合致するように、対話と和解とに基づいて、現在の状況が迅速に解決されることを願っています」ということが述べられています。

このステートメントには、アディダス、フェイスブック（現メタ）、ネスレ、ロレアル、ハイネケンといった国際企業が名を連ねていますが、当初、日本企業は現地で社会的な活動をしている企業と私が所属している事務所のみが署名していたため、とりまとめをしている人権ＮＧＯの代表から、「日本企業はいったいどうなっているのか」との問い合わせが来たほどです。その後、関係各方面の働きかけもあり、日本企業の参加も少しずつ増えていきましたが、現地における企業数全体と比べてとても小さい数にとどまりました。

実は、この時期、日本企業が自らの立場を明確にすることを避けていたこともあり、ミャンマー国民から「日本は一体どちらの側に立つのか」という強い疑惑の目で見られており、非常に評価を下げていました。**このような場面においては、「中立」的な、ともすれば見て見ぬふりとも受け止められる振る舞いをし、自らの旗幟を明らかにしないことは、悪の側に与していると見られる**ことがわかった一幕でした。

この状況を救ってくれたのは、丸山市郎大使でした。当時、ヤンゴンの日本大使館の前には、軍事クーデターに反対するデモ隊が押し寄せていました。大使館の扉を閉じ、やり過ごすという選択肢もあったはずですが、丸山大使は扉を開けて外に出て異例の直接対話に応じ、デモ隊の責任者の訴えに耳を傾けました。ミャンマー語に堪能な丸山大使は、「皆さんの主張は、私が責任を持って日本政府に届けます」と約束。この一件により、ミャンマーで地に落ちつつあった日本への信頼感は土壇場で救われたのです（この様子が紹介された映像：https://txbiz.tv-tokyo.co.jp/txn/kaisetsu/post_221682)。

世界の情勢が不安定になる中で、このように自らの立場を明らかにすることが求められることは今後も増えてくると思います。個別の難しい事情はあるかと思いますが、自社はどのような立場をとるのか、その説明を求められた際にどのようにしたら適切な対応ができるのかについて、常日頃から考え、準備していることが求められている時代です。

5　人権を政治問題「だけ」だと狭く捉えない

2022年にアメリカで発効した「ウイグル強制労働防止法（UFLPA）」は、中国の新疆ウイグル自治区からの輸入品が、強制労働で生産されたものではないと企業が明白な証拠を示せない限り、同自治区が関与する産品輸入を原則禁止しています。同自治区での強制労働の存在を中国は一貫して否定していますが、欧米諸国や国連では強制労働が存在しているという疑いを持っています。UFLPAは普遍的な人権尊重の観点から強制労働を許さないという理念に則っている一方、米中の政治的、経済的な覇権争いのためのツールという側面も否定できません。

ビジネスサイドからすると、「人権イシューは政治問題だから、企業を巻き込んでほしくない」という思いは普通に生じるところかと思います。

しかしながら、実際には、これだけ世界情勢が複雑、不安定になり、様々な対立構造が生じる中では、残念ながら企業活動と政治を全く切り離して考えることは極めて難しいでしょう。また、人権にまつわる問題は、普遍的な価値という国際的な共通認識・コンセンサスが一応ありながらも、権威主義国家と言われる統治体制をとっている国の多くにおいては、それと矛盾する行為が往々にしてとられるという現実があります。

このように、**人権には、政治体制などとは切り離された普遍的な価値であるというコンセプトと、それを否定する政治の現実という2つの側面があり、結果的に、人権と政治は全く別個のものとして扱うのは困難**であるというのが実情だと思います。

このような複雑な問題をどのように考え表現するかは、１つの正解があるものではなく、まさに企業、経営者としてのビジョンやポリシーが正面から問われていると言えます。大事なことは、次のような点だと思います。

- 人権は政治問題「だけ」であるという一面的な捉え方をしない
- 「政治問題だから企業は関係ない」とは直ちに言えるものではないことを理解する
- 政治的にどうかとは関係なく、人権尊重責任を果たす真摯な取組みを行う最終的には、問題になっている国同士の政治的な側面も含めてビジネスジャッジメントをすることが求められますが、**政治マターの要素があることをもって、人権の観点からの検討に手心を加えたり、取組みの手を緩めたりすべきではありません。**政治面は政治面、人権面は人権面で分けて分析、検討したうえで、総合的に判断することが求められています（第5章III４参照）。

なお、ウイグル問題を繰り返し指摘する欧米諸国に対して、中国は一貫して「内政干渉するな」「人権問題に先生はいらない」といった態度をとっています。人権問題について、他国の問題を指摘するのは不適切な内政干渉なのでしょうか？

主権国家はそれぞれが独立しており、互いに平等であり、自国のことを他国の干渉をなしに自国で決めることは、国連加盟国が守るべき原則として定められています。この原則のため、以前の国連は人権問題について容易に口出しできませんでした。その風向きが変わったのが、南アフリカにおけるアパルトヘイト（白人による非白人に対する人種隔離政策）、中東パレスチナにおける人権問題の存在でした。

その後、特定の国の人権問題は、その国の内政問題であったとしても、国際社会の関心事項であり、他国がこれに関わることは妨げられないと考えられるようになり、１９９３年のウィーン宣言及び行動計画で「**全ての人権の促進及び保護は国際社会の正当な関心事項である**」と確認されています。

日本政府も、「日本の基本的立場」という文書で、「国際社会の人権問題に対処するにあたっては、日本は以下のような諸点が重要であると考えています」として次のように表明しています（https://

www.mofa.go.jp/mofaj/gaiko/jinken.html#section1）（強調筆者）。

(1) **人権及び基本的自由は普遍的価値である**こと。また、**各国の人権状況は国際社会の正当な関心事項であって、かかる関心は内政干渉と捉えるべきではない**こと。
(2) 人権の保護の達成方法や速度に違いはあっても、**文化や伝統、政治経済体制、社会経済的発展段階の如何にかかわらず、人権は尊重されるべきもの**であり、その擁護は全ての国家の最も基本的な責務であること。
(3) 市民的、政治的、経済的、社会的、文化的権利等すべての人権は不可分、相互依存的かつ相互補完的であり、あらゆる人権とその他の権利をバランス良く擁護・促進する必要があること。
(4) 「対話」と「協力」の姿勢に立って、国連等国際フォーラム及び二国間対話等において、**日本を含む国際社会が関心を有する人権問題等の改善を促す**とともに、技術協力等を通じて、必要かつ可能な協力を実施すること。

これらから考えると、**ある国における人権侵害状況に対し、他国や国際社会がこれを指摘するのは、許されざる内政干渉とは言えないというのが日本政府も支持する基本的な考え方であること**を知っておいていただきたいと思います。

Column 3-4

「どの口」が言っているのかを見極める

人権について批判的に語られる場合に注意したいのは、「誰」がそういう話をしているのかという点です。

第1章で述べたように、マレーシアのマハティール、シンガポールのリー・クアンユーといった老練な政治家たちは、人権は普遍的な価値ではなく、相対的なものであり、「アジアには人権に対するアジア的な価値観がある」と主張していました。さらに彼らは、「私たちの国はまだ発展途上にあるのだから、政治的な自由の前に経済的な自由を獲得するのが先決だ」と語っていました。中国の習近平国家主席も、「人権を口実に内政干渉するべきではない」「国ごとに異なる歴史文化や社会制度を尊重するべきだ」「教師面をして偉そうに他国を説教するべきではなく、人権問題を政治化してはならない」（いずれも、2022年、新疆ウイグル自治区を視察したバチェレ国連人権高等弁務官に対して）と主張しています。

これらの発言には全く聞くべきところがないわけではありません。また、発言者が人権に対して抑圧的な態度をとっている側ではなく、あるいは、人権を抑圧されている個々人が自由な意思に基づきこれを是とするのであれば、耳を傾ける余地はあると思います。

しかしながら、人権に対するこの種の批判的な言説というのは、前記の統治者の発言例にもあるように往々にして人権を抑圧する側からなされることが多く、そのような場合に、これらを額面通りに受け止めてはまずいでしょう。

似たような話として、近時、日本社会においても、「人権やコンプライアンスのせいで自由にモノを言えずに息苦しい」とか、「よい表現ができなくなる」、「つまらなくなる」などという言説が見受けられます。ここで言っている「自由」な表現や、「面白い」表現とは一体何を指しているのでしょうか。

これが、女性に対する差別的な言動や、後輩いじり・からかい、人の容姿をあげつらったり、馬鹿にするような言動・表現を指しているのであれば、そもそもそのようなものが少なくともテレビやインターネット、屋外における公共の場のようなオープンスペースにおいて「よい」表現であるわけはなく、「面白がる」こと自体が論外だと思います。

このような言動や表現をしてきた人たちは、弱い人たちの立場に立って権力者と対峙したり、それを風刺的に批判するような表現をしてきたのでしょうか。このような発言者は、往々にして社会的に強い立場にあることが多いように見受けられますが、そのような姿勢は強きにへつらい弱きをくじく卑怯な態度だと私は思います。

このように、人権に対する批判的な言説がなされる場合には、どのような立場の人が、どのような文脈で言っているのか――「どの口が言っているのか」――を見極める必要があります。

6　経済競争の中での国際的なルールセッティング

前記のように、権威主義的な立場から、「押し付け人権論」（?）とも言える主張がなされることがありますが、「それは西欧社会のルールの押し付けだ」といった類いの意見を日本で見聞きすることも同様にある点については、第１章でも少し触れました。

欧米諸国が、マンダトリーローなどを通じて人権問題をビジネスにおいて自国を有利な立場に置くためのアプローチ・ツールとして活用している側面は間違いなくあると思います（なお、そもそも人権というコンセプトや「ビジネスと人権」については、欧米に限らず世界的なコンセンサスがある点については前述の通りです）。

例えば、アメリカの「連邦海外腐敗行為防止法（ＦＣＰＡ）」は、アメリカ以外の外国企業による贈収賄が、アメリカ国外で行われた場合でも適用されます。実際に、非アメリカ企業が、外国政府の役職員に対して、プロジェクト受注のために金銭を供与したところ、米国ＦＣＰＡ違反に問われて、米国司法省との間で司法取引を行い、数億米ドルに及ぶ罰金を支払うとともに、徹底的な内部調査、再発防止のための抜本的な措置等を講じることとなったケースなどがあります（経済産業省「海外における外国公務員贈賄の摘発事例について」より）。

あるいは、２０１８年から適用されている欧州連合（ＥＵ）の「ＥＵ一般データ保護規制（ＧＤＰＲ）」では、個人データという人権を保護するために、ＥＵ域外への個人データの移転も対象としています。インターネットなどを介したデータのやりとりは瞬時に国境を跨ぐからです。ＥＵで活動している日本企業もＧＤＰＲの適用を受けており、日夜その対応に追われているという現実があります。

このような欧米諸国のルール作りの背景は国によって違いはありますが、贈収賄は許されるべきではない、個人情報は保護されるべきだという思想・ポリシー的な背景と同時に、**自国の企業が世界規模でビジネスを展開するうえで、いかに自分たちに有利なルール作りをするかという冷徹な「ルール**

セッティング」、「土俵作り」の戦いの一環であるという側面も持ち合わせています。

このような他国が制定したルールに事実上従わざるを得ない状況は、日本企業にとって大きな負担となっており（それこそが、まさにこのルールセッティングの眼目でもあるのですが）、押し付けがましさを感じたり、いらだちや不快感を持つことは大いに共感するところです。

しかしながら、欧米諸国が、国を挙げてそういう冷徹な「ルールセッティング」の戦いを展開している最中に、それを「西欧社会のルールの押し付け」といった文脈だけで捉え、批判ばかりしていても物事の解決にはなりません。かえって、それに捉われすぎることで、これらのルールの理解やそれへの準拠が遅れると、前述の例のように、企業に大きな経済的なダメージを生じさせる場合があるなど、ビジネスで欧米諸国の後塵を拝し、それこそ結局それらの国々のもくろみ通りになってしまうおそれが十分あるのです。

第１章でも述べているように、人権の尊重という考え方は日本人にも共有されている価値観であること、前述のようにその普遍性については日本政府のよって立つところであることなども考えると、人権の尊重は、**国際的に繰り広げられている経済競争のツールとしての意味合いも持っていることを認識し、これらを受け止めたうえで、むしろどうやって同じ課題に対応するかを考え、冷静に立ち回ることが企業には求められているといえましょう。**

ミャンマーで学んだ「ルールセッティング」の戦い

私が「ルールセッティング」の戦いの存在を実感したのは、10年以上弁護士とし

Column 3-5

て活動しているミャンマーにおいてでした。

ミャンマーは投資・経済関係の法令が存在しなかったり、アップデートが必要であるなど、法整備のニーズが多々あります。そこで、アジア開発銀行等の国際機関や、JICA等の各国の開発援助機関が法律の策定を支援するのですが、様々な国際的な機関が我先にと手を挙げ、支援を申し出ている姿は、さながら陣取り合戦の様相を呈していました。

私も、日本政府、JICAと連携してミャンマーの経済関連法案のドラフティングをしたり、裁判所の研修支援などを行いましたが、他の重要な法律について、日本以外の国の政府が主導したり、法律事務所が策定に関与したものもあります。その1つがミャンマーの会社法であり、これはオーストラリアの法律事務所が主導し、その内容はオーストラリアの会社法に極めて近いものとなり、ミャンマー当局による説明会でもオーストラリアの法律事務所に所属する弁護士が解説などをしていました。

その結果、ミャンマーの法律ではあるのですが、その解釈については母法とも言えるオーストラリア会社法が参照されるため、オーストラリア企業と、日本企業を含むその他の企業には、理解にあたって大きな負担の違いが生じます。

これも、経済競争の一面としてのルールセッティングの戦いの一場面を表していると言えるでしょう。一見平穏に見える国際貢献活動の水面下では、冷徹かつ苛烈な戦いが行われているのです。

7　指導原則にローカルルールはない

国連指導原則は万国共通でグローバルに適応されるルールです。日本ならここまで、アメリカならここまで、フィリピンならここまで許される、といったローカルルールはありません。

ある日本企業の方から、「当社の中国の支店長が『中国では人権のルールは当てはまらない』と言っており、どうやって説得したものか悩んでいる」という話を聞いたことがあります。また、ミャンマーで軍事クーデターが起こった際に、「ミャンマーの状況は特殊だから、国連指導原則はそのまま適用できない」という言説が日系企業の間で飛び交ったこともあります。

このような考え方は、国連指導原則などの「ビジネスと人権」に関する規範・スタンダード「自体」が国ごとに変化しうるという発想かと思います。しかし、**これは人権自体の普遍性を否定し、その相対化を認めることにつながりかねず、これらの規範・スタンダードの理解として明確に誤っています。**

「ルールが変わりうる」という考え方は、国際規範と現地の実情の板挟みになることを回避することができるので、往々にして現地の企業担当者にとっては耳触りがよく、渡りに船とばかりに飛びつきたくなる気持ちもわかります。ですが、それに乗り、易きに流されていると、人権尊重対応を誤り、あとで大きなしっぺ返しを喰らうことも少なくありません。

他方、中国やミャンマーにおける人権対応に際して、他の国と違う特殊性が求められるのも事実です。これは、**ルールが違うと考えるのではなく、ルール自体は同じだがそれを適用して企業が行動をする際の行動の仕方の工夫で対応をするものと整理すべきと**考えます。指導原則は、企業が人権尊重責任を果たす際に、従業員などの関係する人たちの生命や身体に危険を及ぼすような行為をすることまでは求めていません（例えば、人権侵害をしている政体を明示的に批判するなど）。その取組みが生命や身体の危険といった人権への負の影響になりうる事態が生じないように工夫をしながら、できるだけ国際スタンダードに則した取組みをすることが期待されています。

これに対し、「中国では人権という概念は妥当せず、異なる価値基準で行動するべきだ」などという人権の普遍性自体を否定するかのごとき発言をしたり、態度をとることは、「ビジネスと人権」の基本が理解できていないとみなされるおそれがあり、企業の基本的な姿勢自体に疑念を生じさせかねないものである点には注意が必要です。

8　人権尊重により生じる危険がゼロになることはあり得ない

企業が人権対応をする場合には、それによって何らかの危険が生じる場合もあります。クーデター後のミャンマーや、中国などにおいては、ある対応が体制批判と受け止められ、当局から不利益を受けることもあり得ます。実際に、ミャンマーにおいては、日本企業のミャンマー人従業員がＳＮＳに当局批判的な投稿をしたことで拘束されている例も複数存在します。

そのため、そのような現場の実情を知る立場にある人は、そのような危険を意に介することなく人権侵害者を批判することなどは到底できず、人権尊重の精神を持ちつつも、その実践とリスクとの間のジレンマに陥ることが実態としてあります。

他方、具体的なリスクを真剣に考えることなく、とにかく、「何かあったらどうするんだ」という事なかれ主義的な発想で、何らのアクションもとろうとしない姿勢が感じられるシーンがあるのも事実だと思います。このような姿勢は、人権尊重へ取り組む姿勢を疑わせるものとして批判されてもやむを得ない面もありましょう（Column 3-3）。

このような危険がどの程度発生するかは個別の状況によって様々であり、定量的に予測するのは極めて難しいのが実情です。**重要なのは、危険についてゼロか100かで考えるのではなく、その現実的な発生可能性や、幅のある中でとれる危険なのかを具体的に検討すること、また、危険度を下げるためにどのような行動がとれるのか（例えば、他の企業とコラボレーションをしたり現地の大使館と連携をすることなどにより、リスクを低下させることは可能です）を具体的かつ自発的（プロアクティブ）に考えること**が大切になります。

問われているのは、難しい状況下で、できる限り知恵を絞ってできることをしようとしているかという姿勢です。私が、国際機関の関係者とミャンマーにおける企業活動において議論をした際にも、率直にそのような悩みを話すことで理解を得ることができました。

このような場面において、「我が社の従業員の生命・身体への危害が加えられるリスクがゼロとは言えない」として行動をとらない企業が少なからず存在し、そのような判断はわからないではありません。しかしながら、そもそもリスクがゼロになるということはあり得ませんので、「リスクがゼロと言えない限りは行動しない」という発想や態度は、**リスクベースアプローチの考え方とは必ずしも整合しないこと、また、リスクの発生の現実的な蓋然性が高く見えないところで前記のような発言をすることは、非現実的・抽象的な可能性を隠れ蓑にして期待されている行動をとっていないと評価さ**

れる可能性があることには留意する必要があります。

「何かあったらどうするんですか」ではなく、「何かあるかもしれない。それを前提に、そのリスクをできるだけ小さくしながら、何ができるかを考えよう」という姿勢で臨むことが期待されているのです。

第4章
人権尊重のために求められる具体的な行動

本章のポイント

ここまでは、企業が人権を尊重するということは何を意味するのか、また、人権尊重の取組みを行うに際しての指導原則の理解の重要性や心構えについて紹介をしてきました。

いよいよ、本章からは具体的な行動に入っていきます。本章では、具体的な行動に関する注意点と、人権方針の策定、人権デュー・ディリジェンスの一部についてお話をし、その後、それらのために企業としてとるべき体制（次章）、最後に、いわゆるステークホルダーエンゲージメント（第６章）について説明をしていきます。

Ⅰ　人権尊重に向けた取組みを始める前に

本章では、人権方針の策定や、人権デュー・ディリジェンスなど、企業が求められている具体的な行動について見ていきます。その前に、それらの取組みをするにあたって、共通して気をつけるべきことをいくつかご案内します。

1　プロセスの重要性とそれを自己目的化しないこと

国連指導原則上、企業がその人権尊重責任を果たすための具体的な行動として求められているのは、①コミットメント、②人権デュー・ディリジェンス、③事業レベルの苦情処理メカニズムの設置、の大きく3つです。そして、これらについては、企業活動においてはあらゆる場面で、いつでも人権へ

デュー・ディリジェンス・プロセス、およびこれを支える手段

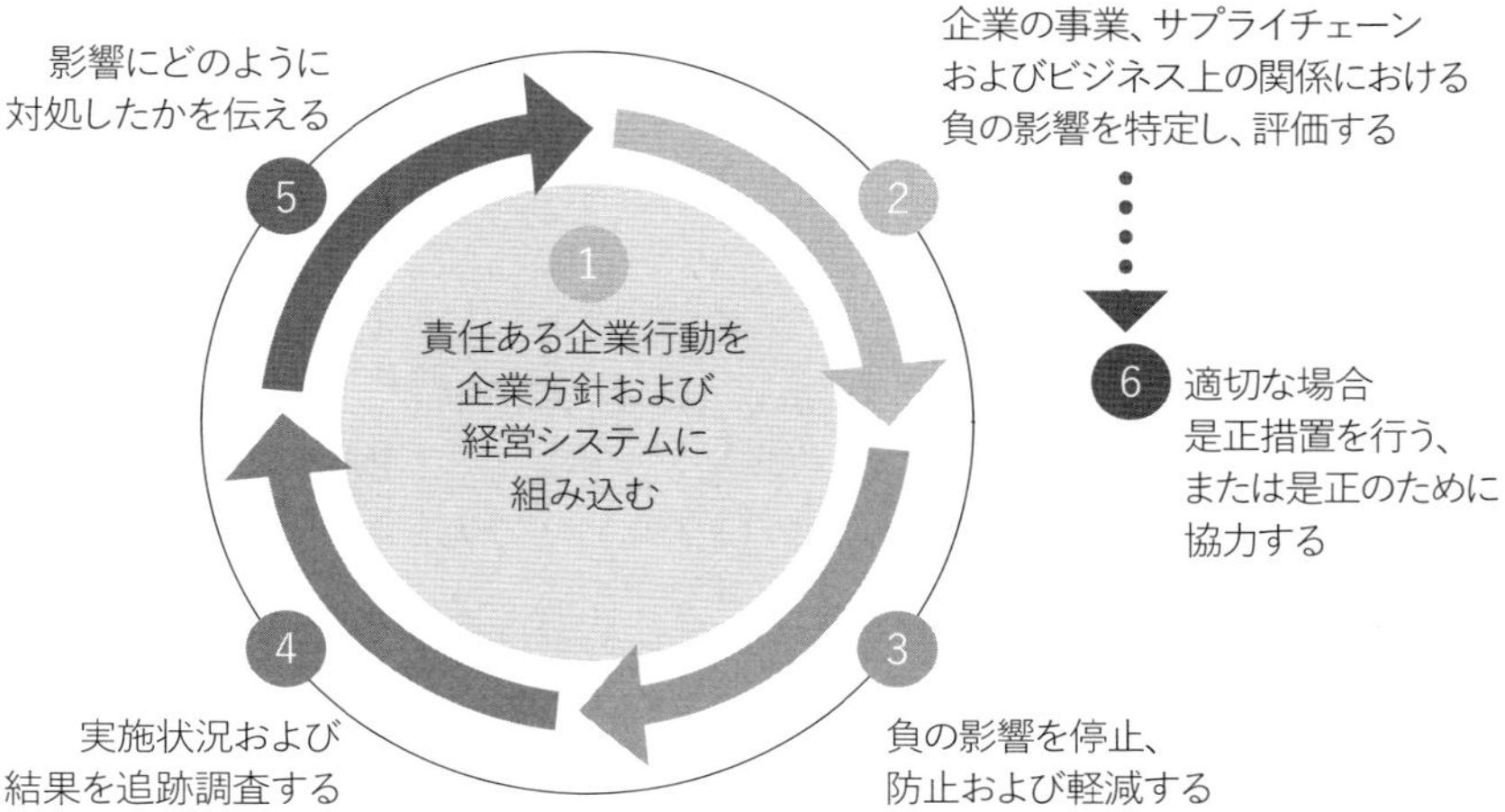

＊　OECD ガイダンス 21 頁

の負の影響が発生する可能性があるため、継続的に実施する必要があります（第2章Ⅲ4参照）。

これら一連のステップについては、ＯＥＣＤガイダンスで登場する図が一番よく用いられており、ご覧になったことがあるかもしれません。

この図が円の形をしているのは、人権デュー・ディリジェンスのプロセスのサイクルは常に回し続けなければならないことを表しています。ＰＤＣＡサイクルのようにも見え、人権対応の継続性がうまく表現されていると思います。ここでご理解をいただきたいのは、**これらの行動は人権侵害の有無にかかわらず実施が求められているのであり、人権侵害がないからこれらの行動をしなくてよいとはならない**ということです。これは、人権侵害は事業の全過程において発生する可能性があるので何もしなくても対応できている「はずがない」ことや、前述（第3章Ⅲ3）の発想からするときちんと対応をし

ていることは行動を持って示すことが求められていることなどによるとお考えください。

また、人権対応の取組みについて、特に相手方がいるとハードルが上がる場合もあるでしょう。例えば、取引先に対して人権侵害があるかどうかを聞いても回答してくれない、サプライヤーに実地調査をしようとしても応じてくれない、などです。しかし、このような場合に、勝手に結論を想像し、「どうせ断られるから」と取引先やサプライヤーに対して打診をすることもしないというのは、期待されている姿勢ではありません。できるかどうかはやってみないとわかりませんし、断られるという結論になるにせよ、やるべきことをまずはやってみること、が問われているのです。

他方、これをＰＤＣＡ的なものと「のみ」と捉えると、「プロセスを回していればよい」という考えに陥りがちです。しかし、これらのプロセスは、自社とそのサプライチェーン・バリューチェーン上の活動において人権への負の影響が生じないようにするとともに、生じた場合に適切に対処するための**あくまでも手段であるため、プロセスを回すこと自体を自己目的化しないようにする必要**があります。

私の経験上、日本企業は、「形から入る」ことを好む傾向があるように思われます。

・まずはアンケートをばらまいてみよう
・とりあえず、通報窓口を作ってみよう
・人権対応に関するマニュアルを作ろう

などです。このようなアプローチは、具体的に目の前で人権への負の影響が見えていない場合には、制度を作ったりするところなどから取り組まざるを得ないため、ある意味やむを得ないところがあると思います。ただし、それらはあくまでも手段であり、スターティングポイントに過ぎないことを意識することが重要です。

どれほど立派な人権方針を制定し、人権への負の影響が発生していないかのアセスメントをし、苦情処理メカニズムを設けていたとしても、**人権リスクを生じさせたり関与していた場合に、それらをもってその負の影響への責任がなくなるわけではありません。**

このように、指導原則上は、**これら一連の行動をプロセスとして常に実施することが求められ、「かつ」、それだけでは足りず、生じた負の影響という結果に対して状況に応じて適切な対処をすることが求められている**のです。

また、**数多くの手段のうち、どれをとるかについても目的との関係で考えることが必要**です。事業活動が、誰の、どのような人権に負の影響を与えうるかについては、各企業によって千差万別なはずです。ある企業にとっては、工場に苦情通報のためのホットラインを設けることが優先度が高く、有意義なものであったとしても、別の企業についてはそれは意味がないということは十分にあり得ます。

ここでも、企業目線で見て何が自社にとって取り組みやすいか、という観点から始めるのではなく、負の影響を受けうる人にとって何が意味があるか、という「人から見る」観点から始めることを忘れないようにしてください。

2　「いつから」やるべきなのか

人権対応は「いつから」やればよいのか？　その答えは、**「早ければ早いほどよい」**です。人権に対する負の影響は常に発生する可能性がある以上、今この瞬間にも人権侵害が起きているかもしれず、そうであれば、一刻も早く取組みを始めるべきです。

また、すでに人権対応を始めている企業は経験を重ねてどんどん先行していますから、何もしない企業との差は開く一方となり、それを埋めるのは容易ではありません。人権への取組みは他社と競って行うわけではありませんが、差が開いてくると、外部からの評価にも影響を与え、自社の事業競争力を損なう事態になるかもしれません（第3章Ⅱ5参照）。

3　他社比較をする際の注意点

指導原則は「原則」ですので（第3章Ⅰ4参照）、そこには個々の企業が取るべき具体的な行動の詳細などは記載されていません。そのため、他の企業がどのような取組みをしているのかを参考にすることは、「ビジネスと人権」の実務上よく行われており、私も1つの方法としてお勧めをしています。実際にも、企業の担当者から、「他社さんはどうされていますか？」という質問をいただくことはよくあります。

他社の取組みを参考にすること自体はよいのですが、その際に注意すべきポイントがいくつかあります。

1つ目は、前から述べている通り、企業の事業活動が千差万別である以上、それによって生じる可能性がある人権リスクも千差万別であることを意識しながら、**あくまでも参考にとどめる**という発想を常に持つことです。

2つ目は、**世界基準で他社の取組みを参照する**ことです。そもそも、「ビジネスと人権」は企業のグローバル展開の過程で登場しており、国連指導原則も国際的なスタンダードです。企業の評価も特定の国ごとではなく、全世界一律の物差しで測られますから、日本の同業他社と見比べてどうかという物差しは通用しません。人権対応については、海外の企業の方が先行している面があるため、それらに目を向けずに**日本企業だけを見てしまうと、自ずと低い基準に目線を合わせていることになりかねず、自社の立ち位置を見誤るおそれもあります。**

3つ目は、同業他社とともに、**異業種のフロントランナーの取組みにも目を向ける**ことです。この後述べるように、事業活動によって生じうる人権リスクについては業界（事業セクター）ごとにある程度類型化されていたり、共通のものがあるため、同業他社に目を向けることには大いに意味があります。他方、業界によっては、業界全体として取組みがあまり進んでいない場合があります。例えばリース業界については、世界的に見てもあまり研究・取組みが進んでいないように感じられ、そのような場合に自社の業界だけ見てもあまり意味がありません。そのため、**関係する人権リスクが異なる可能性があることに気をつけつつ、**取組みが進んでいる他の業界（例えば、アパレル業界など）のフロントランナーの取組みを参考にするという方法もお勧めしています。

なお、前記のようなポイントはいずれも「目線を高く持つ」ことにより、グローバルレベルで、自社の置かれている状況を把握したり、これから取り組むべきことのヒントを得ることを目的として示しています。このことは、直ちにトップランナーに追いつかなくてはいけないとか、今の時点でトップランナーと同じことができていなければ駄目というわけではありません。全てのことが完璧にできている企業など存在しないのですから、**自社の立ち位置をなるべく客観的に、正確に把握したうえで、高い「あるべき姿」を目指して、試行錯誤を繰り返しながら、やるべきことを地道にやる**ことが大事だと私は思います。

ただし、このことは、「できる目標を設定する」ことを示唆しているわけではありません。ある企業のジェンダーバランス改善のためのセミナーを聴講していた際に、企業側が「〇年以内に管理職の女性比率を30％にします」と言ったところ、外部講師の方が「なぜ、そのような数字になっているのですか？　それは、あるべき姿を目指して設けているのではなく、『それくらいであれば現実的に達成できる』から逆引きしていませんか？」と指摘され、企業の担当者が返答に窮されていた場面がありました。「できる目標を設定する」好例です。

このような**帳尻合わせ的な発想であったり、「他社さんがこの程度しかやっていないのなら、うちもそれくらいでいいや」という消極的な発想は厳しい目で見られる**とお考えください。なぜなら、このような発想には**負の影響を受ける「人の側から」取り組む姿勢が欠けている**ように見られるからです。どうすれば、可能な限り負の影響を受けうる「人」にとってベストな対応が企業としてできるのかを考え抜き、高い志で目標を設定し、それを目指す取組みをしていれば、それが道半ばであったとしても前記のような消極的なアプローチよりもよほど理解を得られ、評価されるでしょう。

▼この分野で有益な情報源▲

世界のフロントランナー企業を調べる方法の1つとしては、World Benchmarking Alliance が公表している、Corporate Human Rights Benchmark におけるランキング（https://www.worldbenchmarkingalliance.org/publication/chrb/rankings/）が参考になります。年度によってカバーしている業界が異なることがあるため、複数年を見るのがよいと思います。ランキング上位の各企業のウェブサイトなどで紹介されている具体的な取組みは大いに参考になるでしょう。

企業の取組事例などについては、以下の資料などにも掲載されています。

・外務省「『ビジネスと人権』に関する取組事例集」（令和3年9月）（https://www.mofa.go.jp/mofaj/files/100230712.pdf）
・三菱ＵＦＪリサーチ＆コンサルティング「令和4年度食品事業の『ビジネスと人権』に係る取組等の実態調査委託事業」報告書（２０２３年３月）（https://www.maff.go.jp/j/kokusai/kokusei/kanren_sesaku/attach/pdf/seizoukakikaku1-7.pdf）
・日本経済団体連合会「第3回　企業行動憲章に関するアンケート【別冊２】国内外のサプライチェーン上における人権デュー・ディリジェンスの取組事例集」（２０２４年１月16日）（https://www.keidanren.or.jp/policy/2024/005_bessatsu2.pdf）

4　場数を踏むことを意識する

「ビジネスと人権」は企業にとって新しい概念であり、まだなじみが薄いことが多いでしょう。そうでありながら、ここ数年で急速にキャッチアップを求められているため、対応をする側はついていくのが大変だというのが実情だと思います。また、前にも述べた通り「痛い目」にあった企業はそれをきっかけにグンとレベルアップをするのですが、全ての企業がそのような経験を経ているわけではありません。

前に、「いったん日本の話は忘れてください」（第1章Ⅱ1）と申し上げたように、「ビジネスと人権」を習得するのは外国語の習得に似ている点があります。英語が全く話せない人が、流暢に話せるようになるまでは多くの時間を要します。少なくとも一度や二度英語のネイティブスピーカーと会話しただけでは、学習効果は非常に弱いでしょう。だからこそ、英語の教材を何度も反復学習して少しずつマスターしていくように、**人権についても単発ではなく繰り返し学ぶこと、場数を踏むことがとても重要**になってきます。

私自身、ビジネスと人権に関してある程度腹落ち感をもって取り組めるようになるまでには数年を必要としましたし、今でも勉強の途中です。後述（Column 5-5）の国連のジュネーブにおける「ビジネスと人権」フォーラムには2018年から毎年参加していますが、最初は、会合の参加者が何の話をしているのかちんぷんかんぷんでした。それは英語など言語の問題というよりも、「ビジネスと人権」に関する〝コミュニティ・ランゲージ〟がわからないことに起因していました。それでも毎年繰り返し参加し、人権関連の相談に数多く対応することを通じて、ようやく「ビジネスと人権」の何たるかが少しはわかってきた気がしています。

私は多くの企業から、「ビジネスと人権」に関するセミナーのご依頼をいただいていますが、そのほとんどが1年に1回の開催です。年1回でも、この問題に意識を向けることは重要であり、やらないよりもよいのですが、**年に1回だけ思い出したように注意を向けるだけでは、「ビジネスと人権」に関する意識を高めたり、具体的なアクションに繋げていくのは容易ではないでしょう。**

私自身は仕事柄、見聞きするものほとんど全てについて、オートマチックに「ビジネスと人権」のフィルター、レンズを通して把握し、考えることが習慣化してしまっています。もちろん、全ての人がそこまでやる必要はないと思いますが、企業活動のあらゆる側面において人権が問題となりうる以上は、例えば、人権侵害についてのニュースを見聞きした際、「自社で似たような事件が起こったとしたら、どう対処すべきか」といった思考を巡らせるクセを少しでもつけておくことは、いざ自社で問題が生じた場合に、タイムリーかつ適切に対応するために有用だと思います。

セミナーなどでは、このようなクセをつけることを「素振り」に例えてお話ししています。野球のバットを持ったことがない人がいきなり打席に立たされたり、ゴルフでクラブを振ったことがない人がいきなりティーグラウンドでドライバーを持たされたりしても上手く打てるわけはありません。そのためにも、とりうる方法で、なるべく「素振り」をしたり、グラウンドやコースをイメージする機会をもうけ、この分野に関する「場数を踏む」ことを意識していただければと思います（Column 5-5参照）。

Ⅱ　人権方針を作る

1　人権方針が先か、人権デュー・ディリジェンスが先か

企業がはじめて人権対応を始めるにあたり、まず出てくるのが、人権方針を作るのが先なのか、それとも人権デュー・ディリジェンスをやるのが先なのかという問題です。

人権方針は、人権尊重責任を果たすための「コミットメント」です。コミットメントとは「約束をする」とか「責任を持つ」といった意味です。要は、**企業として他者の人権侵害を回避し、関与した悪影響に対処することに責任を持つことを企業の方針として約束するということ**です。

そもそも自社とそのサプライチェーン・バリューチェーンが、どういった人権課題に直面しているのかがわからないと、どのような人権侵害の可能性について、何を約束すればよいかわからないので、人権方針を作る前にまず人権デュー・ディリジェンスを行うべきだという考え方もあり得ます。鶏が先か、卵が先かという類の話です。

この点については、指導原則上は明記されていませんが、粗くてよいから、自社とそのサプライチェーン・バリューチェーンがどういった人権課題に直面しているかのリスクアセスメントをざっとでも行ってから、人権方針を作るべきだという考え方が１つあります。

他方、「人権尊重することをコミットするんだ」という自社のスタンス、気概をまずは明確にしたうえで、人権デュー・ディリジェンスを始めることもおかしなことではありません。そもそも人権方

針がなければ人権デュー・ディリジェンスの軸がなく、その意味もわからないこともあるでしょう。実務上も人権課題のアセスメントには一定の時間とリソースが必要になるため、先に方針を策定してからそれを踏まえた体制を整備するという考え方も首肯できるところです。

企業の活動による人権への悪影響は今現在も発生しているかもしれません。それにどう早く実質的に対応していくかがポイントなのであって、前記の順番の議論に時間を割くことは本末転倒だと思います。どちらの考え方にも一理ありますし、企業の置かれている状況によってどちらが早く物事が進むかは会社ごとに違うでしょう。なので、**まずはとにかく早くできる方でやってみる**ということでよいのではないかと思います。

人権方針は、一度作って終わりではなく、企業やそれを取り巻く状況の変化によって改訂されるのが一般的です。会社の人権尊重の根本方針ですので、コロコロかわるようなものではありませんが、数年に一度改訂されている例がすでに複数の日本企業において見られます。ですので、まずは人権方針を作り、実際に人権尊重の取組みを行いながら、それを反映させる改訂を行うということでも全く問題ないと思います。

2　人権方針をどのように作るか

人権方針の作り方について、国連指導原則はどのように定めているのでしょうか？

> 原則16．人権を尊重する責任を定着させるための基礎として、企業は、以下の要件を備える方

針の声明を通して、その責任を果たすというコミットメントを明らかにすべきである。

ａ．企業の最上級レベルで承認されている。

ｂ．社内及び／または社外から関連する専門的助言を得ている。

ｃ．社員、取引先、及び企業の事業、製品またはサービスに直接関わる他の関係者に対して企業が持つ人権についての期待を明記している。

ｄ．一般に公開されており、全ての社員、取引先、他の関係者にむけて社内外にわたり知らされている。

ｅ．企業全体にこれを定着させるために必要な事業方針及び手続のなかに反映されている。


このように指導原則は、人権方針の内容面については次の２つしか定めていません。

１　人権尊重責任を果たすという約束（コミットメント）
２　社員、取引先、サプライチェーン・バリューチェーン等、事業上の関係者に対し、人権尊重をすることへの期待

そして、人権方針を定める場合の手続面については、前に企業の最上級レベル（取締役会）で承認されていること（ａ）、前に専門家の助言を受けていること（ｂ）、前に社内外にわたり広く一般に公開されていること（ｄ）、前に人権方針を定着させるためにやるべきことをなすこと（ｅ）が求められています。

これらを踏まえると、人権方針の記載内容のボトムラインとしては前記２つの項目だけで、あとは、

一連の手続要件を満たせばよいということになりますが、**実際にはそのような数行の方針を策定している企業は少なく、概ねA4サイズで1頁〜2頁くらいのボリュームにはなっていることが多い**と思います。複数の他社事例なども参考にしながら、まずはどのような内容が書かれているかのイメージ作りをするのがよいのではないかと思います。

▼この分野で有益な情報源▲

国連グローバルコンパクトが出している“Guide on How to Develop a Human Rights Policy”という資料（https://unglobalcompact.org/library/22）は、国連指導原則に則した作り方を理解できます。経済産業省「責任あるサプライチェーン等における人権尊重のための実務参照資料」（令和5年4月）（https://www.meti.go.jp/press/2023/04/20230404002/20230404002-1.pdf）には、人権方針に記載されるべき内容の例が具体的に記されており参考になります。

3　人権方針を作る際の注意点

人権方針を作る場合に気をつけるべき点がいくつかあります。

まず、最も重要なのは、**書いている内容が一体いかなる意味を持つのかをきちんと理解しながら書くこと**です。例えば、多くの企業の人権方針では、国際人権規約を支持したり、参照する旨の記載がされていることが多いですが、国際人権規約に何が記載されているのかをきちんとかみ砕いて理解されているかは非常に怪しいと思っています。実際、私がある企業で行った人権方針策定のワークショップでこの質問をしたところ、十数名の参加者の中で内容をご存知の方はゼロでした。

専門家ではないのでこれらについて知らないのは当然ではあるのですが、そうであればこそ、策定のプロセスを通じて理解を深めることが重要です。このようなワークショップでは、人権方針で登場する用語の意味や、なぜそれが使われているのかについて、社内の複数の部署の方々を交えながら、説明・意見交換を行い、活発な質疑を通じて内容の理解が進むとともに、部門間の意思疎通も図れたという感想をいただきました。私にとっても、企業にとってわかりにくいポイントが理解でき、とても勉強になりました。

人権方針は、自社の「約束」です。自分が何を約束しているのかわからないのに約束をするということは普通のビジネスの文脈では考えにくいのですが、なぜか人権方針の策定の場面ではそういう現象をよく目の当たりにします。特定の企業の既存の人権方針から「コピペ」しただけとしか思えないようなものも散見されますが「コピペ」作業では、内容の理解などおぼつかないでしょう。

次に、人権方針は「約束」である以上、**守るつもりがある約束をする**ということです。

この点については、「直ぐにはできないことであったとしても、高い志・旗を掲げることが重要である」という考え方もあり、私もそれには一理あると思います。全ての人権対応を一度に完璧にできるわけがない以上、方針に記載したことがその時点でできていないことはあるでしょうし、そこが完璧な状況でなければコミットメントができないということであれば、いつまでたっても人権方針は作れなくなってしまいます。

ただし、守る気が全くなかったり、およそやるつもりがないことをあたかもやるつもりがあるように表明するのは誠実な態度とは言えませんし、そもそも事実に反します。

この点で、よくあるのは、人権デュー・ディリジェンスを全く行っていないにもかかわらず、自社にとって特に重要な人権課題を列挙するというパターンです。人権への取組みがある程度進んでいる企業の場合には、人権デュー・ディリジェンスの結果、明らかとなった人権リスクを踏まえて、それらのうちのいくつかに重点的に取り組むという記載がされる場合があります。

しかしながら、このようなプロセスを踏んでいなかったり、その他の理由が特にないのにそのような記載をしても、「なぜ貴社はこれらを重点課題として取り上げたのですか」との問いには答えられないでしょう。そのような姿勢は、場合によっては「見せかけだけの取組み」や「欺瞞的な取組み」であると受け止められかねません（これは俗に「ブルーウォッシュ」と言われているものです。ブルーウォッシュとは、国連のシンボルカラーであるブルーに由来しており、イメージアップを図るなどの目的により、企業が人権問題などの社会課題に取り組んでいるポーズだけを示すものの、一向に実態を伴わないことを言います）。したがって、**一定の根拠に基づき守るつもりがあることをきっちりと書くというのが基本**になると思います。

以上の点に注意し、きちんと内容を理解していただき、腹落ちするところからまずはきっちりとコミットしていただくところからスタートするとよいのではないかと思います。

4　企業活動への「定着」をどう進めるべきか

前述のように、指導原則では、人権尊重をコミットして、トップがサインをしただけでは不十分であり、それを実効性のあるものとするため企業活動に「定着」させることを求めています（原則16 e）。このような「定着」が求められるのは、人権対応は企業活動の過程全体で求められるものであり、単にトップがそのような声明を出しただけでは、各部門がそれに基づいた意識を持って取り組むことは難しいからです。

特に、人権方針は企業の根本的な姿勢を示すものとして、抽象度が高いものになりがちであり、各社員がどのようなものの考え方をすればよいか、どのような取組みを行えばよいかなどまで踏み込むことが少ないため、「定着」のためにはより具体的な落とし込みが必要になります。そのような**「定着」のための活動の例として、各社員の人権尊重のための行動に向けた「行動規範（コード・オブ・コンダクト）」などの策定や、社内研修などが挙げられます。**また、企業活動は、自社だけで完結するものではなく、サプライチェーン・バリューチェーンなどの取引先等とのつながりを通じて行われるものであるため、自社の人権方針をそのような取引先等にも理解してもらうために、取引先向けの行動規範を設けることも有用でしょう。

例えば、「ユニクロ」ブランドで広く知られる、ファーストリテイリンググループは、日本語を含めた16カ国語（2024年4月8日現在）で「ファーストリテイリンググループ　コードオブコンダクト」を公表しています。これは、「総則」、「基本原則」、「ガイドライン」の3部構成となっており、そのうち、「人権尊重」の項目においては、人権の尊重と差別の禁止、セクシュアルハラスメントとパワーハラスメントの禁止について、わかりやすい言葉で説明しています。

また、同グループは、生産パートナー向けに「生産パートナー　コードオブコンダクト」を制定し、これの遵守を誓約する工場とだけ契約をしています。これに加えて、生産パートナーにコードオブコンダクトを正しく理解してもらうために定期的にトレーニングを実施しており、「2023年8月期は、対象となる縫製工場519工場のうち、90％に相当する22カ国466工場を対象に、トレーニングを実施しました」とのことです。このような具体的な取組みは、他の企業の皆さんにとっても大いに参考になるかと思います。

企業内の研修やセミナーは、多くの企業で活発に行われており、私自身も大手金融機関、メーカー、不動産など複数の業種で役職員セミナーを行う機会をいただきました。このようなセミナーも、継続的かつ部署横断的に実施することで、常日頃から問題意識を養うのに役立つと思いますので、「定着」に向けた活動の一環として取り入れるとよいと思います。

▼この分野で有益な情報源▲

企業における研修を実施する際の進行役向けのガイダンスとして、UNDPが作成・公表している「研修進行ガイド 人権デュー・ディリジェンス」（和文）が参考になります（https://www.undp.org/ja/japan/publications/hrdd-guide-2022）。

この進行ガイドでは、「ビジネスと人権」入門および人権デュー・ディリジェンスについて、一般的な説明がわかりやすくなされているほか、Q＆A、豊富な参考資料の紹介など充実した内容となっており、「ビジネスと人権」について学ぶための資料としても、とてもよくできていると思いますので、多くの方に一読をお勧めします。

Ⅲ　人権デュー・ディリジェンス 総論

1　人権デュー・ディリジェンスとは

「人権デュー・ディリジェンス」は企業の人権尊重の取組みの中核をなしますが、その概念はとてもわかりづらいのではないでしょうか。私も、最初に「企業は人権デュー・ディリジェンスを行うべし」と聞いたときには、「それだけじゃ何をやればよいかわからんわ！」と叫びたくなりました。

実際、経済産業省と外務省が２０２１年に実施した企業向けアンケートにおいても、多くの企業が「実施方法がわからない」と回答していました。そして政府・公的機関に対する要望として、人権デュー・ディリジェンスの取組みのためのガイドラインの整理や、参考となる好事例の配布などが挙げられたのは、そのようなわかりづらさゆえでしょう。

また、「デュー・ディリジェンス」という言葉自体になじみが薄いことも問題だと思います。「デュー・ディリジェンス」をそのまま辞書的に和訳すると、「適切な注意」などという意味になると思いますが、これだけでは何を言っているのかわかりません。

企業活動のうち、M＆A（企業買収・合併）などに取り組んでいる部署においては、「デュー・ディリジェンス」という用語はなじみがあるかもしれません。M＆Aにおける「デュー・ディリジェンス」は、買収対象となる企業について買収前に様々な観点から調査することを意味しています。例えば、法務の観点からだと、取締役会がしっかりと開催されているか、重要な取引の契約書が締結されているか、多額の請求をされている訴訟にさらされていないかなどを調査します。これは、そもそも買収に値するかや、買収金額に見合った企業内容かなど、主として取引の経済的な側面への影響の有無や法的なリスクを確認するために行われます。

これは、通常は買収時に1回限り行われるものであり、その点で継続性が要求される人権デュー・ディリジェンスとは異なります。後で述べるような、「対処」や、「モニタリング・公表」というプロセスも基本的には含まれません。また、**人権デュー・ディリジェンスはあくまでも企業活動に関係する人たちの人権へ負の影響の確認・対処を目的とするものですので、一般的なM&Aデュー・ディリジェンスのように買い手たる会社にとっての経済的・法的なリスクの洗い出しとは基本的に目的が違っています。ここでも「人」から見るか、「会社」から見るかという視点の違いがありますので、基本的には両者は異なるものだとまずは理解しておくことが肝心だと思います。**

Column 4-1

M&Aにおける人権デュー・ディリジェンス

前記で述べたように、M&Aの場面で従来行われてきたデュー・ディリジェンスと、人権デュー・ディリジェンスとは異なる概念ですが、このことは、M&Aの場面において人権について考慮しなくてよいことを意味しません。

むしろ、M&Aの場面は、買収する側から見た場合には、買収される側の企業活動との結びつきが新たに生じうることになりますので、**買収される側の企業の事業活動を通じた人権への負の影響が新たに「自分事」になりうる**、すなわち、買収の態様などに応じて、「引き起こす」、「助長する」、「直接結びつく」可能性があることになります。

また、企業買収それ自体も企業活動ですので、そのプロセスおよびその結果による人権への負の影響が生じないかを考えなければいけません（Column 4-5 のテレノールの事案参照）。買収完了後には上記のような関連性を持つことになりえますので、買収それ自体や買収される側の企業の事業活動において、どのような人権リスクが存在するかを特定・評価し、その結果に対して適切に対処していくという**人権デュー・ディリジェンスは、このような新たな関係性が生じる段階では、できるだけ早く着手されるべきである**とされています（指導原則17解説）。

他方、M＆Aのプロセスは高度の守秘性が求められるため、買収される企業の側においても、マネジメントや、対応チームなどごく一部の人にしか知らさせていないことが普通です。そのため、その企業における人権リスクなどを調査する方法が、そのような人たちにヒアリングをするなど、非常に限られたものにならざるを得なかったり、ステークホルダーエンゲージメントをできない場合が多いでしょう。先ほど（本章Ⅲ1）で説明したように、人権デュー・ディリジェンスは人権リスクの特定・評価だけではなく、その後の対処、追跡評価、情報提供という一連のプロセスを含む広い概念ですので、上記のような限定的な調査は**人権デュー・ディリジェンスのごく一部を行ったに過ぎない、あるいは、買収後に行われるべき人権デュー・ディリジェンスの入り口に過ぎない**ことを意識する必要があります。

近時、M＆Aの局面において、ＥＳＧデュー・ディリジェンス（ＥＳＧ ＤＤ）を実施することが増えています。これは、買収される側におけるＥＳＧの観点からのリスク要因や、M＆Aによる事業機会の獲得等の観点から重要になるＥＳＧ要素について事前に把握し、対処するために行われます。ESG DDは、関係するソフトローに依拠して行われたり、対象会社のみならずその先にあるサプライチェーンもカバーするという点において、従来行われてきたM&Aデュー・ディリジェンスよりは範囲が広い、あるいはアプローチの仕方が違うとされ、人権デュー・ディリジェンスと重なるところもあります。また、負の影響を把握することや、場合によっては買収完了（クロージング）前に、その交渉上のレバレッジ（影響力）を行使して適切な対処を求めるなどした場合には、内容的にも人権デュー・ディリジェンス類似の点は含まれることがあるでしょう。

しかし、人権デュー・ディリジェンスは人権の負の影響を受けうる人（ライツホルダー）の観点から行う必要があります（「人から見る」）。買収される側の企業における人権リスクが、買収する側の企業にとってどのような経済的な悪影響が生じるか、買収価格にどのように反映させればよいか、それらのリスクが顕在化した場合に備えてどういう契約条項（例えば、表明保証、補償、解除など）を定めておくべきか、などという「企業から見る」という発想で行われるべきものではない点において、**ESG DDとの間には本質的な違いを内包している側面もある**ことについては注意をする必要があります。

投資家からのESG目線が厳しくなる中、ESG DDを実施すること自体は、買収側企業にとって非常に重要なアクションであり、今後もより普及していくことが想定されます。上記のような**限界と違いを意識したうえで、M&Aの局面において行ったことが人権尊重責任の観点からはどのように位置付けられるかを把握し、その後のさらなる取組みに反映**させていくことが求められていることを意識していた

「だければと思います。」

２　プロセスの全体像

国連指導原則上、「人権デュー・ディリジェンス」とは、「人権への影響を特定し、防止し、軽減し、そしてどのように対処するかについて責任を持つという」「プロセス」であるとされていますので、以下、この「プロセス」について、企業からよくいただく質問ポイントを中心に解説していきます。

企業が人権尊重責任を果たすための取組みの１つの人権デュー・ディリジェンスは、大きく分けて、以下の４つのプロセスに分けられます。

①　人権への負の影響の特定・評価
②　影響の評価の結論を社内に「組み入れ」、適切な措置をとる
③　企業の対応の実効性の追跡評価
④　企業の取組みに関する情報提供

このように、人権デュー・ディリジェンスのプロセスは、**単に人権侵害の（可能性の）有無を調べるだけではなく、それに対する対応やフォローアップ、外部への公表なども含む一連の手続である**点が特徴的です。前述のＭ＆Ａにおけるデュー・ディリジェンスのイメージだと、①しか含まれないよ

うにも思えてしまうかもしれませんが、より広い取組みが求められる点に注意が必要です。「ビジネスと人権」の文脈においては、特定のプロジェクトや個別の活動レベルにおける負の影響を特定・評価等するプロセスを「ヒューマンライツ・インパクト・アセスメント（HRIA）」（人権影響評価）と呼ぶことがありますが、**HRIAも、あくまでも人権デュー・ディリジェンスの一部に過ぎません。**

①の取組みの1つとして、サプライチェーン・バリューチェーン上の取引先にアンケートを求めることがありますが、それで終わりではなく、むしろ人権デュー・ディリジェンスの始まりに過ぎないなど、**人権への取組みの活動をする際には、個別のアクションがプロセス全体の中でどこに位置付けられているのかを常に意識しながら行うことが重要**となります。

3　専門的知見とステークホルダーエンゲージメント

人権デュー・ディリジェンスのプロセスにおいては、外部の知見の活用や関係する者との協議などが求められています。

例えば、人権の負の影響の特定・評価のプロセスにおいては、内部および／または独立した外部からの人権に関する専門知識を活用するとともに、潜在的に人権への影響を受ける人や、その関連ステークホルダーとの有意義な協議を組み込むべきとされるなど、特定の人との関与が手続上要求されています（指導原則18）。また、負の影響への対処の実効性の評価においては、影響を受けた者を含む社内および社外からのフィードバックを活用すべきとされています（同20 b）。

このようなことを行わないと，そのプロセスが適切なデュー・ディリジェンスであるとは認められなくなりうることに注意が必要です。これらの詳細については，ステークホルダーエンゲージメントに関する第６章で説明をしていきますが，ここではとりあえず**自己だけで完結しない**という点を押さえておいてください。

4　まずはやってみること，続けること

人権方針を打ち立ててから，人権デュー・ディリジェンスを始めるまでには，目に見えない壁があります。最初の一歩が，なかなか踏み出せない企業がとても多いと思いますが，まずは「一度やってみる」から始めましょう。

一度でもトライすれば，「何をやればよいのかさえもわからない」状態から，「どこがわからないのか」が少しずつ理解できるようになります。「わからない」ところが特定できれば，そこを集中的に掘ってみると「わかる」ところが増えてきます。

例えば，いちばん人権リスクが高そうなのが，インドネシアにある提携工場だったとしましょう。そこで人権デュー・ディリジェンスを実施すると，どうすれば，「わからない」ところが「わかる」ようなるのかというコツが摑めるようになります。また，一連の調査のプロセスで見識が広がり，関連部署のスタッフとの連携がとれるようにもなるでしょう。

一度一通り経験を積めば，その経験の横展開が可能になります。例えば，「インドネシア以外でも，ブラジルでもどうやら同じような人権侵害リスクがありそうだ」という分析が得られたら，インドネ

味の素グループの人権リスク評価／人権影響評価実施実績

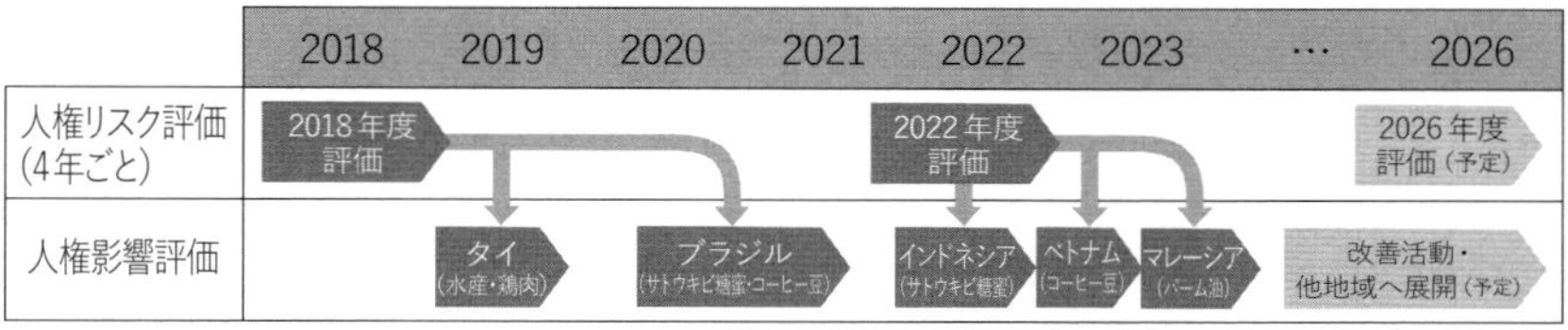

シアの経験を活かしながら、ブラジルでも人権デュー・ディリジェンスを行ってみます。そういったプロセスを経るうちに知見が社内に蓄積されるようになり、小さな階段を一段ずつ上るように成長していけるはずです。

例えば、味の素グループの人権への取組みを見ると、4年ごとに、原料調達・生産・販売に関わる国ごとの人権リスクを第三者の視点を取り入れながら調査、抽出し、それにより抽出されたリスクに基づき、該当する国・地域への現場訪問を行い、事業に関わるステークホルダー（取引先企業従業員・地域住民などのライツホルダー、NPO等）との直接対話を通して人権への影響・課題を把握する活動を継続的に実施しています（上の図参照。https://www.ajinomoto.co.jp/company/jp/activity/keyword/human_rights.html）。このようなアプローチは人権尊重への取組みの継続性という要求にも即していることもよく示せ、大いに参考になるでしょう。

Ⅳ　人権への負の影響の特定・評価

1　どこから手をつけるべきか

人権への負の影響の調査において、企業側からよく悩みとして出てくるのは、「どこから手をつけたらよいのですか」というものです。人権イシューにはかなりの幅と深さがありますから、どこから手をつけるべきかと途方に暮れるのももっともです。

人権デュー・ディリジェンスの最初のプロセスである、負の影響の特定と評価というのは、**要するに、事業に関連する一連の過程において、誰の、どのような人権について負の影響が出る可能性があるのかを洗い出すプロセス**です（各種の人権について、企業がどのような負の影響を与えうるかについては、国連指導原則報告フレームワークに参考になる記載があります〔https://www.ungpreporting.org/wp-content/uploads/2015/07/UNGPRF_businesshumanrightsimpacts.pdf〕）。

そのため、まずは、自社（グループ会社を含む）の事業、および、その事業、商品やサービス等について関係する人たちがどこに、どのように存在するか（「誰がいるか」）を可視化する必要があります。このように「人から見る」という観点からは、それぞれの場所における人の数も重要な要素になります（これに対して、「取引額の大小」などは直接の考慮要素とはならない場合もあるでしょう）。

そこで、まずやっていただきたいのは、自社を含めたサプライチェーン・バリューチェーンのマッピングです。自社の事業・サービスを中心に、原材料の調達、加工、物流などを含む上流（川上）での活動、販売やサービス、利用と消費、リサイクルといった下流（川下）での活動の全体像を明らかにするのです。このマッピングは、人権イシューが自社の事業チェーンのどこで生じうるかを考える出発点となります。

例えば、水産加工を業とする食品メーカーでは、本社以外にも国内工場があり、その上流には国内工場が取引している海外の一次加工工場があり、さらにその一次加工工場に原材料である水産物を納品している漁師や養殖業者がいるでしょう。下流には、本社に届いた製品を問屋に卸し、問屋が総合

マッピング例

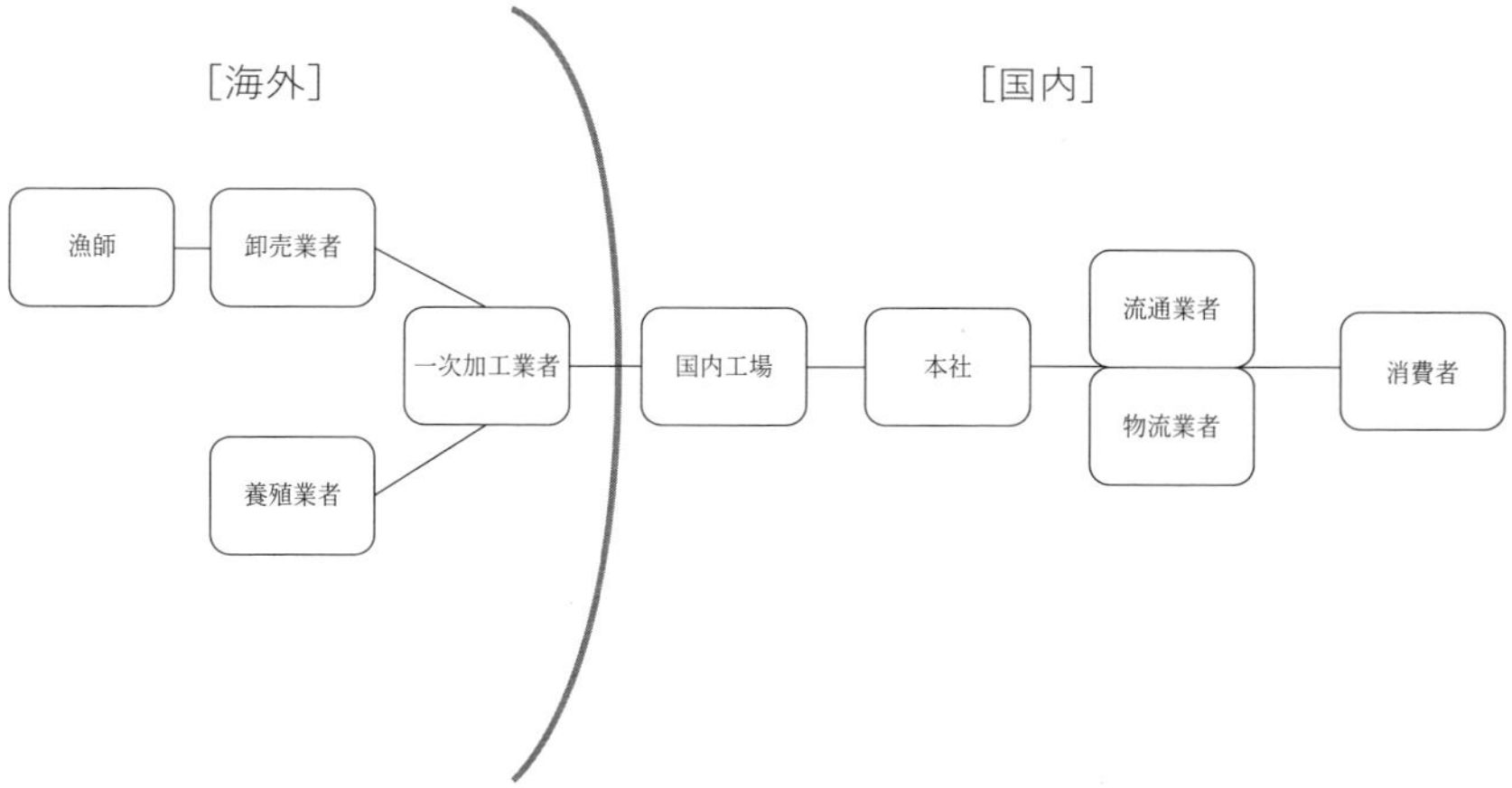

＊　筆者作成

スーパーに納品して消費者の手元に届くというマッピングが考えられます。

このマッピング上では、どこでも人権への負の影響が生じる可能性があります。自社や国内工場の従業員に対する時間外労働やハラスメント、海外の一次加工工場における従業員の劣悪な労働条件や安全への配慮不足、あるいは工場からの排出物などによるその周辺住民への健康被害、漁業や養殖業における移民労働や児童労働といった問題が考えられます。複数の異なる原材料を用いた加工食品を作っている食品メーカーなら、その商品の数だけ同様のマッピングが考えられます。

2　どのような人権リスクがあるのかの特定と評価

このようなマッピングを行ったうえで、その各場所に存在するライツホルダーの「どのような人権」についていかなるリスクがあるのかを検討していくのが、次の作業になります。

しかし、このようなマップの全体において、どのような場所で、どのような人権リスクが具体的にあるのかをゼロから調べるとなると膨大な手間がかかってしまいます。例えば、ある事業分野やある国・地域においてそもそもどのような人権リスクがあるかについては、知らないことも多いでしょう。また、このような人権リスクの全てを深掘りをして検討していくと、いくら時間があっても足りませんし、それら全てに同時に対処するのはほぼ不可能です。

そこで、**人権侵害リスクが高そうな重点領域をまずは「ざっくり」と見極め、目星をつけ、そのうえで重要性が高そうなものについて深掘りをしていく**手法が、実務上はとられています。この「ざっくり」と優先順位の目星を付ける初期段階の作業は「スコーピング」と呼ばれたりします。

スコーピングでは、①事業セクター、②地理、③企業、④製品という４つの切り口を使って分析するやり方があります。

①　事業セクター

実務上、事業セクター（業種）により、どのような人権侵害のリスクがあるかがある程度類型化されている場合があります。

例えば、ＥＵの「コーポレート・サステナビリティ・デュー・ディリジェンス指令」（ＣＳ３Ｄ）では、衣類と履物、農林水産業、食料生産と食品加工業、鉱物資源の採掘販売および関連製品の製造、建設が、人権イシューが生じやすいハイリスクセクターに挙げられています。

また、ＯＥＣＤが公表している「衣類・履物セクター」に関するデュー・ディリジェンスのガイダンス（https://www.mofa.go.jp/mofaj/files/000465379.pdf）によると、このセクターにおける人権と労働のリスクとしては、児童労働、差別、強制労働、労働安全衛生、労働組合に関する権利、最低賃金の不遵守などが挙げられています。

このようなガイダンスなどを参考にしていけば、例えば、複数の事業領域にまたがる事業を行っている場合には、前記のようなハイリスクセクターが含まれていないかどうかという確認や事業領域間の順位付けがしやすくなります。また、特定のセクターにおいて闇雲にあらゆる人権侵害をチェックするのではなく、まずはセクター固有のリスクから確認していくという形でのメリハリ付けができるようになります。

▼この分野で有益な情報源▲

ＯＥＣＤのウェブサイトには、すでにご紹介したＯＥＣＤガイダンスのほかに、鉱物、衣料および履き物、農業、鉱物サプライチェーン、採掘、金融といったセクターごとのデュー・ディリジェンスに関するガイダンスが紹介されており、参考になります（https://mneguidelines.oecd.org/due-diligence-guidance-for-responsible-business-conduct.htm）。

また、環境分野における国連の主要機関の1つである国連環境計画と世界各地の金融機関とのパートナーシップである国連環境計画・金融イニシアティブ（ＵＮＥＰ ＦＩ）が金融機関向けに提供している“Human Rights Guidance Tool for the Financial Sector”（https://www.unepfi.org/humanrightstoolkit/）においては、セクターごとの人権課題についてまとまった形で紹介しています。

②　地理

地理とは、国や地域という意味であり、国・地域によってリスクがある人権の種類も異なり、その発生可能性も違うとされています。

例えば、強制労働の一種である現代奴隷について、国や地域別の人権リスクを判断するのに役立つものとして、人権ＮＧＯウォーク・フリー財団のウェブサイト「グローバリー・スレイバリー・インデックス」（次頁画像参照。https://www.walkfree.org/global-slavery-index/）があります。このサイトをみると、国・地域別に現代奴隷リスクの大小がわかるようになっています。

例えば、前述の「衣類・履物セクター」に属する企業や、「衣類・履物」を取り扱っている企業（流通業など）では、強制労働リスクがありうるわけですが、その製品や原材料などの調達を複数の国・地域からしている場合には、このようなインデックスを利用することで、どの国・地域から深掘りをしてけばよいのかの順位付けの参考にすることができるでしょう。

また、国と国との間や、国内において紛争が起こっている地域（「紛争影響地域」などと言います）においては、重大な人権侵害のリスクおよびそれに企業が関与するリスクが高まる（指導原則７）とされていますので、事業活動がそのような地域で行われている場合には、優先的に目を向ける必要もありえます（Column 4-2）。どのような場所が紛争影響地域であるかについては、世界共通の定義はないとされていますが、ＥＵが紛争鉱物に関して定めている規則において紛争地域および高リスク地域（Conflict-Affected and High-Risk Areas: CHARAs）として列挙されている国と地域などが参考となります（https://www.cahraslist.net）

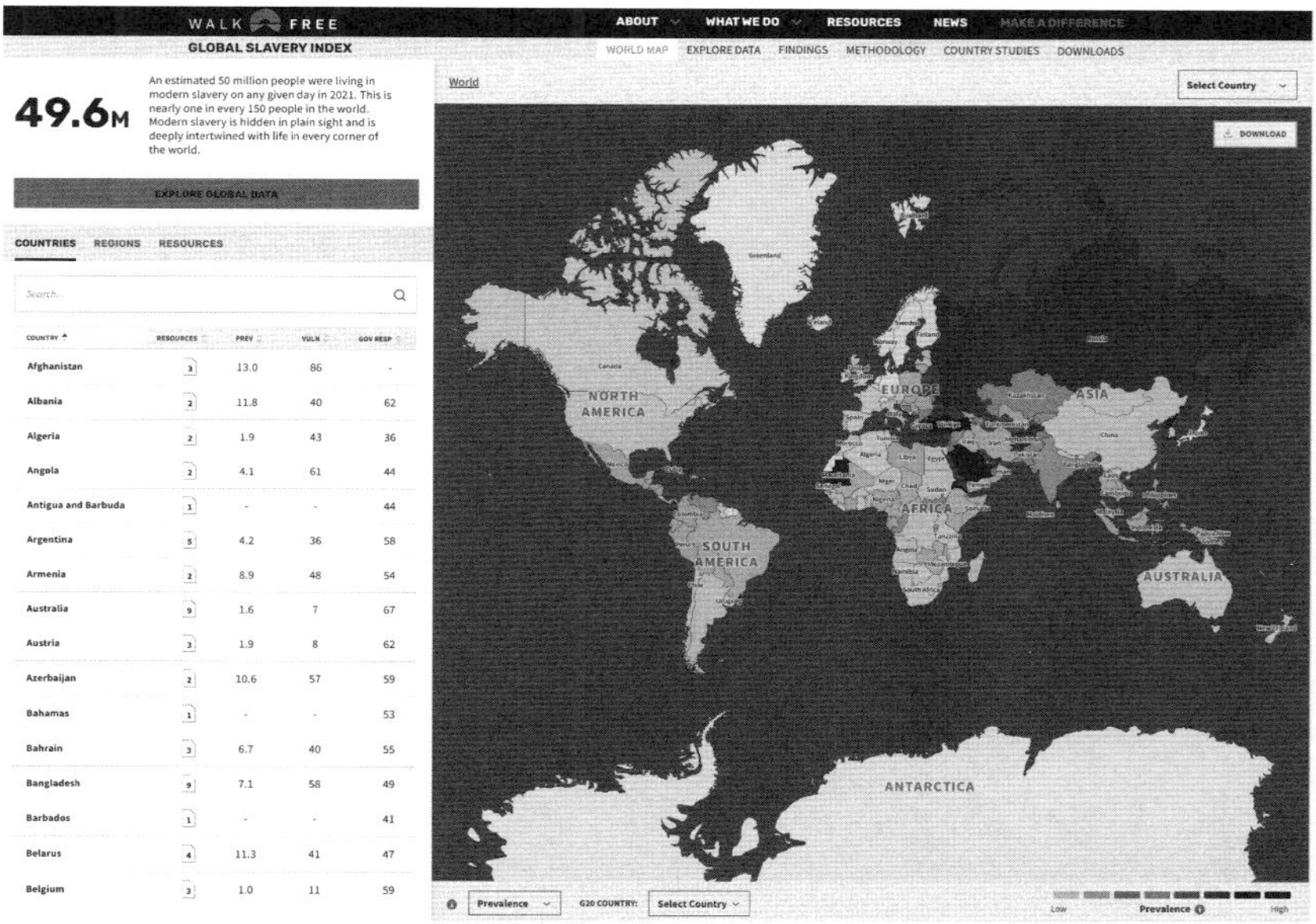

③　企業

事業セクターや地理に関わりなく、特定の企業について人権リスクがある場合があります。例えば、過去に重大な人権侵害を引き起こしていたり、現在進行形で人権侵害に関与しているなどとして問題になっている企業が挙げられます。

企業によるパワハラ、セクハラや人権侵害については、常日頃から報道などで取り沙汰されています。また、2021年にクーデターが起きたミャンマーでは、重大な人権侵害を行っているとされるミャンマー国軍と関係があるミャンマー企業と取引をすることが、問題視されたりしています。

人権尊重責任は自社のみならずその取引先についても及ぶため、「誰と付き合うか」の観点からこのような企業固有のリスクに

ついても確認が必要な場合があり得ます。

一度人権侵害問題があったからといって、未来永劫付き合ってはいけないということにはなりません。**重要なのは、人権問題について真摯に取り組み、対応をしているか、今後人権リスクを発生させないことが期待できるか**という点でしょう。

このような企業固有の人権リスクについては、各種ニュースサイトのほか、欧米諸国等による経済制裁の対象になっていないか、「ビジネスと人権」に関する情報のハブとなっているウェブサイト等（例えば次頁の、Business & Human Rights Resource Centre〔ＢＨＲＲＣ：https://www.business-humanrights.org/en/companies/〕）で検索するなどして、過去に人権侵害の事案がないかどうかをチェックするという方法があります。

そのほか、人権リスクが深刻な場合には、専門の調査会社を起用してバックグラウンド調査をするということも実際には行われていますが、まずは、最低限のこととして、前記のような公開情報の確認から始めるのも１つの方法でしょう。

④　製品

製品によっては人権侵害リスクが高いものがあるとされています。

ことに人権侵害リスクが高いとされるのが、「紛争鉱物」と呼ばれているものです。これには、アフリカ諸国などの紛争地域で採掘されている鉱物資源があります。例えば商品価値が高い錫、タングステン、金、ダイヤモンド、コバルトなどです。こうした紛争鉱物を購入すると、反政府組織の資金

BHRRC の企業検索ページ

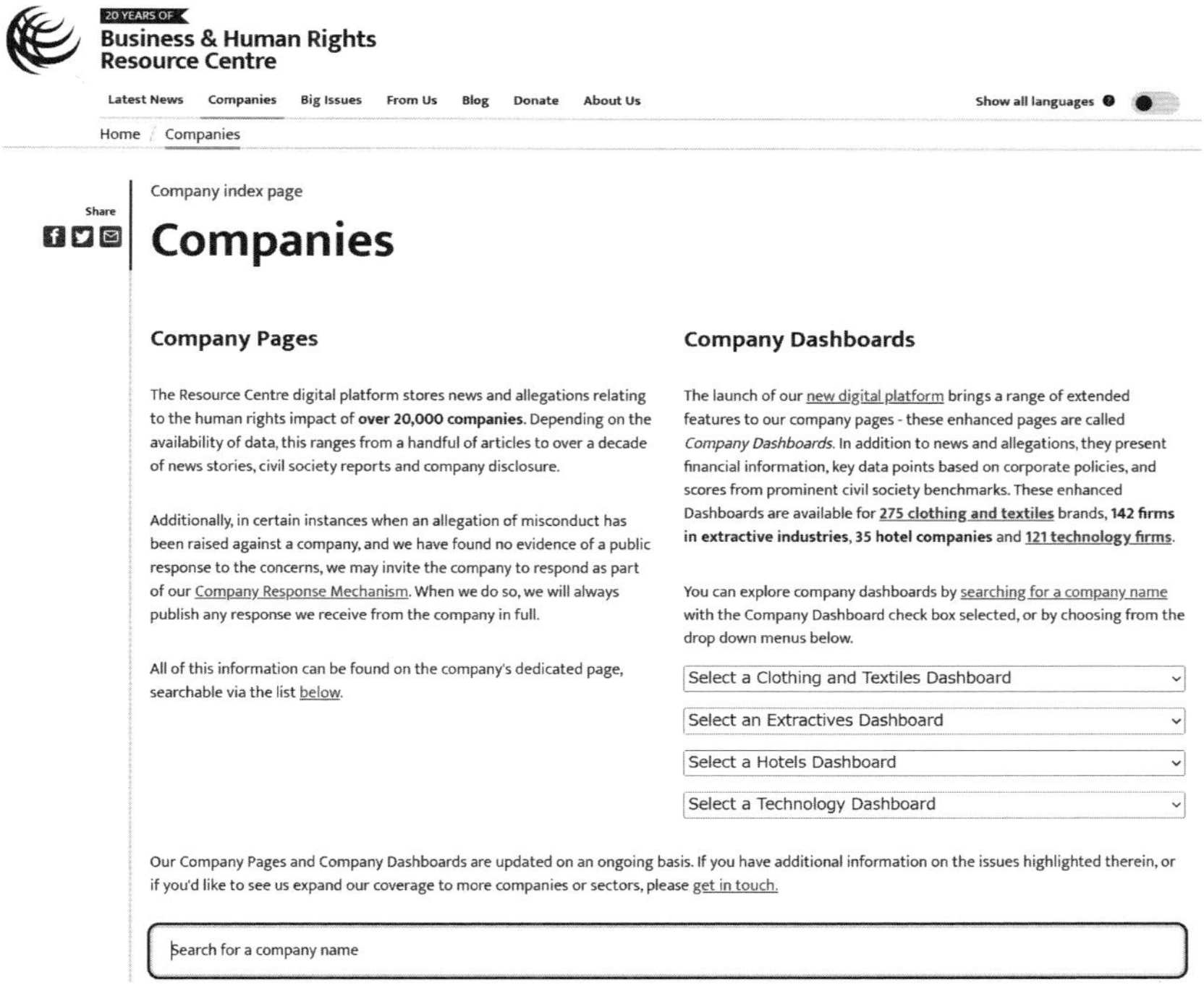

源になったりして、様々なやり方で人権を深刻に蹂躙する紛争の助長にもつながります。

このような切り口から行うスコーピングでは、**深掘りにあまり時間をかけすぎないこ**とです。また、先ほど紹介したような資料、ウェブサイトはまだまだその多くが英語のみであったり、ボリュームが多かったりするため、否応なしに時間がかかってしまうことも多々あると思います。

そこで、**お勧めなのは、「詳しい人に聞いてしまう」という方法**です。例えば、各分野や各国・各地域においては、ＮＧＯなどをはじめとした人権の専門家が誰かしらいるはずですので、そのような人にコンタクトをとって話を聞くことも有用です。地理的な事情に関してはジェトロ（日本貿易振興機構）のアジア経済研究所の地域研究者や各国の駐在員に聞くという手もありますし、セクターの事情については業界団体に情報が集約されている場合もあります。また、国際労働機関（ＩＬＯ）や国連開発計画（ＵＮＤＰ）といった国際機関の日本事務所に連絡して相談してみるのもよい方法です。

このような照会先は、必ずしも外部の人間である必要はありません。灯台下暗しで貴重なリソースとしては自社の現地駐在員がいます。「現地の人権状況を教えてほしい」とストレートに尋ねれば、日本ではわからない現地事情が把握できるでしょう。ただし、現地駐在員が必ずしも人権に詳しい、関心があるとは限りませんので、その点に気をつけながら話を聞く必要があります。

このような**スコーピングはあくまでも人権リスクのあぶり出しのツール・方法の手段の１つに過ぎません。**目の前で明白な人権侵害が生じているのであれば（「いまそこにある危機」）、前記のような調査などを行うまでもなく、次のステップに進むべきでしょう。

紛争影響地域と「強化されたデュー・ディリジェンス」

指導原則は、紛争影響地域においては重大な人権侵害のリスクが高まり、企業がこれに関与する可能性が高いとしています（指導原則７）。

このような地域においては、高いリスクに見合う、緻密に調整された感度の高い

Column 4-2

人権デュー・ディリジェンス・プロセスを実施しなければならないとされ、そのようなものは「強化された人権デュー・ディリジェンス」と呼ばれます（「解釈の手引き」問85）。

この「強化されたデュー・ディリジェンス」については、国連開発計画が策定した「紛争等の影響を受ける地域でのビジネスにおける人権デュー・ディリジェンスの強化 手引書」（和文）（https://www.undp.org/ja/japan/publications/heightened-human-rights-due-diligence-business-conflict-affected-contexts-guide）に詳細に説明されていますので、具体的な内容は割愛しますが、ポイントとなる考え方は、（通常の人権デュー・ディリジェンスの考え方である）**企業活動の個人への人権侵害への関与という観点に加えて、紛争そのものへの関与が問題にされている**という点でしょう。

上記手引書では、企業が治安部隊に警備を依頼した場合に、当該治安部隊それ自体が人権侵害等を行っていないとしても、治安部隊の存在そのものが当該地域の紛争状況に影響を与える、という例が挙げられています。つまり、人権侵害への関与だけではなく、**紛争状況そのものへの関与も問題とされており、かつ、そのような地域で活動する以上は、紛争状況に影響を与えない事業活動は「不可能」である**とされています。

そのため、「強化されたデュー・ディリジェンス」においては、人権への負の影響の特定・評価に加えて、紛争への影響の評価（「紛争影響評価」）が必要とされています。紛争影響評価においては、**紛争それ自体の状況の理解**（例えば、そのような紛争がなぜ生じているのか、どのような当事者に影響を与えるのか、紛争の現在の状況等）や、そのような状況と自社の事業との関係性の特定・評価が必要とされます。

なお、武力紛争の状況下においては、企業は国際「人道」法の基準を尊重すべきともされています（指導原則12解説）。「人権」法が、平時の個人の人権を規律するものであるのに対し、「人道」法は武力紛争時の戦闘の手段と方法の規制と戦闘員や文民の保護を規定するものとされています（日本赤十字社ウェブサイト「国際人道法Q&A」〈https://www.jrc.or.jp/about/humanity/qa/〉）。人道法の関連から問題になりうる例としては、例えば、企業の警備を武装集団に委託したケースでその武装集団が人道法違反の行為を行った場合、紛争状況下でそれに由来する権力に基づき何らかの資産を取得すると、禁止されている略奪に当たりうるなどとされています（ＩＣＲＣ〈赤十字国際委員会〉Business and International Humanitarian Law〈https://www.icrc.org/en/doc/assets/files/other/icrc_002_0882.pdf〉）。

このように、平時以上に困難な課題を企業に突きつけますので、紛争影響地域での活動においては、極めて慎重な対応が必要とされます。

3　どこまでやるべきか

国連指導原則では、自社の事業や製品と「取引関係」がある先の人権課題が、企業の尊重責任の対象になります（第2章Ⅱ2）。

１８９頁のマップによると、国内工場と取引関係にあるのは、海外の一次加工工場だけではなく、一次加工工場が取引している漁師・養殖業者まで含まれます。さらに、一次加工工場、卸売業者や養殖業者で働いている従業員などの関係者のみならず、一次加工工場や養殖場の周辺住民なども、人権デュー・ディリジェンスの対象となります。

このような長い取引先のチェーンをみると，「キリがない」と思い，まずは直接の取引先（これを「Tier 1」と呼んだりします）から手をつけるところから始めるケースも多いと思います。前述のマップでいうなら，上流では国内工場と取引がある一次加工業者が，下流でいうなら直接卸している流通業者・物流業者がそれぞれ Tier 1 に当たります。

Tier 1 の先には Tier 2. Tier 3. Tier 4…が数珠繋ぎになっています。ひょっとしたら Tier 10 まであるかもしれません。

このような場合に，**Tier 1 から手をつけるのか，その先から手をつけるのかは，そのチェーンのどこで深刻な人権侵害が行われているかによって考えるべき**です。例えば，前述のマップで Tier 1 たる国内工場や，Tier 2 である一次加工業者に比べて，Tier 4 にある漁師が遠洋漁船の劣悪な労働環境で働かされていることが明らかであるような場合には，Tier 1 や Tier 2 を飛ばして，漁師の人たちがどのような環境で働かされているかについての深掘りの調査をしたうえで，適切な対処をすることが求められるでしょう。そのため，**「まずは Tier 1 から」とは一概には言えない点に注意が必要です。**

ここで実務上よく見られる現象をご紹介します。

1つ目は，たとえ Tier 1 といっても取引先であり，それに対する調査はそれなりに負担感のある作業になります。また，企業全体との関係で，かなり多くの Tier 1 企業があり調査の手間がかかるため，勝手知ったる Tier 0，つまり自社に関する人権デュー・ディリジェンスから始めようとするケースがよく見られます。

自社についても当然人権デュー・ディリジェンスは必要です。**問題なのは、前記のようなスコーピング等による全体像の把握や優先順位付けを全く行わずに、「とりあえず身内をやるのが楽」という発想で、社内から始めること**です。

例えば、製造業では製造現場における労働にまつわる人権リスクがありますが、自社やサプライチェーン上の製造現場が日本のみならず東南アジアにある場合には、（もちろん国や個別の現場にもよりますが）労働法の執行が比較的しっかりしている日本よりも東南アジアの国の方がリスクが高いことは珍しくないでしょう。その場合に、サプライヤーである外国の工場に全く目を向けることなく、日本の自社工場からヒアリングをしてみようというのは、適切な優先順位付けがされたとはみなされないでしょう。

２つ目は、「まずは Tier 1 から」に重きを置きすぎ、Tier 2 以降に全く目配りをしなくなることです。

確かに、直接の取引関係を有しない Tier 2 以降の負の影響の確認は難しいですが、前記のように Tier いくつであったとしても、取引関係がある限りは人権尊重責任の範囲に含まれます。**これらを「見なくてよい」ということではありません。**

例えば、食品加工業などにおいては、数次にわたる取引関係の先にある原材料の製造地でこそ一番の人権侵害が発生している場合も往々にしてあり、そのような業界においては**取引関係の遠近は調査**

の手を緩める理由にはならないでしょう。

もちろん、どこまでやるかについては個別に限界や難しさはあります。そこで、全てを自社だけでやるのではなく、Tier 1 企業による調査を活用したり、業界横断的な取組み、認証システムを活用するなど、様々な対応が実際にはされているので、そのようなことができるかどうかも考えることが求められています。

3つ目は、サプライチェーン・バリューチェーンを追い切れず、最終的にどこと取引をしているかがわからない場合に、「わからないからしょうがない」と開き直った態度をとることです。もちろん、長大な取引先を完全に追求することは極めて困難で、不可能を強いられるものでもありません。**問題なのは「わからない」から「しょうがない」という評価をし、思考がストップしてしまうところです**。そのような姿勢は、自分たちが作っている商品の原材料がどこから来ており、そのように作られているかをよくわかっておらず、知るつもりもないということになります。**どのような取引先が存在するのかがわからないということは、そもそもそれ自体が非常に大きなリスクであると考えるべき**です。

この分野において先進的な取組みをしている企業においては、そのような「わからなさ」がある時点で、そのチェーンの取引をしないという判断をする企業があるくらい、「わからない」ことは重大な意味を持つと考えられています。**「わからない」、「知らなかった」は免罪符にはなりません。**

Column 4-3

いわゆる「下流」のデュー・ディリジェンス

指導原則は、いわゆる「下流」、すなわち自社の製品・サービスの販売、消費に関係する先には直接は言及していませんが、上流に限定しない、いわばバリューチェーン全体を対象としており、下流もデュー・ディリジェンスの範囲に含まれると解されます。

「下流」について人権デュー・ディリジェンスが議論されるのは、企業の製品・サービスが、その購入者・利用者を通じて人権への負の影響を与えるおそれがある場合です。過去には、医療器具による胎児の性別選好が問題とされたケースがあり（第2章Ⅲ2）、近時は、AI・顔認証技術等のテクノロジーの利用とプライバシー・差別等との関係などが議論の対象となっていまが、概念的にはこれらの製品・サービスに限られるものではないと思われます。

「下流」は往々にして企業にとっての顧客であることが多いため、それらに対してデュー・ディリジェンスを行うことは実務上は難しいかもしれませんが、それをもって「上流」よりも優先度が下がるわけではありません。事業セクターや製品によって優先度の測り方は異なりますが、近時この分野に関するガイドラインなどが立て続けに策定されています。事業セクターにかかわらず、自社の製品が利用されることを通じた人権への負の影響の発生可能性については、常に考えておく必要があるでしょう。

この分野に関する参考資料は以下の通りです。

・The Danish Institute for Human Rights “Due diligence in the downstream value chain: case studies of current company practice”（https://www.humanrights.dk/

publications/due-diligence-downstream-value-chain-case-studies-current-company-practice)
・湯川雄介＝伴真範「ビジネスと人権のフロンティア――いわゆる『下流』の人権デュー・ディリジェンスに関する一考察」（２０２２年）（https://www.nishimura.com/sites/default/files/images/newsletter_220909_corporate.pdf）

4　人権リスクの特定のための具体的な方法

このように、スコーピングなどにより、優先度が高そうな箇所が大まかに特定できたら、次は、より具体的にどのような人権リスクがあるかの特定に入っていきます。

人権への負の影響の発生過程の特定方法には様々な手法があります。例えば、経済産業省作成の資料では次の５つが挙げられています（経済産業省「責任あるサプライチェーン等における人権尊重のための実務参照資料」〔令和５年４月〕）。

●社内資料（苦情処理メカニズムに寄せられた情報を含む）に基づく確認・調査
・苦情処理メカニズムに寄せられた人権侵害リスクの情報や、過去にサプライヤー等において人権侵害リスクが発生した情報が社内記録に残されていないかを調査し、その状況を確認するとともに同様の人権侵害リスクが再発する状況にないか確認します。

・契約書等を確認し、取引先との間で人権侵害リスクを防止する取決めがあるかを確認します。

●企業（経営者・管理責任者）に対する質問票調査

・サプライヤー等に質問票を送付し、返送された回答を確認します。

・例えば、取引先等における人権尊重の取組体制（例：人権侵害リスクの防止・軽減や救済のための仕組み）を確認する質問項目や、人権侵害リスクが発生していないかを確認する質問項目等を含めることが考えられます。

●従業員に対するアンケート・ヒアリング

・従業員に対して、自社内外において、実際に人権侵害リスクが発生していないか、確認します。

・アンケートから人権侵害リスクが確認された場合、関係する従業員等に対してヒアリングを実施する方法も考えられます。

●現地調査・訪問

・典型的な例として、例えば、現地の従業員の労働環境（安全で健康的な作業環境が提供されているかどうか）を確認します。

●ステークホルダーとの対話

・自社業界や調達する原料・調達国の事情等に精通したステークホルダーと対話をして懸念を聴取します。

・実際に人権侵害リスクを受けるステークホルダーから、被害の状況や人権侵害リスクについて聴取します。

このような手法を実施する際の一般的な留意点をいくつかご紹介します。

質問票・アンケートによる調査は広く使われている方法であり、調査の導入として有用だと思います。質問票は、それを使って自己の状況を調査することから、「セルフ・アセスメント・クエスチョネア」（SAQ）とも呼ばれています。質問・アンケートの項目をどう設定するかは非常に重要ですが、企業によってよく使われているものの例としては、グローバル・コンパクト・ネットワーク・ジャパンが作成した「CSR調達セルフ・アセスメント・ツール・セット」があります。（https://www.ungcjn.org/objective/procurement/web/csr_scoreguide.html）。これをベースに自社向けにカスタマイズしてアンケートを取っている企業も少なくありません。どうカスタマイズするかがわからないなら、専門家にアドバイスを求めるのもよいでしょう。

ただ調査票・アンケートは、そもそも回答が来ない可能性があったり、実態を正確に反映した回答が返ってくる保証もありません。まるきり嘘の回答が寄せられる可能性もあります。

また、アンケートをとるだけでも、想像以上に手間もコストもかかります。それで人権関連に割り当てられた限られたリソースをほとんど使い切ってしまい、アンケートだけで疲弊するケースも少なくありません。このような**アンケートをとること自体は手段に過ぎず、その先のさらなる評価のはじめの一歩ですので、その実施を自己目的化せず**（本章Ⅰ1）**あくまでもツールの1つと位置付け、**バランスをとりながら上手に活用していただければと思います。

また、人権侵害を受けているライツホルダー本人にダイレクトに話を聞くことは極めて重要です。経済産業省の資料におけるヒアリングなどがこれに該当しますが、ヒアリングも単に話を聞けばよいというわけではありません。

例えば、自社のサプライヤーの工場の従業員に対する人権侵害の疑いが濃厚であったため、その現場にいきなり乗り込んでヒアリングを行い、働く人たちに「暴力を振るわれていませんか？」とか「人種差別をされていませんか？」というストレートな質問をする場面を考えてみましょう。「はい、殴られています」とか「人種差別を受けています」といった答えが返ってきたとして、それが雇い主に知られると回答者が報復としてさらにいじめられたり、あるいは解雇されたりするなどのリスクがあります。

人権デュー・ディリジェンスは、人権にどういう負の影響が発生しているのか、負の影響があったとしたら、その影響をいかにして取り除くのかが主眼となりますから、**その過程で負の影響を増すようなことをしては本末転倒**です。

そのため、人権リスクの特定のためのヒアリングについては、色々な配慮が必要であるとされており、実際の人権デュー・ディリジェンスの実施報告書にはヒアリングを実施することによる人権リスクにどのように配慮してヒアリングを行ったかについて細かく注記がしてあったり、「ヒアリングの仕方」に関するツールキットが存在していたりします。

以下は、そのような資料などに挙げられている主な留意点の例です。

- （例えば、人権について語ること自体がセンシティブな環境において）雇い主側に、人権に関する調査ではないことを伝える
- 雇い主側が、雇い主に不利なことを言わないように労働者側に口裏合わせを強いたうえで、そのことを秘するように圧力をかける「コーチング」が行われないようにする
- インタビューで収集した個人情報は全て完全に破壊する
- インタビューは会社の外（オフサイト）で行う
- 密告者の混在を防ぐために、グループインタビューではなく1対1で行う
- インタビューに応じるのは任意だと理解を促し、インタビューを行う前に同意をとる
- 政治的にセンシティブな質問は一切しない
- インタビューに回答したことが新たな人権弾圧を誘発しないように質問を組み立てる

いずれにしても、質問したいことを好き勝手に訊くことが許されるわけではなく、人権への負の影響が生じないような細やかな工夫が要求されています。質問する側には十分な配慮とトレーニングが求められますから、自社のみで対応できない場合には専門家のサポートを求めるのも1つの方法でしょう。

このような方法を通じて人権への負の影響が特定できたら、それが自社とどのような関係にあるのか、すなわち、「引き起こす」、「助長する」、「直接結びつく」のどれに当たるのかを分析します（これが「評価」に該当します）。これらの内容については、第2章Ⅲ2で紹介しましたので、そちらをご参照ください。

▼この分野で有益な情報源▲

個別のプロジェクト等における人権影響評価（ＨＲＩＡ）に関しては、デンマークの国内人権機関であるThe Danish Institute for Human Rights（ＤＩＨＲ）が策定・公表しているHuman rights impact assessment guidance and toolbox があります（https://www.humanrights.dk/tools/human-rights-impact-assessment-guidance-toolbox）。

このツールボックスは、ＨＲＩＡの計画とスコープ設定／情報収集／分析／影響への対処と管理／報告と評価といった複数のフェーズに分けたうえで、フェーズごとのガイダンスを提供しています。それに加えて、各フェーズごとにそれに従事する担当者（Practitioner）向けの補足資料も用意されており、ＨＲＩＡの実践に際して極めて具体的な内容が数多く記載されていて、大いに参考になります。

現在は、英語版しか存在せず、分量も多いため読み込むにはエネルギーが必要ですが、特に現場レベルで実際に影響評価を担当する方には有益な資料ですので、是非チャレンジしてみてください。

Column 4-4

社会的責任監査（Social Audit）と人権デュー・ディリジェンス

人権への負の影響の特定・評価をするための１つの手法として、いわゆる社会的責任監査（社会監査、ＣＳＲ監査などとも呼ばれます）があります。これについての一義的な定義はないようですが、業界団体、監査機関などの団体が社会課題に関する標準・基準を策定し、企業自身やサプライヤーなどの第三者がこれらに適合した行動を取っているかを、独立した第三者機関などが監査し（これを「第三者監査」といいます）、認証を与えたりすることとされています。

このような監査としてよく知られているものとしては、Responsible Business Alliance（ＲＢＡ）が策定した監査プログラム（Validated Assessment Program）に基づくＶＡＰ監査や、グローバルサプライチェーンの評価のためのデータ・プラットフォームサービスなどを提供するＳＥＤＥＸ社が定めた自社やサプライヤーにおける労働・安全衛生・環境・企業倫理基準に関する社会監査メソドロジーの１つであるＳＭＥＴＡ（Sedex Members Ethical Trade Audit：〔https://www.sedex.com/ja/〕）などがあります。

このような監査は、実務上すでに広く用いられており、企業にとって導入がしやすく、統一された基準で多数のサプライチェーン・バリューチェーン上の企業を評価できるため、リスクの可視化、優先度の設定に便宜であったり、効率的な監査ができるなどのメリットがあるとされます。

他方、ＮＧＯなどからは、**このような社会監査や認証を行えば人権デュー・ディリジェンスが行われたと考えるべきではないという声が強く上がっている**ことについても認識しておく必要があります。

例えば、ヒューマンライツ・ウォッチの「社会監査は小売業サプライチェーンでの労働権侵害の解決策ではない」という記事（https://www.hrw.org/ja/news/2022/11/15/social-audits-no-cure-retail-supply-chain-labor-abuse）では、社会監査においては、労働権の侵害を調査するための時間が十分ではなく、差別、ハラスメント、強制労働、児童労働、結社の自由などの問題が見過ごされるリスクが高いことや、監査人に対して依頼者たる企業からの圧力がかけられている、社会監査報告書の透明性の不足などの問題が提起されています。

また、社会監査に限らず、**前述した調査票・アンケートなどを送っただけで済ませるアプローチは「tick the box approach」（チェックボックスをつけるだけのやり方）などと呼ばれ、ライツホルダーとのエンゲージメントが不十分であるなどとして批判の対象**にされています。

社会監査には上記のような利点もあるため、これらの批判や課題・限界について意識したり、その限界を理解しつつ、上手に活用することが企業に期待されていると思います。

V　影響の評価の結論についての「適切な措置」

1　人権への負の影響の特定・評価の次のステップ

前述（本章Ⅲ）のように、人権デュー・ディリジェンスは単に人権侵害の有無を調べるだけではなく、それに対する対応やフォローアップ、外部への公表なども行う一連の手続を含む統合的なプロセスですので、人権への負の影響の特定・評価の結論がでたら、それに対処をする必要があります。具体的には、指導原則は、影響評価の結論の、①全社内部門およびプロセスへの「組み入れ」をすることと、②「適切な措置」をとることを求めています。

このうち、①「組み入れ」については、企業の組織に関することもありますので、それについて説明する次章で紹介します。以下では②「適切な措置」について、それはいかなることを意味するのか、どのような課題に企業は直面しているのかを見ていきましょう。

2 「適切な措置」とは何か——「影響力の行使」

第2章Ⅲ2でも紹介したように、企業が人権侵害の影響評価の結論に対してとるべき行動は、企業がその人権侵害にどのように関与していたかによって異なります。

企業が自ら負の影響を「引き起こし」ている場合や、他社と自社とがいわば共同して負の影響の発生を「助長」している場合には、自社自身が関与していますので、このような負の影響を止めたり、軽減したり、事前に防止する措置を自ら積極的に講ずることが求められます。

これらに対して、負の影響が他社により発生している場合に、これを助長していたり、直接結びついている場合であったとしても「それは自社がやっていることではない」といって手をこまねいていることは許されず、何らかのアクションを起こさなければなりません。具体的には、その他社に対する**「影響力の行使」を通じて、負の影響の防止・軽減を図るべき**とされます。

「影響力」というのは、「企業が、人権への負の影響を引き起こすまたはその原因となるような他の者の不当な慣行を変えさせる力」を言うものとされています。**要するに、他人の人権侵害をやめさせる力**だと思ってください。

そのような影響力の持ち方や、強さの程度は個別の状況によって様々であり、「解釈の手引き」によると、次のような要素によって決まるとされます。

- 他者に対する直接の支配があるか（例えば、親子会社関係にあるか）
- 他者との契約上の条件
- 他者の事業上、自社との取引が占める割合（これが大きいほど、影響力は強くなります）
- 他者に対して、動機づけられるか
- 他者にとって、自社との関係があることの利益があるか、これが失われた場合に評判を損なうか
- 業界団体などの第三者との連携などを通じて、自社が、他者に対して改善を動機づけられるか
- 政府による規制などを通じて、他者に対して改善を求めることができるか

このように、影響力は事実上の関係や、法的な関係など、様々な要素によってあったりなかったり、強かったり弱かったりしますが、ある場面において影響力がなかったり、弱かったりする場合にも、「ないから（弱いから）何もできない」「しょうがない」とすぐに諦めるべきではありません。

むしろ、**どのようにすれば影響力を強められるかを考えることが求められます**。例えば、サプライヤーとの関係において今現在は影響力が弱くとも、契約の更新のタイミングにおいて、現状の内容のまま漫然と自動更新するのではなく、人権に関する条項を入れられないか見直したり、サプライヤーに対する研修の実施が自社だけでは難しくても、業界団体が提供する研修への参加を求めるなど、様々な工夫の余地があります。

この影響力の行使について、あるセミナーにおいて、「取引先との契約には人権に関する規定がないのですが、それでも、人権対応の要求などしてもよいのですか？」という質問をいただいたことがあります。もちろん、そのような要求をして全く問題ありません。

そもそも、誰かにものを言う際に、契約上の根拠がなければ言ってはいけないという決まりはどこにもありません。このような要求は法律や契約に基づくものではありませんので、それらの裏付けが必要なものではありません。特に、人権へのコミットメントをしているのであれば、その中には取引先にもそのような期待をすることが含まれているはずですので（本章Ⅰ2）、そのような期待の表れとして、積極的に求めていくことが一貫した立場として求められていると言えるでしょう。ですから、**「言わなくてよい理由を探す」という後ろ向きな姿勢ではなく、どのように人権尊重を求めていけるか、その実効性を高めるにはどのようにすればよいかという、前向きな姿勢で取り組んでいただければと思います。**

3　「最後の手段」としての関係の解消

このような影響力がなく、また、これを強めることもできない場合や、影響力を行使しても事態が改善しない場合には、企業は人権への負の影響を生じさせている当の企業との取引関係を終了させることを考えるべきです。

ここで重要なのは、**契約の解除などの取引関係の終了は、「影響力の行使」をしても意味がなかったり、その行使が期待できない場合にとられるいわば最後の手段であり、「まず解除ありき」ではない**ということです。

なぜなら、取引関係があれば、取引を続けることを期待する当の（人権侵害をしている）企業に対して、「取引を続けたいのであればしっかりと人権対応すべし」といういわば交渉力がある状況で働きかけができるのに対して、取引関係を終了してしまうとそのような交渉力――すなわち影響力――もなくなってしまい、人権の負の影響の防止・軽減という目的達成が遠のくからです。

ここでも「企業からではなく人から見る」視点を思い出してください。企業のアクションが権利の侵害をされている人にとってどのような意味があるのかが大事なのであって、そのような検討や取組みなくして「そのような企業と付き合っていると自社の風評に影響を与えるから、取引を切る」というのは「自社（企業）」から見るアプローチになってしまっています。

一方、このような場合に求められる「影響力の行使」は、あくまでも実質的に意味がある内容である必要があり、その効果が期待できないのに「人権侵害に対応しろ」と形式的に伝えるだけでは意味がありません。**取引を続けたいがために、外形だけを整えて「影響力を行使している」ような見せか**

けだけの行為をすることも、「自社のため」のアプローチとして同様に批判の対象となるでしょう。

この件で参考になるのは、旧ジャニーズ事務所に関連する性加害問題について、ジャニーズタレントを起用していたスポンサー企業がとった行動です。

このケースにおける影響力の行使の方法としては、スポンサーという立場を利用して、被害者に対して補償などの適切な対処をすることを求めたり、今後同じような人権侵害が起こらないような措置を講じて予防することを求めることが考えられます。

例えば、ある企業は、同事務所に対して、被害者救済を第1に、再発防止のための行動を迅速に実施することなどの働きかけを継続的に行ってきたことを説明したうえで、同事務所所属タレントについての同事務所との契約を全て終了して、各タレントと直接契約を締結するという判断をしました。これは、影響力の行使の1つのあり方の例だと思います。

このスポンサー問題が生じたとき、ジャニーズ性加害問題当事者の会は、「当事者の会として、当面の所は、事務所との取引を直ちに停止することを希望するものではない」という要請文を出し、その理由として、取引を停止することで利害関係者による監視の目が届きにくくなることを挙げています。これは、まさに前記の「解除は最後の手段」という考え方に基づくものと言えます。

この問題について、早々に取引を打ち切った企業も複数ありましたが、その表面だけを見てそれが不適切だということもできないと思います。このケースがそうであったかは不明ですが、あくまで一般論として言えば、例えば、すでに働きかけをしていたが合理的な改善がされていない、これまでの経緯に照らすと自浄作用が期待できないという考え方や、スポンサーとしての関係では影響力の行使が十分にできないなどの判断もありうるところです。

重要なのは、「影響力の行使」を実質的に行うことができるか、取引関係を解消するのとそうしないとではどちらが人権侵害を受けている当事者にとって意味があるのか、「人から見」て、どのようなアクションが最適かを真摯に考えぬいたうえで判断をすることです。

Column 4-5

「責任ある撤退（Responsible Exit）」

最後の手段としての取引関係の解消にまつわる議論の１つとして、紛争影響地域など人権状況が悪化している国・地域での事業を終了して撤退したり、そのような国・地域の企業などとの取引を解約する際に、企業としては責任あるやり方でこれを行わねばならないという考え方があり、これらを「責任ある撤退（Responsible Exit）」と呼びます。

「ビジネスと人権」の観点から求められる考え方としては、（これに尽きるものではありませんが）①撤退行為それ自体を責任ある形で行うことと、②撤退行為（それ自体ではないがそれに起因する形で）により人権への負の影響を生じさせない、などが挙げられます。

例えば、ミャンマーで活動をしていたノルウェーの通信大手であるテレノールは、クーデター後にレバノンの企業に事業を譲渡する形での撤退を表明しましたが、これについて国内の民主派勢力や国内外の人権ＮＧＯなどから「適切な相手を選ばない無責任な撤退だ」という議論が沸き起こりました。国軍に近い（とされる）立場の企業に株式が渡ることになれば、人権侵害が起こりうることは十分に予見可能であり、人権侵害を「助長する」行為だと厳しく批判されたのです。これは、前記の考え方のうち、主に①の観点が問題にされていたと思われます。

他方、ミャンマーから撤退するに際し、撤退の結果として、従業員に不利益が生じないようにするために、事業パートナーと交渉をして給与等の不利益変更をしないようなアレンジメントをする例もあります。これは前記②に配慮している事例と言えるでしょう。

多くの場合に企業は非常に悩ましい判断を迫られますが、「責任ある撤退」の文脈で重要なのは、**撤退によって誰の、どのような人権に、どのようなインパクトが発生するかを「具体的」に考え、そのようなインパクトに「現実的」に対処すること**かと思います。

例えば、前記のような状況下においては、「雇用の確保」を事業継続を選択する理由として挙げる企業が少なからずあると思います。しかし、仮に撤退により失職者が出る状況になったとしても、他の会社で就業できる環境にある場合には人権上大きな負のインパクトがあるとも限りませんし（**そもそも、法令に従って解雇すること自体は人権侵害ではありません**）、退職手当を割増しして支給する等の手当も考えられます。他方、最低賃金に近い環境で働いており、国の社会的な状況に照らすと、失職した際に他の代替的な就業が現実的には困難な業界においては、解雇が人権への負の悪影響に直結していると考えることもできます。

このように、撤退が人権への負の影響を生じさせるかどうかは、**個別の業界、企業、対象者を取り巻く状況などによって異なるため、具体的に考える必要があります。**

「面倒な国・地域との関係を切りたい」ため「撤退ありき」でもいけませんし、「何とかして事業を継続することが第一」で「雇用確保」を名目に「継続ありき」でもダメなのです。これらのような考え方は、まさに「人から見る」のではなく、「企業から見る」例と言えるでしょう。

Ⅵ　追跡評価

企業による人権への負の影響への対応は、「やりっぱなし」ではなく、その対応が適切に実施され、効果的なものであるかのフォローアップをするとともに、対応の継続的な「カイゼン」の観点からも、追跡評価を行うべきとされ、指導原則上、以下が求められています。

①　適切な質的・量的指標に基づくこと
②　影響を受けたステークホルダーを含む社内外のフィードバックを活用すること

これ以外に、どのような手法を用いて追跡評価をするかについては特に決まり事はなく、企業ごとに実質的なものとなるように工夫をすることが期待されています。

１つのアプローチとしては、社内においてすでに使っている他の自己モニタリングの手法（例えば、環境や労働安全衛生に対応できているかについての定期的なチェック）を活用することも考えられます。

ポイントは、この追跡評価を通じて人権尊重への取組みが企業に定着するのに役立つことです。

「量的」指標の例としては、例えば、労働者の安全違反件数などの数字が挙げられます。これは、客観的な事象を把握するのに役立ちますが、このような数字の状況（この例だと違反件数の減少）を定期的に確認しただけでは、それが偶然によるものなのか、報告を怠っているものなのか、はたまた、適切な対処がなされているかが明らかではありません。

そこで、対処が適切かどうかについてより実態に即した評価をするために、「質的」指標（例えば、影響を受けるライツホルダーの意見や、定性的な分析）についても併せ検討することが重要だとされています。

どのような、どの程度の「質的・量的指標」を用いるかは、問題となっている人権課題によって異なります。例えば、労働安全衛生など、その指標などについて国際的な水準が十分に確立されている場合には、そのような基準に従うことが期待されるでしょう。他方、ミャンマーのクーデターにまつわる人権問題にどう対応したかなどについては、そのような（特に定量的な）指標が存在しないため、質的な要素、すなわち、ライツホルダーなどのフィードバック（前記②）がより重要になってきます。

このようなフィードバックの受け方の例としては、以下のようなものがあります。

・直接に負の影響を受けるライツホルダーからの意見聴取

・苦情処理メカニズム（第5章II）を通じたフィードバック
・問題に対応している社内のメンバーからの意見聴取
・外部の専門家、NGO、関係当局からのヒアリング

このような追跡評価が負の影響への対処のために実質的に有用なものであるかとともに、**外部への説明責任を果たすために信頼性があるものであるか**も重要な視点です。

そのためにも、評価をする際に用いる指標については、明確であったり、広く使われているものが望ましく、また、フィードバックについても、影響を受けたライツホルダーや、当該負の影響に関して専門性を有するという評価をされている専門家から得るべきでしょう。

VII　情報提供

1　なぜ情報提供が求められるのか

指導原則は、企業が人権への負の影響についてどのように対処したかについて責任をとるために外部に通知できるようにしておくべきであるとしています。**人権の尊重への取組みについての対外的な説明責任を果たすことを求めている**ものです。

前述（第3章III 4）の通り、企業側は、人権を侵害している可能性があるという前提に立ち、それ

にしっかりと対応していることを説明できることが求められます。また、外部評価の観点からも、自ら情報発信をしていかないと理解を得られません。むろんベンチマークでよい点を取る、高い評価を得るために人権対応を行うわけではありません。しかし、機関投資家などはそうしたベンチマークを大いに参考にしています。加えて積極的な公表をサボっていると、人材採用の面でも不利になってしまう可能性がある（第3章Ⅱ5参照）など、そのことが事業活動上マイナスの影響を与えることになりかねません。

このように、自らの取組みに対する説明を果たすという人権尊重責任の一環としても、外部評価などの実務的な観点からも、情報提供は非常に重要な意味を持ちます。

2　形式と頻度

このような情報提供については、「企業の人権への影響を反映するような、また想定された対象者がアクセスできるような形式と頻度である」ことが求められています。

企業による人権への取組みの説明責任の対象は、影響を受けるライツホルダーに加えて、投資家などの他のステークホルダーも含むとされています。そのため、**どのようにこの責任を果たすべきかについては、その相手方や目的によって異なってくる**と考えるべきです。

人権への負の影響を受けるライツホルダーに対して、取組みについて知ってもらい、そのフィードバックを得ることを目的とするのであれば、情報提供は必ずしも一般的に公表する必要はなく、そのライツホルダーに限定して行うことで足りる場合もあるでしょう。また、そのライツホルダーが理解できる言語や、理解できるコミュニケーションの方法（例えば、識字率が低いライツホルダー集団の場合には、口頭で伝える方が適切な場合もありえます）にて行うことを検討する必要がありえます。インターネットへのアクセスが乏しい地域に住む、英語が読めない人たちに向けて情報提供することを目的としていながら、英文で自社ウェブサイトに掲載するという形式での情報提供をすることは不適切な方法ということになります。

これに対して、投資家などに自社の人権尊重への取組み状況全般を説明する目的であれば、サステナビリティ報告書、人権報告書、統合報告書など、よりフォーマルな形でインターネットのウェブサイトに掲載し、誰でもアクセスできるようにすることが重要です。

また、時期、頻度についても、このような問題意識を持って考える必要があります。

例えば、個別具体的な人権問題が実際に生じており、それを問題としているライツホルダーがいる場合に、年に1回だけ発行するフォーマルなレポートで取組み状況を開示するという方法で情報提供を行っても、ライツホルダーのニーズに応えていることにはならないでしょう。

このように情報提供を行うに際しては、**誰に対し、どのような目的を果たすために行っているか、その目的達成のために意味があるのかをはっきり意識しながら行う点が肝要**になります。

「NGOなどからの質問レターへの回答書の書き方」

ＮＧＯなどから、人権への取組みに関する質問状が突然来て、その対応に苦慮す

Column 4-6

る場合もあろうかと思います。このような質問への回答方法について決まったものはありませんが、企業の人権尊重責任の果たし方を振り返ってもらうと、自ずと書く内容が見えてきます。

まず、そのような質問自体、自社の活動により生じている人権への負の影響を（再）認識する機会・きっかけを与えてくれるでしょうから、そのことに対する感謝の意を表明するところから始めましょう。

そして、自社がその人権課題にどう取り組んでいるかを示すに際しては、本章で説明したように、そもそも論としての人権方針の説明に始まり、人権デュー・ディリジェンスなどにどのように取り組んでいるか等の会社の基本的な取組みについて説明をする。そのうえで、問題にされている個別の問題への取組みについて説明するという流れになるのが普通でしょう。さらに、「今後どのようにするつもりか」を示す場合もあります。

このように、指導原則のフレームワークにそって考えて検討していただければ、むやみに恐れる必要はありません。本章Ⅶ3にあるように**「正確かつ誠実」であることもポイントになりますので、事実に反する記載や、誇張、関係のない話を延々と書くなどしないようにしましょう。**

具体的なイメージをつかむためには、他の企業の回答例を見ることが参考になります。例えば、「ビジネスと人権リソースセンター」には他の企業の回答例が数多くアップロードされていますので、そのようなものをたくさん読んでいるうちに自ずとイメージはつかめると思います。

３　何を提供すべきか

このような企業による情報提供は「関与した特定の人権への影響事例への**企業の対応が適切であったかどうかを評価するのに十分な情報**」であることが求められています。どのような内容であれば「十分」といえるかについて決め手となる指標は示されていませんが、指導原則はいくつかのポイントを挙げています。

- ・その人権リスクが事業の性質によるものか、事業の状況によるものか
- ・企業の人権デュー・ディリジェンスにおける項目と指標
- ・独立した第三者による検証

例えば、製薬会社においては、その事業の「性質」上、治験が安全な状況でインフォームドコンセントが行われているかどうかについて、説明ができるようにしておくことが求められるでしょう。あるいは複数の国・地域で天然資源の採掘を行っている企業について、ある特定の紛争影響地域で現場の警備員が地域住民に暴力を振るうリスクがある場合には、当該地域の「状況」に照らしたリスクと対応策の説明が必要になります。

また、前述のようにその情報提供の目的によっても期待される情報の内容や分量は異なってくるでしょう。例えば、人権リスクに晒されているライツホルダーに対する情報提供の場合には、ライツホ

ルダー自身がどのようなリスクに晒されており、それについて企業が行っている対処が十分といえるかを自身で判断するために必要な全ての事実の提供が求められるでしょう。

これに対して、企業の人権への取組み状況一般を広い意味でのステークホルダーに対して説明する場合には、個別の事案のディテールよりも、過去と比較した取組み状況の進捗具合を定量的に示すことの方が重要かもしれません。

いずれの場合にせよ、**情報提供は「正確かつ誠実」であることが求められており、曖昧であったり（不正確でありながら）もっぱら自己アピールのために行う情報提供は、批判や不信感につながるおそれ**があり、「ブルーウォッシュ」であるとされるリスクもある点に留意が必要です。

▼この分野で有益な情報源▲

情報提供について参考となる資料として「国連指導原則　報告フレームワーク」（https://www.ungpreporting.org/wp-content/uploads/2017/06/UNGPReportingFramework-Japanese-June2017.pdf）があります。これは、企業が、人権尊重原則に沿って人権課題に関する報告を行うための包括的なガイダンスです。

もう1つは、企業の人権対応の国際的なベンチマークであるCorporate Human Rights Benchmarkが、企業評価をどのように行っているかのメソドロジーに関する資料（https://www.worldbenchmarkingalliance.org/publication/chrb/methodology/）です。ここでは、どのような取組みについてどのような情報を提供すれば評価の対象になるかが具体的に示されています。

これらの資料は、外部からの目線でどのようなポイントが重要視されているかを理解するための有益な資料であり、特に企業の取組みの全体像を説明するに際して、自社の取組みを正確に理解してもらえるための方法論として参照に値すると思います。

他方、**これらに基づく公表が個別のライツホルダーが直面している人権課題への対処への情報提供として十分なものになるとは限りません**ので、このような資料を参照する際も、目的意識を明確にして利用することが大事になります。

4　全てを公表する必要はない

前記のように、企業の人権尊重への取組みについては原則として透明性が求められますが、これは、あらゆる情報を全て外部に開示することまでを絶対に要求しているものではありません。

指導原則は、情報提供により、**「負の影響を受けたステークホルダー、従業員、そして商取引上の秘密を守るための正当な要求にリスクをもたらすべきではない」**としています。

例えば、企業の具体的な取組みを公表することによって、外部の第三者からライツホルダーに対して危害・報復が加えられるおそれがある、あるいは、個人への危害防止を目的として政府当局と協議を行っていることを公にした場合には、その協議自体に反対する勢力がそれを妨害して目的達成が妨げられるケースなどがあります。また、M＆Aなどの重要な交渉において事業上の守秘性が高い情報が開示できない場合もあるでしょう。

ただし、**このようなリスクを過度に抽象的に捉えて「とにかく開示は控える」という姿勢になることは情報提供責任の回避の安易な正当化とみなされ得ます**ので注意が必要です。あくまでも原則は情報提供をする方向で、前記のような事情がある場合は例外、しかも、負の影響を受けたステークホルダーのために何がベストかという点がポイントとなります。

なお、契約上の守秘義務については、そもそも契約を締結する際に、このような情報提供ができるような枠組みにしておくべきであるという考え方も登場していますので、秘密保持条項の存在のみを錦の御旗にして情報提供を拒む姿勢をとらないように注意が必要です。

第5章

人権尊重責任を果たす社内体制の構築

本章のポイント

前章では、企業が国連指導原則に従って人権尊重責任を果たすための具体的な行動のうち、人権方針の策定（コミットメント）と、人権デュー・ディリジェンスについて説明をしました。これらの行動は、企業の具体的なアクションですので、それらができるようにするための組織や、人材の配置や予算付けなど適切な社内体制が必要になります。

また、事業レベルの苦情処理メカニズムの設置も体制に関する事柄ですので、そちらについても触れたうえで、最後にこれらを統括する立場にあるマネジメント層の皆さんに考えていただきたい点をいくつかご案内します。

Ⅰ　人権影響評価の結論の社内への「組み入れ」

人権デュー・ディリジェンスのプロセスの一環として、企業活動の人権への負の影響の特定・評価を行ったあとには、それについて「適切な措置」をとることが求められているというお話を前章でしました。この「適切な措置」とともに求められているのが、影響評価の結論の全社内部門およびプロセスへの「組み入れ」(integration) ですので、それが具体的に意味するところを説明していきます。

１　「組み入れ」とは何か

「組み入れ」とは、人権影響評価の結果を取り上げて、**企業内の誰がその取組みに関与するかを特**

定して、効果的な行動を確保するプロセスであるとされています。

前章で説明した「適切な措置」が、人権への負の影響に何をもって対応するかという内容面の話であるとすると、「組み入れ」はそれを効果的に行うための体制を整えるという制度面の話であると考えられます。

似た話として、人権方針の「定着」というものが前に出てきました（第4章Ⅱ4）。そちらは、企業の人権尊重のコミットメントを理解し、それが企業にとって中核的な価値であるという本質的な理解を促進するための一連のプロセスという、もう少し大所高所の視点からの取組みです。それに対し、「組み入れ」とは**個別具体的な問題にどう対応するかという各論レベルの話**であると整理できます。

指導原則は、そのような体制作りを効果的にやるために2つのことを求めています。

> ①　負の影響に対処する責任が、企業のしかるべきレベルおよび部門に割り当てられていること
> ②　負の影響に効果的に対処できる内部の意思決定、予算配分および監査プロセスがあること

これは、具体的な影響に対処するためには、**責任の所在を明確にして適切な対応ができる部門に対処させる**ことと（①）、そのために**必要な社内の意思決定プロセスを決め**たうえで、しっかりと**予算付け**をし、それが**適正に行われるかをチェックする体制を整える**（②）ということでしょう。以下、関連するポイントをいくつか挙げていきます。

2　体制作りの前提としてのリスクアセスメントの大切さ

企業が人権への負の影響に取り組むにあたってどういう部門設計や制度が適切なのかは、**企業が直面する人権課題、企業の事業の業種・形態、規模の大小、どこで事業を展開しているかなどによって異なるはず**であり、**ある企業にとって適切な体制が他の企業にとってもそうであるとは限りません。**

例えば、ゼネコンが直面している人権問題と、飲料メーカーが直面している人権問題には自ずと違いがあるでしょう。日本国内の労働環境には似ている部分があるかもしれません。しかし、ある国で不動産の複合開発をしているゼネコンの工事現場における人権問題にどう対応するかと、コーヒー飲料を発売している飲料メーカーが、コーヒー豆のサプライチェーン上に存在している人権課題を適切に捕捉・対応するための体制は異なるはずで、それぞれにとって何が適切かを考えるべきです。

このように、適切な体制作りにおいては、自社とそのサプライチェーン・バリューチェーン上における**「具体的な」人権リスクを理解したうえで、その人権リスクに対応するためには何が最も効果的な体制か**という視点を持つことが求められます。指導原則が、このような「組み入れ」について、具体的な影響評価の結論を踏まえて「効果的に」行うためにとしているのはこのような意図からきています。

具体的には、例えば、まずは①国連指導原則などの国際スタンダードが求めている体制に関する事項（前述の責任・権限分配の適切さや、予算をちゃんと付けているかなど）を正確に理解する。そのうえで②社内においてそれができているかの検証を一方でしつつ、③人権影響評価の結果判明した人権リスクに対応するためにはどのような体制が求められるか、④それが現在の社内の組織構造とフィットしているか、⑤フィットしていなければどのように変えればよいかなどを具体的に考えていくというアプローチが考えられます。

このような具体的な分析なくして、**「とりあえず部署・仕組みを作ってみよう」というのは、「まずはマニュアル作りから」と並んでありがちなアプローチとしてよく見られます。**これも、「人から見る」ではなく、「企業から見る」アプローチの1つの例と言えると思います。しかし、人権対応への予算もマンパワーも限られる中で方向性を誤ると、本来優先的に対処されるべき人権への負の影響への対処が後手に回ったり、適切な社内体制作りができなくなるなど、企業全体の人権対応に悪影響を広げかねません。原則に立ち戻り、具体的な人権への負の影響に対処するための最適解は何かという観点から取り組んでいただければと思います。

3　どの部門が対応すべきか

指導原則上は、責任の所在を明確にして適切な対応ができる部門に対処させることと、そのために必要な社内の意思決定プロセスを決めることが求められるわけですが、どのような組織作りをすればよいのでしょうか？

この点について、OECDガイダンスは、「デュー・ディリジェンス実施に関連し得る部署および職能の例」として、以下の部署を挙げています。

・持続可能性、企業の社会的責任（ＣＳＲ）、倫理的調達
・環境および／または社会
・人事
・労働者代表、労働組合代表
・オペレーション、製造
・法務
・コンプライアンス、企業倫理または廉潔性
・調達、サプライチェーン、取引先関係
・販売およびマーケティング
・コミュニティ開発
・広報、報告
・リスク管理
・監査
・上級管理者
・取締役会または企業の所有者

このように企業のほとんどの全ての部署がカバーされています。例えば、人事・労務部署は、ハラ

スメントや労働安全衛生について、法務はマンダトリーローなどについて、調達部門はサプライヤーにおける人権尊重体制について、販売・マーケティングは下流における問題点について、広報は情報提供についてなど、それぞれ期待されている役割があります。

これは、企業活動の全てのプロセスで人権への負の影響が発生しうることを考えると、不思議なことではありません。基本的には、**会社の部署・職能の中で人権対応に関係ない部署などは存在せず、全ての部署がそれぞれの役割・機能に応じた人権尊重の対応が求められる**と考えるべきです。

同時に、これらがバラバラに対応することは、「効果的な」対処の観点からは望ましくないため、通常は、**リーダー的立場であったり、情報の収集・管理などを一元的に行ったり、各部門の相互調整的な機能を果たす役割を担う部署が求められる**ところです。ＯＥＣＤガイダンス上は、持続可能性、企業の社会的責任（ＣＳＲ）、倫理的調達に関する部署がこれを担うことが多いとされ、日本の企業の実務を見ていても、これらに該当するサステナビリティ推進部門が担っていることが多いように思います。ただし、これは必ずしもそうでなければいけないわけではなく、他の部署が名実ともに担うこともおかしなことではありません。

最近では、さらに一歩進んで、チーフサステナビリティオフィサー（ＣＳｕＯ）などサステナビリティを統括する役員レベルのポジションを設け、人権、環境などのサステナビリティに関する事項について責任ある体制で取り組んでいる企業も登場しています。マネジメント層の「コミットメント」を具現化している好例と言えるでしょう。

4　各部門の理解不足や断絶が生む深刻な問題

このように、基本的にはサステナビリティ推進部門等がリーダーシップを発揮しつつ、およそ全ての部署が「ビジネスと人権」について一定の理解をしたうえで適切な対応をするというのが期待されている体制のあり方の1つだと思います。

しかしながら、実際には、各部署において人権尊重責任をどう果たすべきかについての理解がいまだ進んでおらず、あるいは、各部署間の連携が不十分であり、サステナビリティ推進部門が孤軍奮闘して疲弊していることが多々あります。

次頁の図は、そのような「ありがち」な組織の様相を一般化して図示したもので、筆者のセミナーでもよく使っているものです。多くの企業の担当者がこれを見て頷いてくださいますので、全てが当たらずとも実情と遠からずといったところなのだと思います。

まず、企業の稼ぎ頭である事業部は、いかにコストを削減して稼ぐかに注力していますから、「ビジネスと人権」の問題には総じて無関心なことが多そうです（例外があるのは重々承知しています）。中には、現場の人間が、歯を食いしばりながらコスト削減に努め、ライバル企業との熾烈な競争をいかに勝ち抜くかを考えているのに、人権対応に〝無駄な〟コストを割いて競争力を下げるような真似をするのは、とんでもないと思っている人もいるでしょう。実際にそう広言されるのを聞いたこともあります。

また、人権問題は国内のみならず海外でも発生するため、海外の拠点のこの分野への理解は非常に重要です。しかし、事業の最前線で奮闘している社員は、前記のようなメンタリティに加え、海外で

組織連携・ガバナンスの様相

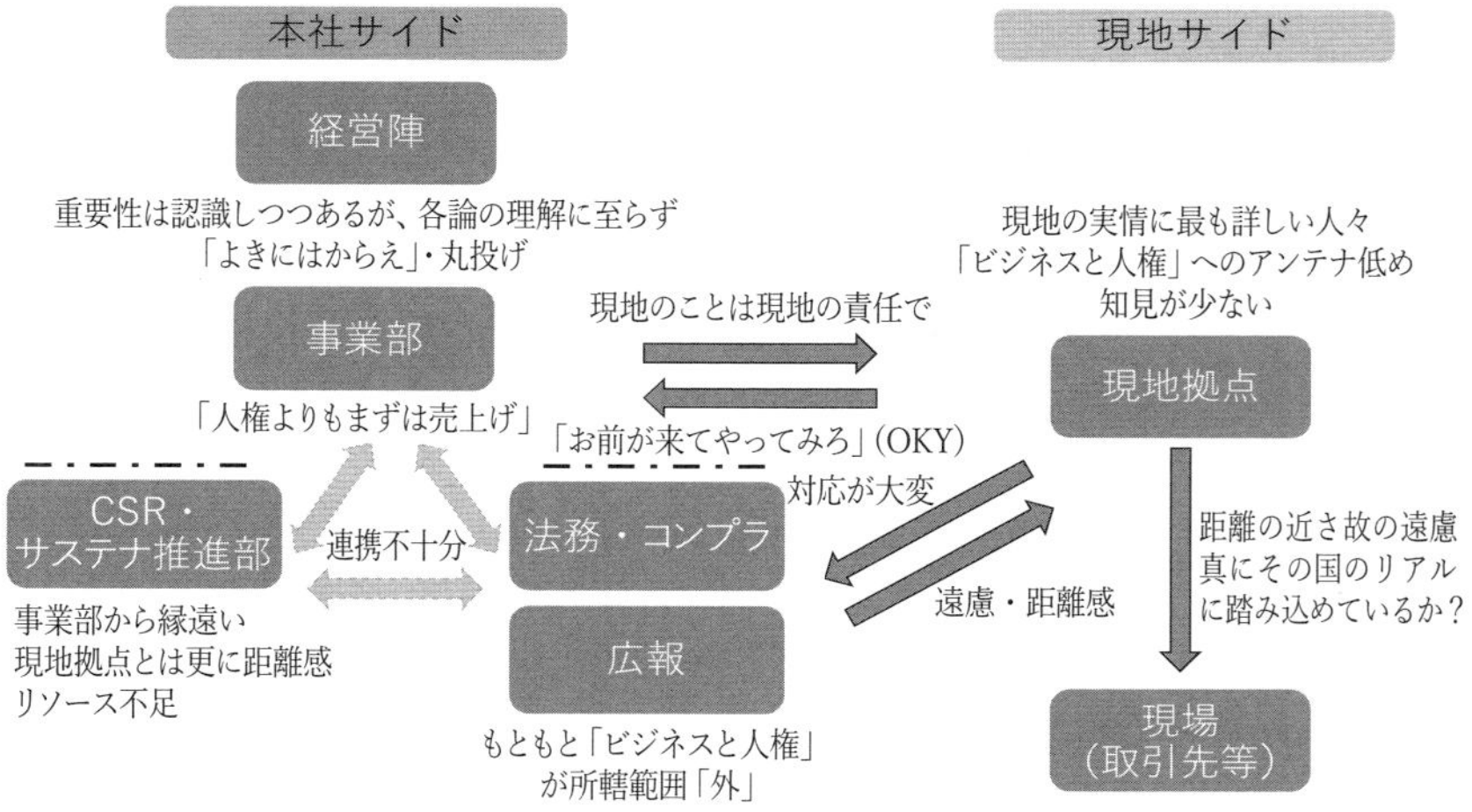

＊　筆者作成

生活すること自体大変なことも多いため(私もミャンマーで経験しているのでわかります)、なかなかそこまでは手が及ばないことが多いと思います。

他方、いわゆるバックオフィス・管理部門に目を向けた場合、日々事業活動に直接従事しないサステナビリティ推進部門と当の事業部の間には、目に見えない〝鉄のカーテン〟のようなものが垂れ下がっており、サステナビリティ推進部門では現場でどのような人権問題が起こっているかを把握しにくい距離感があるように感じます。ましてやサプライチェーン・バリューチェーンが国境を越えて海外のあちこちに広がっている場合、本社のサステナビリティ担当者が現地の拠点とその先の現地取引先で何が起こっているかを正しく把握するのは難しいでしょう。このような距離感が人権対応の初動を遅くしてしまったり、実態に応じた適切な対応を妨げている側面は少なからずあると思います。

バックオフィス・管理部門同士の連携の不十分さにも問題があります。

例えば、人権問題は法務・コンプライアンス問題でもあることが多いのですが、伝統的に法務・コンプライアンス部門においては、「法令」（ハードロー）のみを扱っており、国連指導原則のようなソフトローは所管外としていることが多かったのではないかと思います。そのため、法務・コンプライアンス部門において国連指導原則などの国際スタンダードについての理解が必ずしも十分にできておらず、その結果、（特にサステナビリティ推進部門が充実していない場合に）人権面からは必ずしも適切といえる対処ができていない場合があります（Column 3-1）。

さらに、企業の人権侵害についてＮＧＯや国際機関から問い合わせが入る場合には広報部門にそれらが寄せられるケースが一般的です。しかし、広報部門はもともと人権問題を所管していないため、そのような問い合わせが意味するところやその重要性を必ずしも十分に理解できず、その結果、不適切な対応をして企業を危険にさらすこともあります。例えば、このような問い合わせについては返答期限が設けられていることが多いのですが、広報部門においてなぜか期限までに返事をせず、その結果、ＮＧＯのウェブサイトに「返事をしなかった企業」として掲載されてしまう事案がありました。最近は各企業の意識も高まっており、このような照会に回答する企業が増えている中、１社だけ回答しなかった場合にそれがどのように受け止められるか、想像しただけで恐ろしいことです。

司令塔的立場を期待されているサステナビリティ推進部門においても、伝統的には企業のフィランソロピー（社会的な奉仕活動）やメセナ（芸術や文化への貢献活動）等、いわゆる「CSR」と言われたりする活動を中心に行ってきており、「ビジネスと人権」については勉強中であるという企業もまだまだ多いと思います。それに加えて、日本企業特有の人事ローテーション制度によって「ビジネスと人権」について専門的な知見を持つ人が社内に育ちにくい環境にあります。私も、これまでに、仕事をご一緒し、この分野について理解を深められたサステナビリティ推進部門の方の異動の報にいくつも接しました。このような方々が社内の他部署で知見を活用してくれるのは素晴らしいと思う一方、**知見・経験の蓄積と継承は引き続き大きな課題**だと思います。

このように、「ビジネスと人権」が比較的新しい分野であり、各部門での取組みが従来は必ずしも十分にされていなかったこととも相まって、**人権問題が企業内において「エアポケット」に陥っていることがよくありますが、これは極めて危険な状態**であると思います。

日本企業でも、この点について問題意識を持っている企業は、様々な取組みを始めています。例えば、「ビジネスと人権」対応という切り口から、サステナビリティ推進、法務、購買、人事・労務などを横串に刺して情報交換の機会を積極的に設けたり、法務・コンプライアンス部門の理解を高めるためにサステナビリティ推進側からの働きかけで法務・コンプライアンス部門向けの社内セミナーを開催するなどです（Column 3-2）。

最後に、前記のような取組みを全社的に行うために**何よりも重要なのは、マネジメント層によるリーダーシップの発揮**です。多くの企業のマネジメント層の皆さんは、人権が取り組むべき重要課題であることはよくおわかりです。一方、対処すべき事柄が山積みで時間的な余裕がないなか、サステナビリティ推進部門などに任せきりになってしまっている例も少なからずあるように思われます。体制作りも、そのために必要な予算組みも、得てして縦割りになりがちな企業において、サステナビリティ推進部門だけでイニシアティブをとって他部署に働きかけるのは組織構造上難しく、**ある程度トップダウンで、強い意志と決定を持って行う必要があります。**このようなことを実際に行うことができるのはマネジメント層の皆さんのみであると思います。その際のヒントのようなものを後ほど紹介いたします（本章Ⅲ）。

５　社外との関係での「組み入れ」――１つの方策としての契約

ここまでは主に社内における「組み入れ」にまつわるポイントを紹介してきましたが、企業の人権尊重責任は社外にも及びますので、社外との関係における人権尊重対応の体制整備も必要となります。そのような社外への「組み入れ」の取組みの１つとして、最近、サプライヤーと契約する際、「御社で何らかの人権問題が生じた場合、弊社としては○○します」といった内容を明記した契約書を交わすことがトレンドになりつつあります。このような契約条項を「人権条項」といったり、もう少し広く「ＣＳＲ条項」と呼ぶこともあります。

少々古い資料ですが、２０１５年に日本弁護士連合会が出した「人権デュー・ディリジエンスのためのガイダンス（手引）」のＣＳＲ条項（https://www.nichibenren.or.jp/library/ja/opinion/report/data/2015/opinion_150107_2.pdf）が参考になりますので、これを見ていきましょう。

それによると、発注者―サプライヤー間において以下のような定めが設けられています。

・発注者側が人権方針を作り、人権デュー・ディリジェンスを行う
・サプライヤーは発注者の人権方針を守ることを約束する
・サプライヤーがTier 1だとしたら、Tier 2以降も発注者側の人権方針を守るようにサプライヤーが適切な措置をとる
・サプライヤー自身も人権デュー・ディリジェンスを行うとともに、Tier 2以降も人権デュー・ディリジェンスが行われるように影響力を適切に行使する
・これらの義務への違反が起こった際、まず発注者側はサプライヤーに是正措置を求め、是正・要請に応じなかったり、違反が継続したりした場合には、発注者側が契約を解除できる

これらは全て指導原則が求めていることや、それに基づく対応（「解除は最終手段」であることについて第４章Ｖ３参照）となっています。

このような契約書を交わす大きな狙いは、法的な拘束力を持つ契約書の中に組み入れることで、より**発注者側の影響力を強め、サプライヤーとその先の関係者における人権侵害状況を予防したり是正したりすること**です（影響力を強めることについて第４章Ｖ２参照）。

ただし、このような契約上のアレンジメントについては、誤った理解に基づいて作成・運用すると、本来の精神に反して、発注側が自らの人権尊重責任を放棄し、サプライヤーなどに責任転嫁をすることになりかねないことが大きな問題になっている点には留意して下さい。例えば、**解除条項を盾に取り、適切な影響力を行使することを怠って契約を打ち切るなどという行動は、責任転嫁のみならず責任放棄とも言える**でしょう。

また、取引上の立場を利用して、一方的に過大な負担を負わせる要求をした場合には、下請法や独占禁止法に抵触する可能性がある点も留意が必要です。

▼この分野で有益な情報源▲

前記の日弁連のガイダンスのほか、アメリカの弁護士団体であるAmerican Bar Association（ＡＢＡ：米国法曹協会）のビジネス法セクションの中の、国際的サプライチェーンにおける人権保護のためのモデル契約条項のドラフトのためのワーキンググループが公表した「バイヤーとサプライヤーの責任のバランス確保——国際的サプライチェーンにおける人権保護のためのモデル条項、バージョン2.0」があります。こちらは、ＡＢＡのウェブサイトに掲載されています（https://www.americanbar.org/groups/human_rights/business-human-rights-initiative/contractual-clauses-project/）。私が同僚とともに日本語で解説したものが、所属する事務所から出版した『「ビジネスと人権」の実務』（西村あさひ法律事務所「ビジネスと人権」プラクティスグループ編著、商事法務、２０２３年）にも掲載されていますので、よろしければご覧ください。

II　苦情処理メカニズム

1　苦情処理メカニズムの意義、重要性とその位置づけ

国連指導原則上、「苦情への対処が早期になされ、直接救済を可能とするように、企業は、負の影響を受けた個人及び地域社会のために、実効的な事業レベルの苦情処理メカニズムを確立し、またはこれに参加すべきである」とされています。

「苦情処理メカニズム」は「グリーバンスメカニズム」とも呼ばれており、それに期待されている機能から考えることにより、どのようなものかをうかがい知ることができます。

1つ目は、**企業が関与しうる人権への負の影響の特定を助けること**です。例えば、このメカニズムを通じて、人権への負の影響を受ける可能性のある人たちが、企業にそれを知らせることができれば、企業は人権リスクを特定しやすくなります。

2つ目は、そのように特定されることで人権への負の影響を**早期に是正することが可能になり、被害がより深刻になったり、問題がエスカレートしていくことを防ぐ**ことができるという点です。

企業としては、自社の事業の性質や状況、直面している人権課題に応じて、人権リスクの特定や問題の早期是正のために最適な仕組みを構築することが期待されます。例えば、海外にサプライヤーを有している事業を行っている会社については、自社の直接雇用従業員との関係での人権リスクもあれば、サプライヤーにおける人権リスクもありえます。このような場合には、どちらの人権リスクがよ

り高いか、**それぞれの人権リスクについてその特定や対処のために最も適切な方法は何かを具体的に検討したうえで制度設計をすべき**です。

このように、苦情処理メカニズムは、人権デュー・ディリジェンスの「負の影響の特定・評価」や「是正」にとって役に立つものとしても機能します。これを通じたライツホルダーとのやりとりは、後述するステークホルダーエンゲージメントを補完するものともなり得ます。

そのため、苦情処理メカニズムを早期に導入することは、人権尊重への取組み全般に資するものとして、検討に値すると思います。また、苦情処理メカニズムの構築や、そこに寄せられた苦情の内容を知ることを通じて、ビジネスと人権について学ぶところも大でしょう。

Column 5-1

内部通報制度と苦情処理メカニズム

多くの企業では「ビジネスと人権」に取り組む前から、コンプライアンス目的で内部通報システムを構築しています。セクハラやパワハラ、その他企業の倫理規範違反や法令遵守違反を通報してもらい、早期の問題解決に役立てようというのが主な狙いです。

すでに内部通報システムを設けている企業において、これを「ビジネスと人権」上の苦情処理メカニズムとして活用できないかという検討をすることがよくあります。これは全くあり得ないわけではありませんが、いくつか留意すべき点があります。

１つ目は、範囲の話です。自社のみなのか、サプライチェーン・バリューチェーンまで含むのかです。人権尊重責任の範囲はサプライチェーン・バリューチェーンまで含みますので、その企業の**人権リスクがサプライチェーン・バリューチェーンにある場合において、既存の内部通報システムが自社従業員だけを名宛人としていた場合には、そのままでは苦情処理メカニズムとして十分とは言えないでしょう。**実際にも、人権対応で先駆的なファーストリテイリングなどでは、自社に内部通報窓口を設けていますが、サプライヤー・バリューチェーン上にも同社とダイレクトにつながる内部通報窓口を設けています。

2つ目は、対応する体制です。既存の内部通報制度は企業の行為が違法であるかを対象にするのに対し、苦情処理メカニズムは人権への負の影響の特定・対処に資することを目的としており、**そもそも目的が異なります。**目的が異なることから、通報を受けたときにどのように対応するかや、制度として求められる要件（後述）も自ずと異なりますのでこの点も注意が必要です。

従前の内部通報窓口を転用したうえで、受けた苦情について、**それが法令違反の話なのか、人権の問題なのかの切り分け・整理を正確に行い、それぞれに応じた適切な対応ができるのであれば、窓口が1つであることそれ自体は問題にはならないかもしれません。しかしそのような対処ができないのであれば、対応を誤るおそれがあります。**

例えば、ある企業が外国人技能実習生を雇っていたとします。その実習生は日本に来るために本国のブローカーによって借金漬けになり、その窮状を内部通報窓口に知らせたとしましょう。この訴えは、「ビジネスと人権」の視点からすると強制労働の疑いがあり得ます。しかし、日本の国内法に抵触しない場合には、コンプライアンス的な発想ではその問題は法令違反ではないとして、特段の対応をせずに終わってしまうかもしれません。しかし、これは人権対応の観点からは、十分とは評価されないおそれがあります。

既存制度を用いたり、これと共存をさせる場合には、このような点に留意をしたうえで設計をしていく必要があるでしょう。

2 「事業レベルの」とはどういうことか

「苦情処理メカニズム」は「事業レベル」のものであることが求められています。

前記の「苦情処理メカニズム」の意義から考えると、直接に負の影響を受けうるライツホルダーの懸念を、負の影響が拡大する前に発見して取り組むができるようなものである必要があります。そのためには、早い段階から利用可能なものであることが求められます。

そのためには、**人権リスクが顕在化したり深刻化した「後」にそれをどうするかという手続ではなく、事業を続ける中で日々起こってくる人権への負の影響をリアルタイムに拾い上げて救済し、最適解を早期かつ適切に実施する仕組みであること**が自ずと求められます。

そのように考えると、「何かあったときに通報する」という「だけ」では、このような要請を満たすのに十分ではない場合があります。

例えば、ミャンマーのある石油採掘プロジェクトでは、採掘した石油を運ぶパイプラインが通ったことで農作業に悪影響が出たり、掘削で生じた地盤地下により雨季における浸水リスクが高くなるといったリスクが生じていました。このプロジェクトにおいて、事業者側は、次の3つの措置を講じました。

1つ目は、住民たちが自由な意見を投稿できる目安箱の設置

2つ目は、電話による苦情受付（ホットライン）

3つ目は、コミュニティボランティアというスタッフを14ある村落全部に設けること

この措置では、3つ目のコミュニティボランティアこそ、「実効的な事業レベルの苦情処理メカニズム」として機能するための中核となっています。このボランティアたちは地域の事情をよく知る住民であり、日々家々を巡回して「何か困ったことはありませんか？」と聞いて回りました。上がってくる困り事の中には、人権とは関係のない単なる不平不満も少なくないでしょうが、人権侵害の話が含まれている可能性もあります。また、目安箱や電話などによる通報は、いざやるとなると心理的なハードルなどが高いものです。そうではなく、顔なじみの人がカジュアルに話を聞いてくれるということで気軽に話せることも多いでしょう。

このプロジェクトにおいては、**住民の目線で人権侵害のリスクをリアルタイムで掘り起こしてフィードバックする仕組みを作っている点が画期的**であり、その成果として、パイプラインの配置を変えて農作業の効率をよくしたり、浸水リスクがあるところの土壌改良を行ったりして人権侵害リスクの軽減を実現したとされます。

「苦情処理メカニズム」においても、「人から見る」ために、ライツホルダーからの意見を吸い上げ

ることが重要です。ホットライン的な仕組みはその１つとして重要なことが多いです。しかし、**「苦情処理メカニズムそれすなわちホットライン」とは限りません**。その事業の性質や、置かれている個別具体的な状況などに照らして、ライツホルダーにとってどのような仕組みが意味や実効性があるかという観点からの仕組み作りが重要なのです。

その意味では、ライツホルダーとの間でやり取りをする場がすでに存在しているのであれば、それを活用するのも１つの方法でしょう。例えば、労働組合など労使対話の場がすでにあるのであれば、その中のトピックの１つとして人権を組み込み、人権に関する問題提起や議論、解決の場とすることなども、１つの有効なアプローチと言えるでしょう。

3　苦情処理メカニズムを実効的なものにするために

国連指導原則は、苦情処理メカニズムを実効的なものとするために８つの要件を挙げています。

- 正当性がある：利用者であるステークホルダー・グループから信頼され、苦情プロセスの公正な遂行に対して責任を負う。
- アクセスすることができる：利用者であるステークホルダー・グループすべてに認知されており、アクセスする際に特別の障壁に直面する人々に対し適切な支援を提供する。
- 予測可能である：各段階に目安となる所要期間を示した、明確で周知の手続が設けられ、利用可能なプロセス及び結果のタイプについて明確に説明され、履行を監視する手段がある。

・衡平（equitable）である：被害を受けた当事者が、公平（fair）で、情報に通じ、互いに相手に対する敬意を保持できる条件のもとで苦情処理プロセスに参加するために必要な情報源、助言及び専門知識への正当なアクセスが確保できるようにする。
・透明性がある：苦情当事者にその進捗情報を継続的に知らせ、またその実効性について信頼を築き、危機にさらされている公共の利益をまもるために、メカニズムのパフォーマンスについて十分な情報を提供する。
・権利に矛盾しない：結果および救済が、国際的に認められた人権に適合していることを確保する。
・継続的学習の源となる：メカニズムを改善し、今後の苦情や被害を防止するための教訓を明確にするために使える手段を活用する。
・エンゲージメント及び対話に基づく：利用者となるステークホルダー・グループとメカニズムの設計やパフォーマンスについて協議し、苦情に対処し解決する手段として対話に焦点をあてる。

前記の要件それぞれについて、いくつか実践例を紹介します。

「アクセスすることができる」については、苦情処理メカニズムのプロセスについてそのウェブサイトで開示をするとともに、利用者にとってわかりやすい言語で説明する方法があります。例えば、アディダス社のウェブサイト（https://www.adidas-group.com/en/sustainability/social-impacts/human-rights）

アディダス社のウェブサイト

Disclosure of complaints received and actions taken

As part of the third-party complaint mechanism, at the end of each year we have committed to communicate, via our corporate website, how many third-party complaints it has received related to labor or human rights violations and the status of those complaints (i.e., being investigated, successfully resolved, etc.). The majority of these complaints have been received from trade unions and labor and human rights advocacy groups. They are distinct from complaints received directly from workers through worker hotlines and other grievance channels operated in the countries where we source product.

- **Cases received and actions taken**: 2022 - 2021 - 2020 - 2019 - 2018 - 2017 - 2016 - 2015 - 2014
- **Case analysis**: 2022 - 2021
- **Overview of case analyses**: 2014 - 2018

においては、苦情処理のプロセスについて、サマリー版と詳細版に分けたうえで、12言語版が挙げられています。

「予測可能」なものであるためにについては、相談を受けてから原則24時間以内に相談者に返答することをウェブサイト上で明示している企業の例（ファーストリテイリンググループ）などがあります。

また、「透明性」については、誰から、どのような苦情を受け取り、それに対してどのような対応をし、現在の進捗はどうなのかを具体的にウェブサイトで開示している例などがあります。例えば、アディダス社は、２０１４年から「受領したケースと取られた対処」のレポートが毎年開示されています（上掲）。多くの事案について処理の状況が事細かに記載されており、非常に参考になります。

このような要件を見ていくと、既存の内部通報システムとは少なからず異なることが理解できるのではないかと思います。前記の要件は一見すると難解ですが、**「人から見る」に立ち戻ってみてください。利用者であるライツホルダーにとって使い勝手がよく**（**言語や期間の明示、公平性**）、**意味がある仕組みは何か**（**継続性**）**という観点から設計し、かつ、ライツホルダーとの協議をしながら作ったり、透明性の確保が求められていることは、それほど無理なく理解できる**と思います。具体的なイメージについて他社事例などを参考にしながら、取り組んでいただけるとよいのではないかと思います。

Column 5-2

苦情処理メカニズムにおける外部のリソースの活用

指導原則は、事業レベルの苦情処理メカニズムについて、これを「確立し、**またはこれに参加すべき**である」（強調筆者）としています。企業の規模にかかわらず、重大な人権リスクを抱えている場合には、自社にて独自の苦情処理メカニズムを持つべきであり、また、前述のような要件を満たす仕組みを作ることは中小企業でも可能であるという理解を前提としながら、外部の仕組みを活用しても構わないことを意味しています。

外部の仕組みの活用例としては、政府、ＮＧＯ、複数のステークホルダー、現地コミュニティなどの外部組織が提供する苦情処理の仕組みや、その土地土地における伝統的な仕組みなども含まれているとされます。

また、自社のメカニズムを持ちつつ、これを補完したり、コストを削減するために外部のリソースを使うこともあり得るとされていますので、これらを上手に活用するのも有用でしょう。

日本においては、一般社団法人ビジネスと人権対話救済機構（ＪａＣＥＲ）は、国連指導原則に準拠して非司法的な苦情処理プラットフォームである「対話救済プラットフォーム」を提供し、専門的な立場から会員企業の苦情処理の支援・推進を目指す組織として存在しており、その加盟企業に関連する人権侵害事案に関する苦情、通報を受け付け、苦情処理の支援・推進を行っています（https://jacer-bhr.org/index.html）。加盟企業は、メーカー、金融機関、商社など多岐にわたっており、筆者自身もその助言仲介委員候補となっています。

このほか、以下などが参考になります。

・行政による各種の相談窓口：外務省ウェブサイト（https://www.mofa.go.jp/mofaj/gaiko/bhr/salvation_access.html）
・外国人向け相談窓口：ＪＰ－ＭＩＲＡＩのウェブサイト（https://portal.jp-mirai.org/ja/in-trouble/s/consultation-counter/consultation-counters）

苦情処理メカニズムが「事業レベル」のものであることからすると、**基本的には自社で設けるのが原則**であるということ、また、**外部のリソースについても前述の各要件を満たすことが求められます。その要件を満たしているかどうかについては自社にてしっかりと検証したうえで利用すること**（**＝外部に丸投げにしないこと**）は忘れないようにしてください。

Ⅲ　マネジメント層のものの考え方

「ビジネスと人権」に取り組むにあたっては、各企業のマネジメント層のリーダーシップが重要であると申し上げました。これは、各企業内部における文脈においてのみならず、日本全体としても大事なことかと思います。前述の通り、日本政府は人権への取組みにおいてリーダーたらんとしているわけですが、このためには民間企業もその一翼を担うことが必須でしょう。

そのような重要な役割を担っている企業のマネジメント層の皆さんに、取り組むに際しての「ものの考え方」について思うところを少しお話しさせてください。

1　本質を押さえて、シンプルに、堂々と

まず、何よりも大事なのは、**企業の人権尊重責任とはつまるところ何であるのか、という本質をしっかり押さえる**ことだと思います。役員の皆さんとお話をしていると、ここが曖昧であったり、誤解があることがかなり多くあります。

繰り返しになりますが、指導原則が求めている**人権尊重責任とは、「do no harm」、事業活動において人に害をなすな、害をなす行為に関与するな**ということです。

「ビジネスと人権」について語られるときに、その取組みを通じて企業の長期的利益の向上に資するなどのメリット面が示されたり（やることによる「得」）、それを行わないことによって企業に生じる様々な問題（やらないことによる「損」、第3章II参照）が示されることがあります。これらは、人権尊重への取組みをする、しないことによる「結果」として理解する分には特に問題はないにしても、「目的」として理解することには大いに問題があると思います。**人権の尊重は本質的には「得」があ**

るからやる、とか、やらないと「損」をするからやるなどという話ではないのです。

と言いながら、私自身もセミナーなどでそのような話し方をしたことがあります。お叱りを覚悟で申し上げると、そのような話をしないとマネジメント層の皆さんが話を聞いてくれなかったり、眠そうな表情をされるので、何とか皆さんの関心を引きつけるべく一種の方便として語っていたというのが正直なところです。しかし、現在は、そのような話し方をしていたことは人権尊重の本質について正確に語っていない不適切なことであったと大いに反省をしています。

私が、本書で人権尊重責任を「害をなさないこと」と捉え、積極的な善行を求めているものではないとしているのは（第2章Ⅰ3参照）、これを「正しいことをする」と考え始めると、その内容が広すぎて「害をなさない」ことを超えたものも含まれてきてしまうからです。その結果、その中にはやってもよいし、やらなくてもよいものも含まれるという誤解を生みかねません。

人権尊重というのは、正しいことをするというよりも、悪いことをしないことと捉えてください。人権侵害が悪いことであることについてはさすがに議論の余地はないと思いますが、そう認識ができれば「なぜ人権尊重に取り組む必要があるのですか？」という問いは出てこないはずです。なぜなら、その質問の裏には、「貴社は悪いことをしてもビジネスをやりたいのですか」という問いがあり、それに対する答えがYesであることはあり得ないであろうからです（もしこの問いへの返答に悩むようであれば、そこには大きな問題が潜んでいると思います）。

また、**人権尊重はパーパス経営の話でもなければ、ソーシャルビジネスやらインパクト投資やらの**

話でもありません。

パーパス経営とは自社の本来の目的（パーパス）を考えた経営であるとされています。これに対して、「ビジネスと人権」における**「害をなさない」というのは、企業経営に目的（パーパス）があろうがなかろうが、目的（パーパス）の中身が何であろうが、守るべき原理原則**です。

また、ソーシャルビジネスやコミュニティビジネスは、地域社会などの課題解決に向けて様々な主体が協力しながらビジネスの手法を活用して取り組むことを指すとされますが、そのような**社会課題、**例えば構造的問題（Column 2-3 参照）**を解決することも「ビジネスと人権」が目的とすることではありません。**インパクト投資とは、投資として一定の「投資収益」確保を図りつつ、「社会・環境的効果」の実現を企図する投資であるとされていますが（金融庁「インパクト投資（インパクトファイナンス）に関する基本的指針」〔2024年3月〕）、これも同じです。

「ビジネスと人権」は、社会全体の貧困問題の解決を求めたり、所得の再分配をせよなどと言っているものではありません。また、資本主義を否定しているわけではなく、むしろ、剝き出しの資本主義の競争を前提として、その激しさゆえに生じうる人権への悪影響を防ごうという話であると私は理解しています。

これはパーパス経営や、ソーシャルビジネス、インパクト投資などに否定的な目線を向けているわけではありません。単に話の次元が違うと言っているに過ぎません。

このように人権尊重責任の本質をしっかりと抑えられれば、それを行うことについてブレることはなくなるでしょうし、「当社は悪いことは行いません、関係しません」とシンプルになすべきことを捉え、胸を張って堂々と取り組んでいただけると思います。

Column 5-3

ステークホルダーは何を求めているのか

企業のマネジメント層がその判断の方向付けをする際には、（ライツホルダーだけではなく）広い意味でのステークホルダーが何を求めているかは大きな意味を持つと思います。

「ビジネスと人権」は資本主義を前提とし、また、企業の営利性や、株主価値の最大化を否定するものではありません。しかし、株主、消費者、従業員、ファンなど、企業を取り巻く多様なステークホルダーにとって「カネが全て」なのでしょうか。

「おカネは大事」です。

ミャンマーでも軍事クーデター以降、それまであまり見られなかった公務員の賄賂要求や、ミャンマー企業との金銭を巡るトラブルなどが頻発するようになりました。よきビジネスパートナーが豹変したケースもいくつも見ています。「衣食足りて礼節を知る」という格言がありますが、人間の行動の清廉性には、一定の経済的な基盤が不可欠なのかもしれません。

しかし、経済的な基盤とそれ以外の要素のバランスをいかにとるかは一人ひとりによって異なるはずであり、企業を取り巻くステークホルダーが皆「まずはおカネ。人権尊重はその次」と考えているわけではないことは知っておくべきだと思います。第１章Ⅲ３で、ミャンマーのクーデターに際して、企業の従業員が税金を払いたくないため、「今月から給料はいらない」と言った例を示しましたが、おカネよりも大事なものもあるのです。

マネジメント層は企業価値の最大化というミッションを帯びているため、得てして金銭的な物差しを優先して当てはめがちになります。しかし、まずは経済的な基盤が重要であり、人権は二の次でよいなどと段階的に考えるのは私は違うと考えています。**両者は並列的・同時に考慮すべきであり、人権対応は金儲けの不可欠な土台**だと思います。

本書ではステークホルダー資本主義論について語るものではありませんが、そのような難しい話をするまでもなく、企業を取り巻くステークホルダーは株主だけではなく、株主も最終的には一人ひとりの人間に行き着きます。そして、その人々が皆「もらえるカネが一銭でも多ければ、多少の悪いことをしてもしようがない」と思っているわけではないであろうこと、そして、企業も人の集まりで成り立っている社会の構成員であるという、ごく当たり前のことに思いを致していただければと思います。

2　俯瞰目線を持ち、二項対立的思考から脱却する

ある企業がその活動において人権の観点から問題があるという指摘をＮＧＯから受けた場合、実際に現場でその事業に従事されている方が強く感情を害する場面に遭遇します。

クーデター直後にミャンマーに関連する日本企業の活動についてＮＧＯから批判的な照会がなされたときに、多くの日系企業が強い反発をしたのを目の当たりにしました。私自身も現地でミャンマー

の人たちとともに国の発展のために日々奮闘してきた者の一人として、ミャンマーで見たことも聞いた事もない人たちから突然悪者のように指弾されることについては、強い違和感を感じました。これは、現場で活動している人間ならではの想いだと思います。

他方、こういった例を離れて一般的に考えてみた場合、前述のように、**人権尊重が「悪いことをしない」という理解であるとすると、そのような大きな方向性については、NGOをはじめとした各種のステークホルダーと基本的には向いているベクトルに違いはないはず**です。

そのように、人権尊重への取組みを本質的に捉えて、一歩引いた俯瞰的な目線を持つことが重要です。そうすれば、NGOなどからの指摘についても、（その内容次第ではありますが、）ベクトルが対立して自社に向けられているのではなく、人権への負の影響を受けている人に対応するという同一方向を向いているものとして捉えることが可能になり、それに対応する姿勢にも自ずと違いが出てくるのではないかと思います。

このような**俯瞰的に物事を見る姿勢、それにより単純な二項対立的な思考に陥らないようにすることは、現場で活動している人たちと比べて高い視点や広い視座で物事を見ることができるマネジメント層ならではの役割**だと思います。マネジメント層は、現場の声に耳を傾けつつ、冷静なものの見方・考え方で各種対応に取り組んでいただきたいと思います。

3　企業活動全体のコンテクストの中で捉える

サプライチェーン・バリューチェーンは国境を越えて広がり、多くの日本企業は世界を股にかけて活躍していると思います。このような場合には、ある地域における問題が、その地域内の問題にとどまらず、他の地域のビジネスに悪影響を与える可能性も生じてきます。

例えば、サプライチェーン上にあるアジアのある国で人権問題が生じた場合、それに対して適切な対応をしないことが欧米のビジネスに悪影響を及ぼすこともあり得るでしょう。このような国をまたいだ影響の波及は、欧米におけるマンダトリーローの制定の動きなどでさらに注意を要すべきものとなっています。実際にも、前にも述べたように（第3章II 3）、ミャンマーにおける人権問題対応が北欧の機関投資家により問題視されている場合もあり、このような全社的な資金調達へのインパクトは世界の他地域での事業活動に深刻な影響を及ぼしかねません。

このように、**ある地域での人権問題をその地域内のものに過ぎないと捉えることは危険であり、その企業活動全体においてどのようなインパクトをもたらすかという視点を持って対応することが必要**になります。

このような視点は、当然ながら各事業部門や、各海外拠点においても持つ必要がありますが、全社的な視点を持ち、かつ、相互の影響を考慮しながら対応をすることができるのはマネジメント層だと思います。是非とも全社的な大所高所からのコンテクストで人権課題を検討、判断いただきたいと思います。

4　人権対応と経営判断

マネジメント層による企業の経営判断は、人権に関するものだけでなされるわけではありません。

事業性（ビジネス上の損得）、株主や投資家といったステークホルダーの意見、法令遵守、レピュテーション（外部評価）といった他の要素を勘案した総合的な判断が求められます。

これらの各要素の重大性は、状況やタイミングに応じて異なるでしょう。また、それらにどのようなウェイトを配分して、正解のない問いに答えるには、最終的には各企業のポリシーや価値観に基づいて、信念と覚悟を持って、判断することが求められており、大変重い仕事であると思います。

このような判断をするにあたり、是非気を付けていただきたいのが、前記のような様々な要素は、最終的に総合考慮するにせよ、**各要素を判断する際には他の要素を混入させないこと**です。人権は人権、事業性は事業性、外部評価は外部評価というように分けて分析・評価をしたうえで、総合的に判断を下すべきであって、人権の評価をする際に、事業性やレピュテーションに関する要素を混ぜたりしないということです（次頁の図参照）。

例えば、ある企業がアジアで進行中のプロジェクトについて、それを継続することについて人権面での問題があるとしてNGOから批判されている場面を想定してみましょう。このプロジェクトにはすでに多額の支出がなされており、途中で中止した場合には多くの経済的な損失が生じ得ます。他方、このプロジェクトを継続した場合には、海外の機関投資家から投資引上げをされたり、欧米で展開をしている他の事業にもネガティブな影響が及ぶ可能性も否定できないという状況だとします。人権を軽視する企業という不名誉なレッテルが貼られ、評判の低下のリスクもあります。

このような複雑な状況下では、マネジメント層は高度かつ困難な判断を迫られます。その場合に、陥りがちなのが、人権面でのネガティブな要素を薄めるために、他の要素を持ち込むことです（第2

人権対応と経営

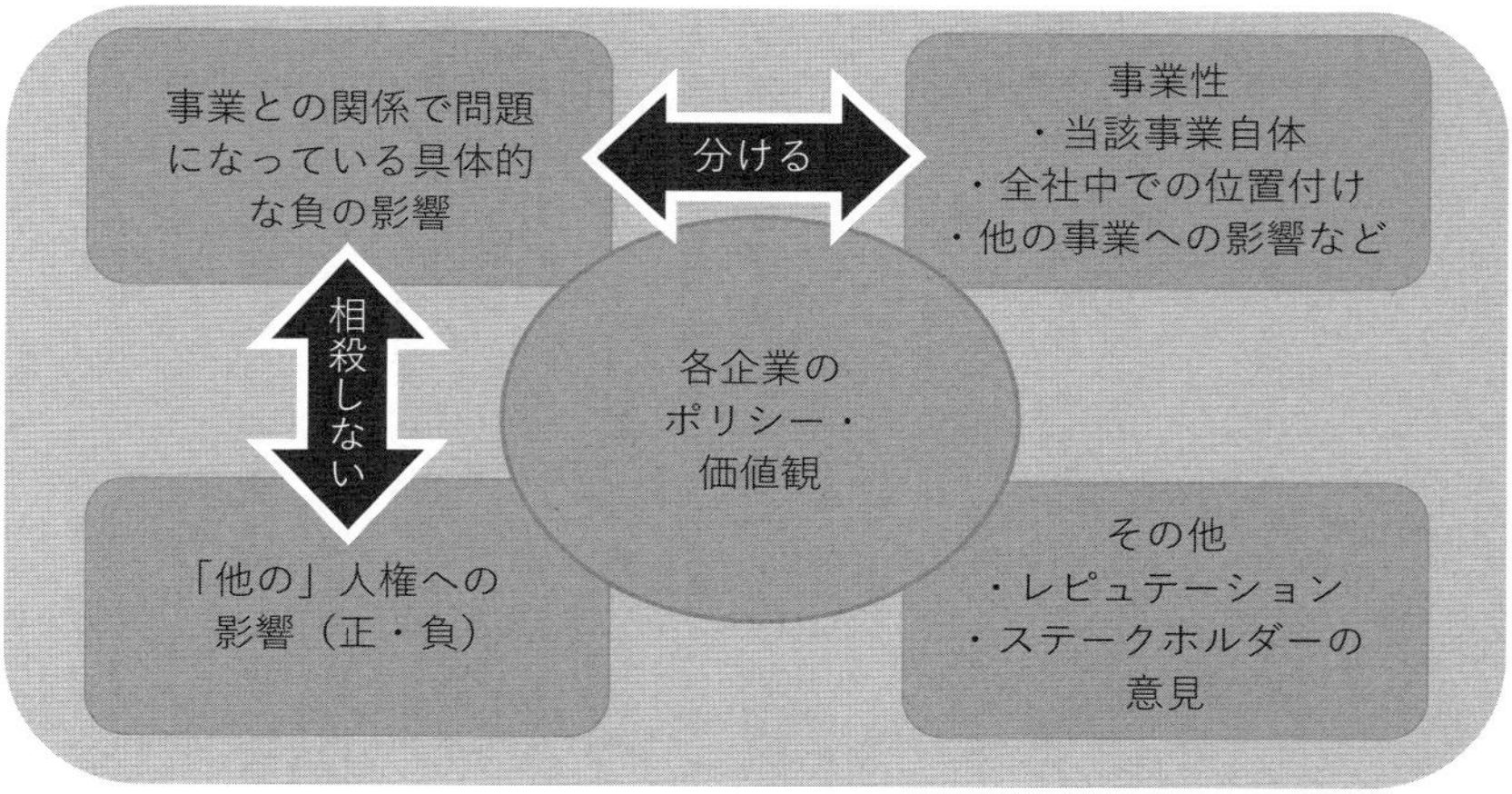

＊　筆者作成

章Ⅳ4参照)。例えば、「この事業は雇用を創出しているから、人権の観点からも意味がある」とか、「この事業はこの国の国益に資するし、その国自体が人権面から問題にしていない」などという物言いがこれに当たります。

これらの物言いの前段部分、例えば、雇用の創出であったり、国益に資しているということ自体は正しいことであることもあるでしょう。しかし、それを関係のない人権の評価に持ち込むという混同をすると、人権面の評価を誤り、ひいては最終的な総合評価自体を誤らせます。

その結果、この例では、人権面の評価が本来あるべき評価よりも過小評価され、その結果、総合評価の際にかけるべきウェイトが下がった状態で事業判断がされてしまい、ひいては思いもよらぬ形で評価の低下や、他の事業への悪影響が生じかねません。このような判断の誤りに至らないようにするためにも、各要素はきちんと分けて分析・

評価する必要があります。

Column 5-4

分析とビジネス判断と、それをどう表現するかは別の話

前記のように、マネジメント層は、人権に関する問題が発生した場合に、それについて分析をしたうえで、事業性や外部評価などを総合的に勘案した判断を下すことが求められます。そして、そのような判断について、誰に、どう表現をするのかについては、個別に検討・判断をすることが必要となります。

例えば、ある国において看過できない人権侵害が発生し、影響力の行使も不発に終わり、マネジメント層がその国からの撤退を決めたとしても、それを外部に公表する際そのままストレートに言うべきかどうかについては、慎重な判断が求められます。

例えば、「A国には信じがたい人権問題があるから撤退します」と正面切って表明することにより、A国の現地法人の従業員が公安当局などから不当に拘束されるなど、その表明自体が新たな人権リスクを生じさせるおそれがあります。

そうしたリスクを避ける観点から、例えば、「A国における諸般の事情に鑑み、当社として総合的に考慮した結果、残念ながらこの度撤退する決定をいたしました」といった表現に留めることは、決して否定されるものではないでしょう。

しかし、「人権侵害を理由に事業撤退を表明すると、新たな人権侵害が生じるおそれがあるから、撤退できない」というような考え方は人権侵害への関与を続けることになりかねず、本末転倒のそしりを免れないかもしれません。

前記のように、人権に関する分析をすることと、総合的なビジネス判断は別ですが、さらに、それらをどのように表現するかも、その表現により新たな人権リスクを発生させないか等を考えながら、別個に考えるべきことなのです。

5　人を育て、カネを付ける

多くの企業においては、「ビジネスと人権」対応について、慢性的なリソース不足のように感じます。

サステナビリティ部門の方などと話をしていると、部門の人数が少ないために社内のあらゆる部署からの対応に疲弊していたり、予算が少ないために外部のアドバイザーに外注ができないという話がよく出てきます。また、社内においてこの分野の専門家が育っていないことが課題になっているケースも散見されます。「ビジネスと人権」の分野は奥が深く、ちゃんと理解するまでには相応の年数を要するので、ローテーション的な人事の枠組みの中では人材育成が難しいのでしょう。

自社でイチから育てるのは大変だから、外部のコンサルタントや弁護士などに外注すればよいという考え方もあるでしょう。お仕事をいただく側としてはありがたい話ではありますが、会社のことを考えると安易な外注はあまりお勧めできません。

なぜなら、**外注にばかり頼っていたら、いつまでたっても企業風土や企業カルチャーに人権尊重の精神が「定着」しない**からです。人権リスクは企業活動の全過程で常に発生する可能性があり、また、そのためには全ての部門に人権尊重責任とは何かの理解が定着している必要があるのは、すでに申し上げた通りです。外部の専門家は事業を実際に行っていないため、事業活動そのものの理解の点でどうしても社内の人には叶いませんし、常に身体が空いているとは限らないため即応性の面でも不安があります。**「助っ人頼り」には限界がある**のです。

また、人権対応は全社的に取り組むべきことですので、人権対応の専門家・司令塔だけ育成するのでは十分とは言えません。研修等による知識の定着も大事ですが、**役職員が「自分事」として捉えることができるような制度設計、例えば、人事上のＫＰＩ（重要業績評価指標）の１つとして人権対応を設けるなどのインセンティブの仕組みづくり**をすることも、マネジメント層の重要な役割の１つと言えるでしょう。

人権尊重のコミットメントの定着は人権方針としての会社の重要な約束事の１つであり（第４章Ⅱ４参照）、また、人権対応の制度作りは人権デュー・ディリジェンスの重要な一部ですので（本章Ⅰ参照）、マネジメント層の皆さんにおかれては、是非、この分野における人材育成に取り組んでいただきたいと思います。

また、このような人材の育成や、外部の専門家の起用のためにはどうしても一定の予算が必要になります。多くの企業においては予算付けに苦労されているように見受けられますし、対応コストをどうやって下げるかと質問されることもあります。１円、１銭を稼ぎ出すために企業の皆さんが血のにじむような努力をされていることに思いを致すと、軽々に「お金をつけるべし」ということは大変はばかられるものがあります。

しかしながら、サステナビリティ部門担当者が心身ともに疲弊し、学びの機会のための海外出張の機会も与えられない一方で、スポーツイベントのスポンサーシップに億単位の金額を投入し、社長が優勝者にトロフィーを笑顔で渡している光景を見たりすると、複雑な気分になるのも正直なところです。

また、本来であれば企業が負担すべきコストを適切に負担していないと考えられる場合もあります。例えば、外国人労働者を雇用する際に、その外国人が就労するための各種の費用は、本来であれば企業が負担すべきリクルートメントのコストなのかもしれません。にもかかわらず労働者が自然に負担できない借金漬けの状態で雇用をするというのは、外国人労働者の脆弱な立場に付け込んだ不当な押付けとも評価されうるでしょう。

弁護士として、企業が法務・コンプライアンスに相応のコストをかけているのを見ている立場からしても、**率直に申し上げて多くの日本企業は人権対応についてお金をかけなさすぎ**だと思います。前にも述べたように、国連指導原則のソフトローとしての規範性、人権対応が不十分な場合に企業にもたらしうる問題（第3章II）などに照らしても、「ビジネスと人権」への対応は、法務・コンプライアンスと同レベル以上の重要性があるものとして取り組んでいただくべきことだと思います。

また、この分野における先進企業は、**そもそもこれらの対応に必要となる支出を「コスト」ではなく、「投資」、あるいは事業活動そのものであると考えるなど、「しょうがなく支出する」とか「どうやって安くするか」という考え方から一歩前に進んだところで活動**をしています。そのような企業との競争という面においても、人権対応に要する支出を事業構造上どのように位置付けるかという発想の転換が進みつつあることを理解いただき、十分な予算を付けてもらいたいと切に願うものです。

Column 5-5

国際フォーラム参加の効用

「人権感覚を身に付けるよい方法はないですか？」という質問をもらうことがあります。私がお勧めしているのは、**人権分野に関する情報を大量かつ集中的に浴びることを、なるべく頻度高くやること**です（第４章Ⅰ４）。

このような場として特に効用が高いと感じているのが、国連が毎年開いている「ビジネスと人権に関する年次フォーラム」への参加です。このフォーラムは毎年末にスイスのジュネーブで行われています。それ以外にも、異なる時期（２０２４年は9月下旬）にタイのバンコクでそのアジア太平洋版が開かれています。

フォーラムでは3日間から4日間、朝から夕方までいろいろなセッションが開かれています。そこでは国連の関係者、人権ＮＧＯ、弁護士、研究者、企業といった様々な経験と立場を持つ人たちがパネリストとして登壇し、最新の話題について詳しく語ってくれます。

議論は基本的に英語でなされることもあり、最初はちんぷんかんぷんかもしれませんが、継続的に出席していると徐々に内容が頭に入るようになり、理解が深まってきます。私自身、あるタイミングでコツがつかめて、一気に理解が深まったという実感がありました。

フォーラムに参加するもう１つの利点は、人脈が広がることです。参加している人たちと名刺交換などをすれば、「ビジネスと人権」という共通の話題について意見交換できる人が増えてきます。国内の関係者と業種横断的なネットワークが構築できたり、NGO関係者と直接の接点ができるのは、後述するエンゲージメントとの関係でも有用です。

ところが、現状では、企業の担当者が海外出張できるような予算を投入している企業は少数派のようです。2023年のジュネーブにおけるフォーラムにそのような担当者を参加させていた日本企業は5、6社にとどまっていました。懇意にしている企業関係者に不参加の理由を聞いたところ、「ジュネーブまで飛行機代や宿泊費の実費だけでも一人100万円くらいかかる。そんな予算はうちにはありません」という切実な答えが返ってきて、とても残念に思いました。

出張費の点でジュネーブが難しいなら、まずはバンコクでのフォーラムからでもよいと思います。それにより、企業の人権尊重対応力が高まれば、出張費くらいはすぐに元が取れますので、マネジメント層はぜひ予算を付けて担当者を派遣し、人を育てていただければと思います。

第6章

ステークホルダーエンゲージメント

本章のポイント

「ビジネスと人権」対応において、一丁目一番地とも言われるのが、本章のテーマである「ステークホルダーエンゲージメント」です。ところが、日本企業の多くは強い苦手意識を持っているようです。その理由は、ステークホルダーとは誰なのか、エンゲージメントとは何なのか、NGOとはどういう存在なのかなどの基本的な点や、エンゲージメントを実践する場合に求められるスキルについての理解が必ずしも十分ではないことにあるように感じます。

「エンゲージメント下手」が、日本企業の人権対応に関する外部の評価を明らかに下げている場面もあります。非常にもったいないことですので、是非本章を通じて理解を深め、有意義なステークホルダーエンゲージメントの実践をしていただければと思います。

Ⅰ　ステークホルダーエンゲージメントとは何か

１　国連指導原則上求められていること

国連指導原則の本文で、ステークホルダーという言葉が登場するのは、次の４カ所です。

最初に出てくるのは、人権リスクの特定と評価のプロセスを扱っている18ｂで、「企業の規模及び事業の性質や状況にふさわしい形で**潜在的に影響を受ける**グループやその他の関連ステークホルダーとの有意義な協議を組み込む」（強調筆者）ことが求められています。ここの解説では、「企業は〔中略〕ステークホルダーと直接協議することによって**潜在的に影響を受ける**ステークホルダーの懸念を理解するように努めるべきである」（強調筆者）とあります。

次に出てくるのは、人権への負の影響が対処されているかを検証するための、追跡評価を扱っている20ｂで、「**影響を受けた**ステークホルダーを含む、社内及び社外からのフィードバックを活用すべきである」（強調筆者）としています。

次の21では、情報提供につき、「**影響を受ける**ステークホルダーまたはその代理人から懸念が表明される場合には、特にそうである（筆者注：つまり情報提供すべきである）」（強調筆者）としています。加えて21ｃでは、そうした情報提供は「**影響を受けた**ステークホルダー、従業員、そして商取引上の秘密を守るための正当な要求にリスクをもたらすべきではない」（強調筆者）としています。

最後に、苦情処理メカニズムに関する31であり、ここにはステークホルダーという単語が複数回出ています。とりわけｈでは（苦情処理メカニズムの）「**利用者となる**ステークホルダー・グループとメカニズムの設計やパフォーマンスについて協議し、**苦情に対処し解決する手段として**対話に焦点をあてる」（強調筆者）としています。

このように、国連指導原則上、ステークホルダーエンゲージメントとして、**人権リスクの特定と評価、それへの対処の追跡調査、情報提供、そして、苦情処理メカニズムの過程において、ステークホルダーとの「有意義な協議」、「フィードバックの活用」、「情報提供」などが求められている**ことを理解することが出発点になります。

2　なぜステークホルダーエンゲージメントが必要なのか

指導原則でなぜ前記のようなステークホルダーエンゲージメントが求められているかは、企業の人権尊重責任とは何かに立ち返ると理解がしやすいと思います。

企業の人権尊重責任は、企業の活動による個人の人権への負の影響を予防、軽減、是正すること、つまり、「do no harm」です。そのためには、**負の影響を受けうる個人（ライツホルダー）本人の話を聞くことが一番確実ですし、それなくしては人権尊重責任を果たすための諸々の行為を適切に行うことはできない**でしょう。

なぜなら、前述の通りどのような人権への負の影響が生じているかや、それへの対処が適切なのかは、個々人やそれを取り巻く刻々と変化する状況によって変化しうるなど、一人ひとりによって異なるため（第1章Ⅲ3参照）、当人の認識や見解の正確な理解が必須であり、かつ、企業側の一方的な考え・想像のみでそのような正確な理解に至ることができないことが往々にしてあるからです。実際にも、当事者と改めて協議してみると、企業の活動が思わぬ人権への負の影響を与えていることが明らかになるケースはあるでしょう。「解釈の手引き」（問42）などを参考にしつつ、例を挙げましょう。

- ある場所に耕作されない遊休地があり、そこに工場を建てることを考えた企業があるとします。ところが、その土地に住む人々と直に会話をしてみると、そこは地域では神聖な場所とされているため、耕作されていないのであり、工場を建てると地元の人たちにとって神聖な土地の侵害につながりかねないとわかることもあり得るでしょう。

・工場に地域住民を雇用する際、製造プロセスの生産性の観点からは合理的に見えるシフト時間を組んだとします。しかし、ステークホルダーと協議してみると、彼らは決まった時刻に祈りをする必要があり、それを無視したシフトローテーションは宗教上の権利を侵害している可能性があります。
・ある人権侵害が発生した場合に、企業側としては金銭的な賠償を考えていたら、被害者側はお金は必要はないが真摯な謝罪がほしく、それがなされれば解決するというケースもあるでしょう。

このように、人権への負の影響に対して、負の影響を受ける**「人の側から」取り組むにあたっての根幹が、その「人」、すなわちライツホルダーとのエンゲージメントであり、そうであるがゆえに「一丁目一番地」であるとされているの**です。

3　必須のプロセスであること

ともすると、「そのような人々が何に困っているかや、何を求めているかは会社側でよくわかっているから、いちいち話を聞く必要はない」という発想が出てくるかもしれません。

しかしながら、そもそも一人ひとりが違う以上、一人ひとりにとって何が重要であるとされているかもそれぞれ異なるはずです（第1章Ⅲ3）。このような発想は事実認識を誤る可能性が高いですし、「尊重」の考え方（第2章Ⅰ1）にも沿っていないと思います。

また、前述の通り、国連指導原則は正面から、「有意義な協議」、「フィードバックの活用」、「情報提供」などのアクションをとることを求めていますので、それらを行わないことは、認められていません。コミットメント、人権デュー・ディリジェンス、苦情処理メカニズムの設置などが企業の人権尊重の取組み「プロセス」として求められている（第４章Ｉ１）のと同じように、**それを行うこと自体が非常に重要なのであり、これを省略することは「あり得ない」**ぐらいの意識でいる必要があると思います。

Column 6-1

ステークホルダーエンゲージメントを行わないリスク

Column 4-5 では、ノルウェーの通信会社テレノールグループのミャンマーの軍事クーデター後の撤退が「無責任な撤退」として非難を浴びた顚末を紹介しました。テレノールは株式の売却先について批判されましたが、それ以上に人権ＮＧＯなどから厳しく糾弾されたのは、売却に先立ちステークホルダーエンゲージメントを行わなかったことでした。

このケースでは、最大のステークホルダーは、インターネット接続を制限されたり、通信の傍受リスクに晒されているミャンマーにおける同社サービスの利用者たちにほかなりません。

確かに、クーデター下という極めて困難な状況で、かつ、１０００万人を超えるエンドユーザーに対して自社が撤退することについての意見を聞くということは、実務的にも、撤退がＭ＆Ａという高度の守秘性を求められる方法で行われることと相まっても、極めてハードルが高いことは理解できるところです。意見の聞き方によってはユーザー自身にも異なる人権リスクが発生する可能性もあるでしょう。

　しかしながら、同社は、このエンゲージメントを行わなかったことを理由として、2021年7月にノルウェーにあるOECDのナショナルコンタクトポイント（各国連絡窓口・NCP）という一種の苦情申立機関に対してNGOから申立てがなされるに至り、現在でも決着がついていません。

　テレノールはNCPにおいても、ステークホルダーエンゲージメントについての自社の立場を崩していません。また、仮にM&Aの前にNGOなどの「関連ステークホルダー」（本章II 2）とエンゲージメントをしていたとしても、同社の方針上、撤退の結論を変えることはできなかったのかもしれず、あの状況下で何が正解であったかはとても難しい問いだと思います。

　このケースを通じて知っておいていただきたいのは、このような困難な状況下においてでさえ（困難な状況下だからこそとも言えますが）エンゲージメントをプロセスとして実行することが求められ、それを行わないことにより訴訟リスク類似の企業にとってのリスクが現実に顕在化しているという点です（なおテレノールはこの申立てにおける中間的な合意において経済的な負担が生じていそうなものも含む様々な対応をすることとされています）。

Ⅱ　ステークホルダーとは誰か

1　ステークホルダー＝ライツホルダーと考える

「ステークホルダー」という用語はビジネスの世界で一般的にも用いられているため、言葉自体にはなじみがある場合が多いのではないでしょうか。

一般ビジネス用語としての「ステークホルダー」は、顧客、従業員、株主・投資家、取引先（サプライチェーン・バリューチェーン）、地域社会、行政などを含む、非常に広い概念だと認識されています。文脈や状況に応じて、株主・投資家に焦点が当てられたり、地域社会に焦点が当てられたりすることがあります。

しかしながら、**指導原則に基づくステークホルダーエンゲージメントの文脈においては、より狭い意味**で使われています。

先ほど紹介した国連指導原則上「ステークホルダー」が登場する場面では、基本的に全て「影響を受ける」対象（個人など）とされています。すなわち、**ここで想定されているのは企業の活動によって自らの人権への負の影響を受ける（可能性がある）一人ひとり**を指しています。

このような人権を有する個人は、「ライツホルダー」（権利保有者）とも言われます。国連指導原則上は「ライツホルダー」という語が直接用いられてはいませんが、**エンゲージメントを行うべき「ステークホルダー」とは、基本的には、「ライツホルダー」を指す**ものと改めて理解していただければと思います。

2　関連ステークホルダーとは？

指導原則上、人権への負の影響を特定・評価するプロセスでは、有意義な協議を行う対象として「関連ステークホルダー」という概念が登場します。このプロセスにおいては、**ライツホルダーとの直接の協議を原則としつつ、「そのような協議が可能ではない場合」**において、市民社会組織の人々や人権活動家などを含む、信頼できる独立した専門家との協議など、適切な代替策を考えるべきであるとされており、これらを「関連ステークホルダー」と称しています。

例えば、ミャンマーを例にとると、国軍による暴力や抑圧という人権侵害を受けているライツホルダーは、ミャンマー国民の人々ですが、全てのミャンマー国民と協議を行うことは現実的ではないでしょう。また、苛烈な戦闘が行われている地域などでは、そこに立ち入って協議を行うことが物理的に難しいことがあるかもしれません。

あるいは、例えば、ライツホルダーが海外の遠隔地にいるなどの地理的な理由や、財務的な理由などによって、ライツホルダーに直接アクセスするのが難しい場合などもあり得ましょう。

また、ライツホルダーに直接アクセスが可能であっても、ライツホルダー自身が自らが直面している人権課題について十分な問題意識を持てていないことも往々にしてあり、そのような場合には直接の協議が十分な効果を発揮しないことも考えられます。この場合には、ライツホルダーの置かれている状況についてよく理解しており、ライツホルダーの立場を正当に代弁できる第三者と協議したり、これらを交えた対話の場とすることが有意義な場合もあるでしょう。

これらのように、**ライツホルダーとのやりとりが大原則**であり、**ライツホルダーそのもの以外の者との協議は、代替的、補完的その他、その者との協議がライツホルダーにとって有意義である場合に行うべきものであるというのが基本的な発想**となります。

それゆえ、ライツホルダーとの直接の協議をしない場合には、どのような理由でそれを行わないかについて企業側に説明が求められることになります。「面倒が起きそうだから」などという理由は論外でしょうが、「予算がない」といった事情についても、企業には人権尊重責任を果たすための体制構築が求められており、その内容としては適切な予算の確保も含まれていますので（第５章Ⅲ５）、ある程度の規模感がある企業において、お金を付けられないことは直ちには正当化理由にはならないでしょう。

Column 6-2

関連ステークホルダーの活用事例

関連ステークホルダーを上手く活用して、ステークホルダーエンゲージメントを実効的に行っている事業の例もあります。

ミャンマーでの工業団地プロジェクトにおいて、工業団地が存在する村落の住民を移転させる必要がありました。その移転および生活再建プロセスにおけるエンゲージメントにおいて、村落において信頼を得ている僧侶を通じて村落の住民と対話をするという方法がとられました。

仏教徒が多いミャンマーでは僧侶は尊敬される存在であり、教育や福祉の一翼を担ったり、揉め事の仲裁役まで買って出たりすることもあります。

そこで村民たちに尊敬されている地元の僧侶とよく話し合い、僧侶を介して村民たちと協議を行い、人権を尊重しながらプロジェクトを進めることに成功したのです。

このような村落の住民は英語は話せないことはもちろん、プロジェクトについて理解することも容易ではないでしょう。そのため、見ず知らずの日本人がズカズカとやってきて「あなた方の人権についてお話があります」と切り出しても、有意義な協議はできないことが容易に想像されたのでしょう。

国によっては、文化、風習、教育といった背景の違いなどから、「一人ひとりに人権があり、それは誰からも侵害されてはならないものである」という概念を充分に理解できないライツホルダーが存在していることもあります。そこで無理矢理協議を試みても、話がまるで噛み合わなかったり、人権との関わりが薄い困りごとのよろず相談のようになったりする可能性もあります。

そのようななかで、このように、関連ステークホルダーに間に入ってもらい、かつ、関連ステークホルダーのみと協議を行うのではなく、これを通じてライツホルダーとのエンゲージメントを実効的に行うという取組みは、非常にクリエイティブなものと感銘を受けました。

３　「話すべき相手」についてよくある誤解

このようなエンゲージメントの対象・先＝話す相手についてありがちな誤解がいくつかあります。まずは、**「ステークホルダー」について、これをライツホルダーと考えずに、より一般的な用語の「ステークホルダー」と捉えてしまうこと**です。このような誤解をすると、本来話すべき負の影響を受けうるライツホルダーや関連ステークホルダーとの協議の場を設けるというアクションを、そもそもとれなくなります。

次に、これと似ていますが、**「専門家」を「ステークホルダー」であると誤解**し、弁護士、コンサルタント、研究者などと会話を行い、これをもってステークホルダーエンゲージメントの実施と捉えるパターンです。**これらの外部者は人権リスクの当事者ではないため、ライツホルダーではありません**。したがって、このような人たちから意見を聞いたりすることは人権への取組みに関する知見を高めるなどの点で有益なことは多々あるとはいえ、前記の文脈で指導原則上求められているステークホルダーエンゲージメントには該当しません。

３つ目が、ライツホルダーから「遠い」人と話したがる傾向です。これは、２つ目の専門家等との会話をしたがるのと通ずるところがありますが、要は、**なるべく企業側に近い、企業側の思惑をわかってくれそうな人（自社の顧問弁護士や、日頃から付き合いがあるコンサルタント）と話してすませようとする**ことが非常に多く見られます。これは、前記の「原則としてライツホルダー、次善の策として

ステークホルダー関係図

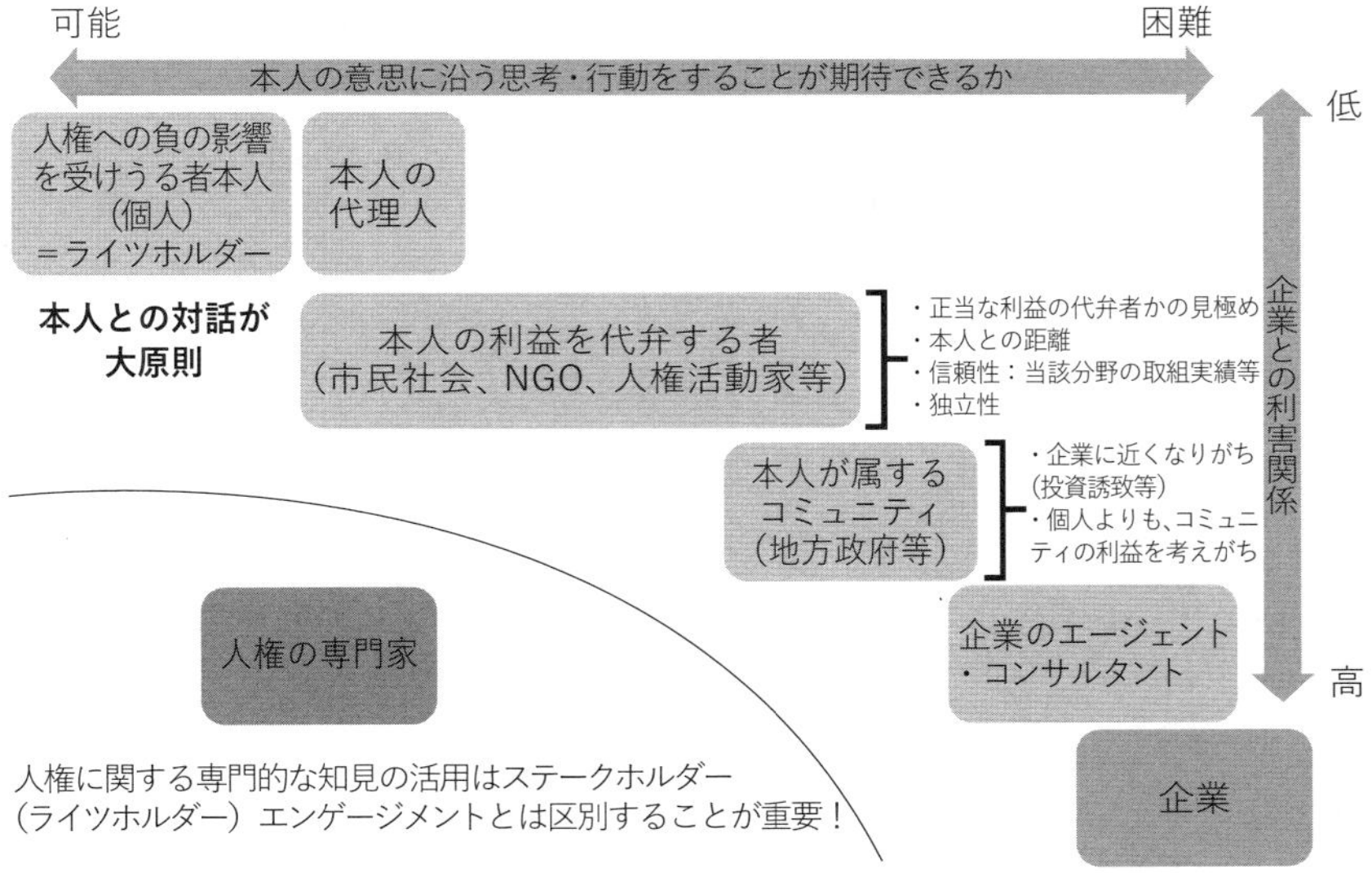

＊　筆者作成

関連ステークホルダー」と協議するという、求められているアプローチとは真逆のアプローチです。

　このような企業とライツホルダーの「距離」について私がセミナーでよく示す図がありますので、これを使って説明をします。

　例えば、紛争影響地域の村落にある自社の海外の工場で、長時間労働などの人権侵害が起こっているおそれがあるとしましょう。ステークホルダーエンゲージメントについての前記の原則論からすると、話すべきはその工場で働いている個々人です。その村が排他的な武装勢力の勢力範囲内にあるなど、ステークホルダー本人と協議するのが難しい場合、その地域の人権問題に詳しく、工場で働く村民たちの利益を正当に代弁できるＮＧＯ

などの「関連ステークホルダー」と協議するという選択肢が考えられます。

しかしながら、対話が可能なライツホルダーがいるにもかかわらず、これらと話をせず、その地域コミュニティの代表者（例えば村落の長）、現地の政府の担当者（例えば、労働問題を所轄する役所や、地方政府の担当者）と話をしたり、さらにひどい場合には自社が雇用している現地のコンサルタントに相談をする「だけ」という場合があり得ます。

これらとの会話には意味がある場合ももちろんあるでしょう。しかし、地元のコミュニティや地方政府などは、ライツホルダーとの距離が遠かったり、投資誘致や税収や雇用などの理由により、ステークホルダー本人よりも企業や地域、国の利益（最悪の場合は自身の利益）を優先して考えるなど、そもそもライツホルダーと利害が相反している場合も往々にしてあります。そのような懸念がある中で、たとえ工場がある村の村長や、中央政府の大臣が「工場では人権リスクは生じてない」と認めたとしても、ステークホルダーエンゲージメントの趣旨に照らして全く意味がないことは容易に理解できると思います。

このような傾向の裏には、単純に「やぶ蛇」、「寝た子を起こしたくない」、「耳の痛い話を聞きたくない」、「聞いてしまうと事業遂行に支障を来す」、「自社に都合のよいコメントをもらいたい」、「面倒くさい」などの理由や、言語上の障壁の問題、後述するＮＧＯに対するアレルギーなど、様々な理由があると思います。**このような姿勢はまさに人権上の課題について「人から見る」のではなくて「企業から」見ようとしているものにほかならない**ということを理解いただきたいと思います。

Column 6-3

人権擁護者（Human Rights Defenders）とスラップ訴訟

「関連ステークホルダー」に含まれ得る者として、人権擁護者（Human Rights Defenders）と呼ばれる人々がいます。「責任あるサプライチェーン等における人権尊重のためのガイドライン」（日本政府ガイドライン〈https://www.meti.go.jp/press/2022/09/20220913003/20220913003-a.pdf〉）によると、人権擁護者とは、「個人で又は他者とともに、人権を促進し又は保護するために平和的な方法で行動する人々を指す」とされ、その具体例としては、「住民の土地が企業により違法に収奪されたことについて正当に問題提起をする現地の弁護士等が挙げられる」とされています。

近年、世界的に人権擁護者に対する物理的な攻撃や脅迫が強くなっているとされています（The UN Guiding Principles on Business and Human Rights: guidance on ensuring respect for human rights defenders〈https://www.ohchr.org/sites/default/files/2022-02/Formatted-version-of-the-guidance-EN.pdf〉）。

そのような認識を踏まえて、近時は日本企業の中にも人権方針の中に人権擁護者について明確に言及している企業も出てきています。例えば、ＡＮＡの人権方針においては、「また、人権擁護者に対する脅威、脅迫、攻撃を容認しない、またはそれに加担しないことを約束します」と明記されています（https://www.ana.co.jp/group/csr/effort/pdf/humanrights.pdf）。

人権擁護者への攻撃の方法の1つとして、スラップ訴訟と呼ばれる訴訟が問題視されています。スラップとは、Strategic Lawsuit Against Public Participation（市民参加に対する戦略的訴訟）の頭文字（ＳＬＡＰＰ）をとったものであり、企業などが、市民の批判や各種の公的活動に対して、民事・刑事上の名誉毀損などを理由に提起する報復的な訴訟であって、市民などを訴訟を通じて疲弊させることにより、それらの活動を妨害する訴訟などを意味するとされます。

スラップ訴訟については、２０２４年に欧州議会において反ＳＬＡＰＰ指令が承認されるなど、立法による対応の動きも出てきています。

このような規制法がない国においては、ＳＬＡＰＰ的な訴訟提起それ自体は適法であったとしても、「ビジネスと人権」の面からは問題があり得る点に留意が必要です。「法務・コンプライアンス」的な観点からは、名誉毀損として訴えるべきという発想になったとしても、「ビジネスと人権」の観点からは別個の考慮が必要であり、まさに、両側面からの検討が必要な場面の１つと言えるでしょう（Column 3-2 参照）。

4　エンゲージ先への誤解がもたらすリスク

このようなエンゲージメント先についての誤解が企業にもたらすリスクは、決して軽視すべきではありません。

例えば、自社の人権への取組みを紹介するウェブサイトなどで、専門家を会社に招いて研修を実施したり、外部のセミナーに参加することを、前述の指導原則の枠組みの文脈における「ステークホルダーエンゲージメント」であると紹介していると仮にします。それを見た瞬間に「この会社はステークホルダーエンゲージメントの何たるかについて根本的にわかっていないのではないだろうか？」と思われるでしょう。その結果、**その企業の「ビジネスと人権」全体の理解度や取組み姿勢についてまで疑いの目を持って見られる可能性**があります。

これだけならまだしも、**ブルーウォッシュ**（第4章Ⅱ3）**をしていると捉えられると、単に「わかっていない会社」であることを超えて、社会を騙そうとしている悪質な企業であると認識されかねません。**

誤解がないように申し上げますと、前記したような社内研修や、外部セミナーへの参加の取組み自体が悪いと言っているわけでは「全く」ありません。これらの活動は、例えば、企業の人権方針の社内の定着の一環として重要な意義を有するものであり、どんどんやっていただければよいと思います。また、指導原則上のものとしてではなく、広い意味でのステークホルダーとの対話ということであれば理解も得られるでしょう。

しかしながら、**これらの活動を「指導原則上のステークホルダーエンゲージメント」であると外部に表明することや、このような活動を行えばライツホルダーとのエンゲージメントをしなくてもよいと考えることには、大いに問題があります。**

きちんと指導原則のコンセプトを理解しているのであれば、これらの活動については、例えば、「人権方針の社内への定着のための活動」と紹介をしたり、個別の人権課題に関するライツホルダーとのエンゲージメントを行ったうえでそれとは別にそれを公表するというアクションになるはずです。**1つひとつの活動が指導原則上、どこに位置づけられるものかについて意識する**ようにし（第4章Ⅰ1参照）、この位置づけの誤りがもたらしうる危険を理解したうえで適切なエンゲージメントを実践していただければと思います。

Column 6-4

国連組織とのエンゲージメント

国連における世界各国の企業活動による人権侵害を調査して、適切な対処を促す組織が、国連人権理事会の「ビジネスと人権作業部会（Working Group on Business and Human Rights）」（「ＵＮＷＧ」）です。

２０２３年に来日したＵＮＷＧは、日本における「ビジネスと人権」に関する指導原則の履行に関する進捗状況、理解や課題について協議するために、ＮＧＯとの面談の機会を設けたり、関係する役所を回ったり、様々な企業を訪問したりしています。最終的には、指導原則の３本柱に沿って、国家の義務、企業の責任、救済へのアクセスについて提言を行いました。

ＵＮＷＧは多くのライツホルダーや関連ステークホルダーの意見を聞いたり、前記のような提言を行うなど、関連ステークホルダーに近い立ち位置にあると言えるでしょう。

筆者自身も、日弁連の国際人権問題委員会の一員として多数のＮＧＯとＵＮＷＧとの面談の場に参加をし、様々なライツホルダーの声に真摯に耳を傾ける姿が非常に印象的でした。このような組織は、国際的な人権状況や、それらに対する関係各方面の見方や取組みについて世界中から情報を得ている立場にあるため、対話をすることは非常に有意義であり、面談のオファーなどがあったら積極的に活用するとよいと思います。

III　エンゲージメント

1　エンゲージメントとは何か？

ライツホルダーと行うべきエンゲージメントとはいかなる行為なのでしょうか？

指導原則がプロセスとして求めている具体的なアクションは、「協議」、「フィードバックを受ける」、「協議と対話」です。「解釈の手引き」では、「ステークホルダーエンゲージメントまたは協議とは、ここでは、企業と潜在的にその**影響を受けるステークホルダーの間の意思の疎通（interaction）及び対話（dialogue）の持続的なプロセス**で、共同でのアプローチによるものを含め、**企業がそれらの者の関心や懸念に耳を傾け、理解し、対応することを可能にするもの**をいう」（強調筆者）とされています。

ここでは、「対話」（ダイアローグ）という用語が用いられていますが、この「対話」の概念がなかなか理解がしにくいところだと思います。

実際に相談を受ける中でも、人権ＮＧＯなどと対話をすることで、企業側が相手の主張を受け入れたり、譲歩を強いられたりするのではないかと心配をする担当者が多く、「当社は一歩も譲る気はないので、対話自体が無意味だ」という意見を耳にすることもあります。

このような問題について、劇作家の平田オリザ氏が『１００分ｄｅ名著』で中江兆民の『三酔人経論問答』という本を引用し、対話の概念をわかりやすく解説しています。その一部を抜粋して紹介します（NHKテキスト『100分de名著中江兆民「三酔人経綸問答」』2023年12月）。

> 英語圏では、会話は「カンバセーション（conversation）」、対話は「ダイアローグ（dialogue）」と、明確に違うものとされます。しかし日本では、その違いはあまり意識されてきませんでした。また「ダイアローグ」を「対の話」と訳したため、辞書の「対話」の項目にも「二人の人がことばを交わすこと」「向かい合って話すこと」などと記述されています。

平田氏は、会話は「親しい人同士のおしゃべり」、対話は「異なる価値観を持った人とのすり合わせ」であると定義しています。対立する意見AとBを話し合い、Cという新しい概念を生み出すプロセスだと説明しています。

同書では、「対論」についても取り上げられています。

> 対論は、相手の主張を論駁することが目的ですから、どちらかが勝ち、どちらかが負けます。

対話は、対論のように必ずしも相手と反対の意見を貫き通す必要はなく、お互いの立場を理解しながら真剣にコミュニケーションをとることが重要になります。対話の結果、意見が変わらなかったとしても、その会話のプロセスによって価値観は変わり得るという発想があると平田氏は指摘します。

「解釈の手引き」においても、「意思の疎通」の持続的なプロセスであるとされていることは「対論」との違いを、「それらの者の関心や懸念に耳を傾け、理解し、対応することを可能にする」ことは「会話」との違いを、それぞれ表しているのではないかとも捉えられます。**勝ち負けを決めるものでもなければ、単なるおしゃべりとも違う**ということです。

また、対話は、人それぞれ異なる価値観、視点があるということを前提として、それを正確に理解して直面する課題に適切に対応するためのプロセスですので、**基本的には異なる見解を持った人と行ってこそ意味があります。**

しかしながら、私が見ている限りでは、エンゲージメントやダイアローグを「対論」と捉えて論駁されることを恐れて忌避したり、なるべく「会話」に近づけようとして自らと価値観が近い人たちとしか話さなかったりという扱いが散見されます。これらは「エンゲージメント」が「対話」であること、「対話」とはいかなることを意味するのかを正確に理解していないことに起因するのではないかと思います。

まずは、「エンゲージメント」とはどういう概念であるかを正確に理解することが出発点です。

2　結論を出す必要はない

エンゲージメントを躊躇する企業に、少なからず見られるもう1つの誤解は、エンゲージメントを行った結果、必ず折り合いをつけたり、妥協をしたりしなくてはならないという思い込みです。

前記の通り**エンゲージメントとは相互理解のプロセスですので、折り合いをつけたり、妥協をする**

ことが常に求められているものではありません。

対話の結果、主張が平行線をたどることや明確な結論が出ないことも考えられます。しかし、対話というプロセスをきちんと踏むこと自体が大事なのですから、それはそれでありなのです。また、「相互理解」の場なので、企業側の事実認識や考えを伝える場としても大いに活用してもよいでしょう。

ただし、エンゲージメントはそれぞれの場面に応じた目的があります。したがって、その目的に向かって真摯な「対話」をすることが求められているのであって、結論を出さなくてよいとはいえ、それを都合よく捉え、**馬耳東風的に話を聞き流したり、「とりあえずガス抜き目的で会って話を聞いておけばよい」という姿勢で臨むことは厳に戒められるべき**です。そのようなアリバイ作り的な姿勢は直ぐに見抜かれ、そもそも対話に応じてもらえないなど、よからぬ結果をもたらすでしょう（本章Ｖ１）。

3　エンゲージメントのプラスの効用

人権ＮＧＯなどから企業の人権対応について質問をされたり責任追及をされる場合に、「彼らはこちらの現場を知らない。事情が何もわかっていないくせに、人権、人権と偉そうな口を叩くな」といった不満を感じられることもあるでしょう。

ＮＧＯはそもそも営利団体ではありませんし、企業活動の現場にいないことも多いでしょうから、事業の状況について正確な理解をしていないこともあるでしょう。**理解の程度はケース・バイ・ケースであると思いますが、「事実関係について理解をしていることのほうが少ない」というぐらいの心持ちでいるのがよい**と思っています。

ですが、そうであるがゆえに、**なおのこと積極的にエンゲージメントを行うことを通じて、事実や状況の正確な理解をしてもらうようにすべき**です。このような状況下でエンゲージメントを怠ると、誤った事実認識に基づいて批判が続けられかねませんが、これは誰にとっても意味があるとは思えません。私自身も、ある国連関係者とのエンゲージメントの場において、問題となっている事案の実態について説明をしたところ、「今まで、このような話を聞いたことがなく、事実関係がよくわかっていなかった。丁寧な説明に感謝する」という趣旨のコメントをもらったことがあります。

逆に、状況によっては、企業自身よりもＮＧＯなどのほうが事実関係や問題の所在をよくわかっている場合もあります。例えば、遠い海外にある自社ではないサプライチェーン上の工場で労働環境が悪いなどのケースで、日本からはなかなかその工場にアクセスして情報を得ることができないのに、現地で活動して工場の従業員から苦情を受けているＮＧＯなどが現場の状況について詳しく知っている場合もあります。

このようにＮＧＯなどとのエンゲージメントを通じて、そもそもどのような問題があるかについての情報を入手したり、解決策についてのアイディアをもらうことも可能ですので、上手に活用して共通の目的（第5章Ⅲ2参照）である「do no harm」に向けた成果をもたらしてもらえればと思います。

Ⅳ　ＮＧＯについて

関連ステークホルダーの中でも、とくに重要な地位を占めているのがＮＧＯです。

ＮＧＯは非政府組織（Non-governmental Organization）の総称であり、営利を目的とせず、人権問題のような社会課題の解決などに取り組んでいる団体を指すのが一般的です。

日本企業のエンゲージメントの不得手さの極めて大きい要因の１つが、ＮＧＯに対するアレルギー反応に近い「苦手意識」にあります。

確かに、往々にして厳しく、時には苛烈な物言いや表現で企業に対して攻撃的な態度で接してくる団体や組織に対して嫌悪感を感じたり、それに対してガードを固めたくなる企業サイドの気持ちはとてもよくわかります。

その一方で、そもそもＮＧＯや市民社会といったものがどのようなものであるかや、それとの対話がどのようなものかについて十分に理解をせず、誤解や思い込みで「食わず嫌い」をしているところも多分にあり、それによって損をしている部分もとても多いと思います。以下では、そのあたりを解消する一助としてＮＧＯをどう捉えるかについてお話をしていきます。

1　ＮＧＯの存在意義について

日本ではあまりなじみがない言葉ですが、国際的に非常によく使われている概念として市民社会組織（Civil Society Organization：ＣＳＯ）というものがあります。

これは、ＮＧＯのほか、自治会などを含む広い概念ですが、国でも企業でもなく、市民による公益的な活動を行う主体、ぐらいに理解をしておいていただければと思います。

ＣＳＯという概念は長い歴史を有しており、その社会における機能については専門家が様々な議論をしているようです。さしあたり本書では「**社会課題に対する現実の対応は、政府だけでも、企業だけでも行い切れるものではなく、第三の主体が必要であり、それをNGOなどのCSOが担ってくれている**」と整理しておきたいと思います（Column 1-5参照）。

例えば、国家は、立法やそれを執行する行政上の諸活動を通じて数々の社会課題解消の施策を実施しています。ですが、議会による法律作りはタイムリーさが欠如しますし、地方自治体を含めて行政組織が全ての問題を解決することができるリソースを有していなかったり、税金を財源とする予算を執行するという方法による対応が小回りがききにくいことは、日々各種報道で社会問題が語られている中でも想像できます。

他方、企業は基本的に営利を目的とした組織ですので、社会課題というものには目が向きにくい組織構造になっています。最近でこそ、社会課題の解決それ自体を目的とした企業が出始めていますが、まだまだ少数派だと思います。

そのため、人権侵害への対応を含めた社会の課題解決には、政府でもなく企業でもないプレイヤーが必要となります。

恥ずかしながら、私自身も最近までこのようなプレイヤーの重要性についての意識が非常に乏しい部分もありました。これは、日々過ごす中で、「仕事」と「プライベート」の2つにその時間のほとんどが割かれており、「社会貢献」のために時間を割くという発想がなかったり、身近にNGOなどで活動している人がいないため何を行っているのかがわかりにくいことに起因するのではないかと考えています。

しかしながら、よき市民、国民、地球人たるという観点からすると、自分が持っている時間は、生活の糧を得る活動や、自分や家族のために過ごすため「だけ」に使うべきではないのではないか、という疑問が生じました。自分が所属するコミュニティ、国、地球にとって何がよいことかということに思いを致し、行動をすることにも時間を使うのが、社会の一員としてあるべき姿なのではないか、と考えるようになったのです。

とは言いつつ、日々の生活で一杯いっぱいなのが正直なところであり、そんな自分にかわってそれを担ってくれているのがNGOなどの市民社会組織だと考えるようになると、私のNGOに対する見方は大きく変わりました。**企業活動に対する「敵」ではなく、むしろ、立場は違えど適正な企業活動の実現に向けて意見などをしてくれる「同志」であると見えるようになったのです。**

私の考え方が完全に正しいというわけではありませんが、見方の1つの参考になればと思います。

2　NGOに関するありがちな誤解

NGOやCSO（まとめてNGOとします）に関してありがちな誤解の1つは、「NGOが企業を攻撃するのは企業から金をせしめることを狙っている」というものです。

結論から申し上げると、**まともなNGOが企業に対して、人権問題を理由に金銭を要求することは100%ありません**。万一、そのような団体がいた場合には、相手にする必要は全くありません。

そもそも、有力なNGOは、個人や各種団体などからの寄付金により運営されています。経済的に強力なバックボーンを有しており、そのような要求をする必要もありません。

世界的に著名な人権NGOは、その収支をウェブサイト上で公開しています。例えば、アムネスティの場合には2022年には約9500万ポンド（当時のレートで約15億円）の収益を有しておりその大半は寄付を原資とする各支部の分担金などから成り立っています（https://www.amnesty.or.jp/about_us/aij/report.html）。ヒューマンライツウォッチの同年の活動資金のうち寄付金などの収入は約9000万ドル（当時のレートで約12億円）にも及んでいます（https://www.hrw.org/sites/default/files/media_2022/12/Human%20Rights%20Watch%2C%20Inc.%20FY22%20FS%20-%20FINAL.pdf）。

前記のような誤解が生じるのは、人権問題や環境問題に名を借りて、不正な利益を求めて暴力的不法行為を行うおそれがある、いわゆる「社会活動標榜ゴロ」と人権NGOを混同しているからかもしれません。まともな人権NGOはそのようなものとは全く異なるものです。

Column 6-5

NGOは清貧でなくてはいけないのか？

企業に対して直接金銭的な要求をしない場合であったとしても、「そもそもそれで生計を立てている以上は、金目当てであることに変わりはないではないか」という物言いを耳にすることもあります。「自分たちの主義・主張の正しさを世間的に認めさせて、それによって自分たちへの寄付を増やし、食い扶持を得ようとしているだけ」というのです。

しかし、人権NGOの構成員一人ひとりにも個人の生活があり、霞を食べて生きているわけではありません。企業人が、企業が利益を上げるための活動に励み、その働きに見合った給与をもらっているのと何も変わりません。

にもかかわらず、前記のような発想になるのは、NGOは「ボランティア」活動であり、無償であるべきではないかという理解が背景にあるのかもしれません。しかし、社会的意義がある活動を行うためには相応の時間を割く必要があり、そのような場合に無償であることを求めるのはおかしなことだと思います。

また、人権問題のような社会的に意義のある活動に勤しむ人は「清貧であるべし」というような感覚もあるのかもしれません。このような感覚は、私もわからないではありません。

しかしながら、企業人に限らず、公務員、スポーツ選手、アーティストその他社会にとって意味がある活動に従事している全ての人たちは、その能力や働きに見合った収入を得ていることが多いと思います。なぜ同じような意義があるNGOの活動の場合だけ、清貧さが「ことさらに」要求されるのか私には理解できません。社会における重要な課題に取り組むためには優秀な人材を集めることも重要であるという点においては、他の分野と何ら変わりがないと思います。

NGOに関する前記のような「カネ」にまつわる誤解は是非解消していただきたいと思います。逆に、**「カネ」の匂いを具体的に感じられるケースがあったら「怪しい」サイン**だと思ってよいと思います。

3　個別のNGOについて知る方法

一般論として、NGOの社会的意義やそれらとのエンゲージメントの重要性をアタマで理解したとしても、ある日、突然質問状を送ってこられたり、面談を要求されたりした企業の側としては、果たしてそのような組織・団体と対応してよいものかどうか、悩んでしまうというのが実情でしょう。個別のＮＧＯについて理解をするためのいくつかのアプローチをご紹介します。

１つ目は、そのＮＧＯが国連の経済社会理事会との協議資格を有していたり、国連グローバル・コミュニケーション局（ＤＧＣ）と協力関係を有しているＮＧＯかどうかです。このうち、前者は、経済社会理事会のもと19の国連加盟国によって構成される「ＮＧＯ委員会（Commitee on NGOs）」による申請審査を経て承認されたＮＧＯであり、経済社会理事会の活動への関与をしたり、国際会議への出席が認められています。後者は、ＤＧＣの複数の部門によって構成される「市民社会連携委員会(Civil Society Association Commitee)」の申請審査を経て承認されたＮＧＯです。

これらの組織には、前出のアムネスティやヒューマンライツウォッチも含まれますが、日本に本部を置くＮＧＯについては、国際連合広報センターのウェブサイトにその一覧が挙げられています(https://www.unic.or.jp/links/ngo/)。

注意する必要があるのは、このような資格等の有無は、そのＮＧＯが国連による一定の要件に関するスクリーニングを経た組織と評価することができるという意味において、**一定の信頼性があると評してはよいものの、これらに該当していないからといって信頼性がないというわけではないということ、また、これらのＮＧＯが主張等していることが全て正しいというわけではもとよりない**という点です。

例えば、「ビジネスと人権」の世界では世界的に知られている「ビジネスと人権リソースセンター」は国連とは連携していませんが、「ビジネスと人権」においては極めて強力な情報ハブであり、多大な影響力を持っており（https://www.business-humanrights.org/ja/）、同センターからの照会があった場合には、基本的には返答などをすることを私はお勧めしています。

このように、国連における資格等の有無は、あくまでも当該団体・組織の信用度に関する「1つの目安」程度として使うのがよいと思います。

2つ目は、「口コミ」です。

「餅は餅屋」と言いますが、人権NGOはグローバルレベルで様々なネットワークを有しており、ある人権NGOの活動や評価について他のNGOの人などに話を聞くと、顔見知りであったり、活動状況について知っている場合がよくあります。会社においてNGOとそのようなつながりがない場合には、NGOとつながりがある専門家に聞いてみるのも1つの方法でしょう。

私自身も、あるNGOとエンゲージメントをする際に、他のNGO関係者や、その分野の専門家にその過去の活動の傾向などを聞き、対応にあたって非常に有益な示唆を得たことがあります。

突き詰めると、いちばん頼りになるのは、人と人とのつながりということですが、そのようなつながりを構築するのは一朝一夕にはいきません。日頃から会社としてNGOとの関係構築の取組みを進めたり、人権に関するカンファレンスなどに積極的に参加し、外部の専門家やNGOスタッフなどとのつながりを作っておきましょう（Column 5-5）。茶飲み話レベルでも会話を交わしておくと、いざというときに役立つ絆になってくれるはずです。

最後は、そのNGOの「姿勢」、「実績」、そして、「ライツホルダーとの距離」です。

前述の通り、エンゲージメントは、ライツホルダーと行うのを原則としつつ、ライツホルダーとの直接の対話が難しい場合には関連ステークホルダーとこれを行い、それを通じて、ライツホルダーに生じる可能性のある人権への負の影響を予防したり、これに適切に対処をするために行うものです。

つまり、ライツホルダーに対する具体的な人権への負の影響に対応するため、すなわち、前述の「do no harm」を達成することが基本的な目的のはずです。そこで、NGOの主張や申入れなど、その姿勢が、**ライツホルダーに関する「具体的な」人権課題に関する「do no harm」という基本的な目的に即したものとなっているか、リアルな問題解決を企図しているか**が重要なポイントになろうかと思います。

仮に、何らかの主張や申入れが、ライツホルダーが不明であったり、その内容に具体性を欠くものであったり、「do no harm」を超えて、「do good for others」（善をなせ）であったとした場合には、前記の基本的な目的との乖離があるかもしれません。このような検討をするためにも、指導原則が求めている人権尊重責任の内容についてしっかりと理解しておくことが重要になります。

さらに、その組織・団体の信頼性を、その語る言葉だけではなく、具体的な行動実績で判断することです。例えば、アムネスティは１９６１年に発足、日本支部は１９７０年に設立され、ヒューマンライツウォッチは、１９７８年に設立されるなど、長きにわたって人権尊重のために取り組んできた実績を有しています。活動の年数で全てが決まるわけではありませんが、短い期間であったとしても、**その組織・団体が具体的にどのような実績を積み重ねてきたか**といういわゆるトラックレコードは、１つの有力な指標になるとはいえるでしょう。

また、前記の基本的な目的から考えた場合には、そのような行動実績は、**問題になっているライツホルダーの人権課題との関係性**において評価すべきでしょう。極端な例ですがアフリカにおける通信の自由について豊富な実績を有しているNGOが、東南アジアにおける労働安全衛生について何らかの主張をしている場合には、具体的に問題になっている人権課題について、どういう文脈でエンゲージメントを求めてきているのかにクエスチョンマークがついても不思議ではないでしょう。

「ライツホルダーとの距離」は、関連ステークホルダーとして、**ライツホルダーとの対話を代替または補完等する立場にあるか**どうかです。例えば、ライツホルダーから具体的な委任や相談を受けている場合には、ライツホルダー本人と同じ程度の距離と評価できるでしょう。そうでなくともライツホルダーと同じ国・地域などに存在し、そのコミュニティを長年支援してきた団体などは比較的近い距離にあると言えるでしょう。また、所在している国・地域が異なった場合でも、世界的にその人権課題について他の国・地域のライツホルダーの対話を代替・補完しているような組織・団体の場合には、関連ステークホルダーたり得る場合もあります。主張している内容がライツホルダーと直接接触して得たファクトベースのものかどうか、一次情報にどれだけ近いかという点も１つのポイントになるかもしれません。

私は、これらの要素を満たす者、すなわち、**企業活動により人権への負の影響を受けうるライツホルダーとの距離が近く、活動の実績がある組織・団体や個人（アクティビストなど）が、具体的な人権への負の影響を予防・是正するための方策を模索するための対話を申し入れてきたときには、原則として真摯に対応すべき**であると考えています。

他方、これらの要素が欠ける、つまり、姿勢が国連指導原則の「do no harm」に即したものではなく、エンゲージメントの内容が具体的なライツホルダーの人権侵害の解決についてではなく、一般的・抽象的な主義主張や企業批判に終始していたり、ライツホルダーとの関係性や実績に乏しいことが明白であったり、ひとまずエンゲージしたものの上記のような観点からの建設的な対話が困難なこともあるでしょう。そのような場合には、エンゲージメントの優先順位を下げたり、リソースの制限をする、あるいは、その主張内容等、状況次第ではエンゲージ自体をしないという選択もあり得るところかと思います。

誤解がないようにしておきますと、NGOなどが、「do no harm」を超えて、**より人権を促進する社会の構築を求めて様々な活動をし、それに向けたアドボカシー（主張活動）を行うことは普通のこと**であり、その一環として、企業に接触してくることはおかしなことではありません。前記のポイントはNGOの一般的な評価をする観点から挙げているものでもありません。また、そのようなアプローチを受けて、指導原則が求めるステークホルダーエンゲージメントのスコープを超えて、より広く意見を聞くという観点から、企業が自発的に前記の要素の一部または全部が欠ける組織・団体や個人と対話をすること自体は全く否定されるものではありません。そのような対話が企業の人権意識全体の向上に役立ったり、思わぬ示唆を得られることもあるでしょうから、状況に応じて積極的に活用することにも大いに意味はあるでしょう。

V　エンゲージメント上手になるために

1　何よりも「姿勢」が大事

ステークホルダーエンゲージメントにおいて何よりも大事なのは、エンゲージをする企業の側、実際に対応する担当者個人が**人権尊重責任を果たす意識と姿勢を真摯に有しているか**どうかです。

私の経験から申し上げると、**このような意識を有しないことは、その話し方、話の内容、言葉の選び方などを通じて、ほぼ100％わかります**。そして、そのような意識を有していないとNGOとの対話は往々にして失敗しますし、実際にそのような例も仄聞しています。

失敗の帰結として、NGOなどから公に、あるいはクローズドな場で企業の姿勢が酷評され、多かれ少なかれ企業の人権対応上のレピュテーションや信用が低下する場合もあります。

このような事態を防止するためにも、企業は日頃から「ビジネスと人権」、人権尊重責任の何たるかについて考えてもらいたいと思いますし、企業内においてそのような対応をするための人材の育成に十分なリソースを用いてほしいと思います。

「ビジネスと人権」に何の関心も基礎知識もなく、人事異動でたまたまCSR・サステナビリティ担当になったばかりの人物が、「職務だから」と仕方なくいきなりNGOなどと対話を行うのは危険です。野球をちょっとテレビで見たくらいの人が、プロ野球の打席に立たされるようなものであり、よい結果が出るわけがありません。

逆に、このような意識があることが理解されれば、有意義なエンゲージメントを行うことができるでしょう。それを通じて、ステークホルダー側に企業側の事情について理解をしてもらえたり、具体的な人権課題への対処の有効なヒントをもらえることもあり得ます。

私が実際に企業のお手伝いをしてエンゲージメントに立ち会ったケースでも、企業の担当者ご自身がエンゲージメントに向けて非常に意欲的であり、後述の事前準備も周到にしたことに加えて、「自社の活動、取組みを正確にわかってもらいたい」という真摯な姿勢で説明をしたことで、ステークホルダー側から感謝され、最後は談笑しながら握手をするなど、非常によいムードで終わったことがあります。

その意味では、実際のエンゲージメントの場に誰を出すかというのも極めて重要であり、肩書き、ポジション「だけ」ではなく、それを超えた人選が重要になります。

このような姿勢を持つこと、示すことは、企業が情報提供をすることが難しい場面でとりわけ重要になります。

ライツホルダー、関連ステークホルダーとの協議は、**透明性の観点からオープンになされることが**

大原則です。したがって、ＮＧＯと会談をした場合や、ＮＧＯからの質問状に書面で回答をする場合には、それらは世の中に原則として公表されると思ってください。

例えば、日本の人権ＮＧＯが、ミャンマーで活動している日本企業に対して人権尊重への取組みについて質問状を送ったケースでは、それに対する日本企業の回答状況と、回答として送付した書面は全てが公表されています（http://www.mekongwatch.org/report/burma/mbusiness/inquiryHRDD2024Jan.html）。

このようなやりとりの中では、事業上の理由や契約上の秘守義務などから、企業側でも言えることと言えないことがあるでしょう。そのような場面であればこそ、前記のような「姿勢」を持っているかどうかは、実際の説明とそれに対するステークホルダーの受け止め方に大きな違いを生じさせます。前記のような「姿勢」があれば、オープンが原則であること、また、ライツホルダーのためには開示をすることが人権尊重責任を果たす観点からは究極的には望ましいことを理解しているのを示せるはずです。その上で、各種の制約から一定以上の開示はできないことを説明したり、守秘義務等に触れない範囲でできる限りの情報提供に努めるというような具体的な行動をとり、ステークホルダーの理解を得られることもあるでしょう。

これに対し、私が実際に聞いた例では、あるエンゲージメントの場において企業側が「秘密保持契約があるので、述べられない」の一点張りであり、前記のような姿勢も欠如していたため、ステークホルダー側が憤慨し、その企業への心証を非常に害したというケースがありました。

しっかりとしたステークホルダーは、一見すると企業にとって厳しい姿勢をとっているように見え

ても、**実際には企業側にも様々な事情があることをわかっています**。そのような制約の中で、ライツホルダーのためにどのようなことができるかを語り合いたいのに、そもそもそのような姿勢がないと感じられるため、前記のような反応となるのはある意味自然なことでしょう。

情報提供が難しいからこそ、逆に企業側の姿勢が正面から問われているのです。

2　求められるコミュニケーションスキル

続いて重要なのが、言語コミュニケーションスキルです。

「ビジネスと人権」の話にかかわらず、私は、日本企業は**コミュニケーションスキルの重要性と、それの乏しさに起因するコミュニケーションギャップについて些か過小評価しすぎなのではないか**と深く懸念をしています。

これは、トークを上手くしようとか、英語を母国語とする人たちと同レベルで駆使すべしとかいうことを言っているのではありません。国連の人権フォーラムなどに出席して様々な登壇者の発言、発表を聞いていても、英語が母国語の人のような英語ではなく、訛りがきつくて聞き取りにくかったり、何を言っているのかさっぱりわからない発言者がそこかしこにいます。それでも意義ある発言には拍手が湧きます。話術、言語、発音や文法が問題なのではありません。

問題の1つ目は、使用される**言語について自身と相手方がどの程度のレベルにあるのかの正確な認識の不足**です。

私は、ミャンマーにおいて日本企業とミャンマー人・ミャンマー企業がトラブルになる事案を数多く見てきました。**そのほぼ全てにおいてトラブルの根本的な原因は、重大なミスコミュニケーションです。**そのミスコミュニケーションの中身を見ていくと、お互いに母国語でない英語で話していたり、通訳を通じてやりとりをしていたことに起因するケースがほとんどです。

日本人にとってもミャンマー人にとっても母国語ではない、ある種つたない英語でしゃべっていたら、意思の疎通が不十分になるのは当然です。通訳もビジネスについて詳しく知らない場合や、言語の習熟が不十分な場合には同様の問題が生じるでしょう。お互いが英語のネイティブスピーカーになるのは不可能ですし、自社にとって完璧な通訳を準備するのもとても難しいと思います。

ここで重要なのは、そのような言語のギャップ等による**意思疎通の不十分さがありうるということを自覚**してコミュニケーションに臨むことです。それができれば、「自分の説明の仕方で十分に伝わるだろうか」ということをかえりみていろいろな工夫をしようとするでしょう。相手方が言っていることが本当に額面通りの内容なのかと慎重に聞くことも意識するはずです。

残念ながら、一般的な企業活動、「ビジネスと人権」におけるステークホルダーエンゲージメントなど、場面を問わず、多くの皆さんはこのような不十分性の認識が過小、裏を返せば**自分の言語コミュニケーションが通じることを過大に評価**していると思います。

企業人全員が、コミュニケーションのエキスパートであれというのは難しいでしょう。しかし、自社・自身で前記のようなギャップを解消するのが難しいのであれば、適切な外部のリソース（通訳や専門家）を活用することで解決することも可能です。是非、このようなギャップの大小を正確に認識したうえで、適切な対応をとってほしいと思います。

もう1つの問題点は、「相手方にわかってもらおう」という姿勢の不足です。日本企業のプレゼンテーションや説明を見ていると、内容自体は極めて正確であることがほとんどですが、その正確な説明を**相手方に理解してもらおうという意識が乏しい独りよがりのものになっている**ことが、少なからずあるように感じます。

私は、仕事の関係上、日本企業がプレゼンテーションをする機会に同席することが少なからずあります。それらのプレゼンテーションの中身は全くもって正しいのですが、文字がぎっしり詰まったパワーポイントのスライドを1枚1枚丁寧に英語で読み上げるプレゼンテーションが進むうちに、相手方が船をこぎ始めることもありました。

このようなプレゼンテーションは、よくやりがちなスタイルであり（私もその一人ですが）、何より正確を期したいことと、英語に不慣れであるためスライドに記載していることを読み上げたい気持ちからこうなるのだと思います。

しかしながら、このような姿勢はいずれも、**「間違えたくない」という、いわば「自分のため」のものであって、それを相手方がどう受け止めるか、積極的に聞きたくなるものかという視点が欠落している**と思います。そのような姿勢で対話に臨まれた相手方は、冗長な説明や、わかりにくさにイライラしたり、関心を持って話を聞きはしないでしょう。結果的に、頑張って準備をしたにもかかわらず、説明について理解を得られないということがまま生じます。それは双方にとって不幸です。

どのような説明が相手にとってわかってもらえるものなのかは、**相手方の前提知識の量・内容、お互いの置かれている立場、説明の順序、言葉選び、画像・映像・文字の使い方のバランスなどを総合的に考えるべき**非常に高度な検討を要します。

これは、繰り返し述べている「人から見る」ということにも重なります。

エンゲージメントはライツホルダーのために行うものである以上、ライツホルダーにとってどのような表現の仕方が適切かという観点を常に忘れずに対話に臨む必要があります。実際には、個人的な得意・不得意が大きいと思いますので、人選もエンゲージメントを行うにあたっての重要な考慮ポイントになってきます。

3　目的設定を誤らない

エンゲージメントに臨むにあたっては、「そのエンゲージメントで達成することは何か」という明確な目的設定を持つことが大事です。そこで**陥りやすい罠の１つが、「自社の言い分に賛同してもらう」ことを目的として設定してしまうこと**です。

前述のように、そもそも、エンゲージメントはライツホルダーへの負の影響への対処を最終的な目的としており、「対話」は、「異なる価値観を持つ人と意見を交わす」ところに眼目があります。これらに照らすと、このような目的設定はそもそも方向がズレていることがわかります。

そして、このようなズレた目的設定をすると、自ずと、エンゲージメントの仕方もそのような内容になってしまい、それを敏感に感じとったステークホルダー側が警戒ないしは拒絶反応を示し、ひいては目的達成どころか関係を悪化させて終えることになりかねません。

エンゲージメントにおいてどのような目的設定をするかは、個別の状況に応じて千差万別ですが、前記の観点に照らして、以下の点が基本線になると思います。

- 企業として人権尊重責任を果たす意思があることを理解してもらうこと
- ライツホルダーの人権課題に取り組むことを共通の基盤・認識とすること
- 相手方の問題意識や、人権課題解決に向けた提案を真摯に聞くことを通じて、それらを理解すること
- 企業が置かれている状況や、取組み、悩みについて正確に理解してもらうこと
- それらを踏まえて、ライツホルダーの人権課題にどう取り組むかを建設的に議論すること

しかしながら、企業の皆さんのアプローチを見ていると、どうしても、**「認めてもらいたい」とか、「褒めてもらいたい」という意識が勝ちすぎていることが多い**ようです。

そのような気持ちになること自体はわかるのですが、そのような意識が強すぎると、得てして自社の取組みを誇張したり、「よいことを行っている」アピールが強く出過ぎたり、誘導的なコミュニケーションになりがちです。企業が、実際には対応を行っていないにもかかわらず、やっていると誤解されそうな表現をしそうになっていたケースもありました。これらは非常に危険です。

前記のような基本線をキッチリと理解したうえで、人権尊重に取り組む意思は強く持ち、示しつつ、冷静にコミュニケートすることが肝要ではないかと思います。

4　準備を怠らない

企業の株主総会対応担当者は、総会前に、株主からの想定問答対応の準備などに追われた経験があるでしょう。また、消費者・エンドユーザーとの窓口担当者も、苦情や問い合わせについて事前に入念な準備をしていることと思います。

株主や、消費者・エンドユーザーは、広い意味での企業にとってのステークホルダーと言えます。これらとのやりとりにおいては、十分な準備をされていると思いますし、それが必要であると一般に認識されているでしょう。

「ビジネスと人権」におけるステークホルダー対応においてもこれは全く同様であり、**ライツホルダーに対するヒアリング、関連ステークホルダーたるNGOとの対話や質問対応においても事前の準備がとても重要**です。

例えば、ライツホルダーとのヒアリングにおいては、ライツホルダーが安心して自分が直面している課題を話せるような環境を整備できているか、言語ギャップがある場合に通訳の手配などそれを埋める用意ができているか、ライツホルダーが知りたいことを答える準備ができているか、などです。

また、NGOなどから問い合わせが入る場合には、「2週間以内にご回答ください」などの期限が設定されていることが多くあります。タイムリーに対応するためには、常日頃から自社の人権方針にしたがい、問題意識を持って事業に取り組んでいることが求められます。実際に対話を行う場合には、NGOなどがどのような点に関心を持っているかを考えたうえで、それにどこまで答えられるか、どのような説明をすれば理解を得られるかなどをあらかじめ検討する必要があります。

実際に私が企業とともに、国連関係者との面談をした事案でも、事前に詳細な想定問答を作成し、また、会社の事業を説明するための図の作成など、かなりの時間を費やして企業の担当者とともに知恵を絞って準備を重ねました。この準備はエンゲージメント本番で大いに役立ちました。

このように、個別の対応における事前準備はもちろん重要なのですが、それを行うためにも、**日常的な取組みが欠かせません**。

例えば、日頃から自社の人権課題とそれに対する対応について全く考えていない場合には、そもそもその点を聞かれても答えを出すことはできないでしょう。また、外部の専門家に対して支援を求めるにしても、質問が来てから探すのでは間に合わないことが普通だと思います。前記の成功事例においても、依頼主たる企業は1年以上、私とともに問題に取り組み、常日頃から人権課題に正面から向き合っていたからこそ、適切な対応ができたのです。

もし、このような準備が全くできていないのであれば（望ましいことではありませんが）、状況に応じて個別のエンゲージメントに応じないというのも、状況次第では1つの判断としてはあり得ると思います。ただし、**あくまでも適切なステークホルダーとはエンゲージをするのが大原則です。いつまでも準備不足を理由に回避することはできません。**

5　習うより慣れる

エンゲージメント上手になるのは、**場数をこなして「慣れる」のが一番**です。

自社の従業員などのライツホルダーとの関係では、平時からのコミュニケーション、国・地域が異なる場合にはそれらにおける慣習やライツホルダーを取り巻く状況について日頃から知るようにすることが考えられます。

NGOなどの関連ステークホルダーについては、まずはものの考え方、コミュニケーションの取り方が企業のそれとは異なることから、それらに馴染むことから始めるとよいと思います。例えば、「ビジネスと人権」に関するイベント、セミナー、ワークショップ、シンポジウム等に出席し、NGOの発表や発言を浴びるように聞くことは1つの方法です（Column 5-5 参照）。数日間に及び、朝から晩までNGOなどによる活発な人権課題に関する議論を聞いていると自然に理解が深まりますので、お勧めです。

このようなイベントは、そこに参加している人たちとの繋がりを作る場としても重要です。その意味でも、可能な限りオンライン・リモート参加ではなく、リアル参加が望ましいです。また、座って聞いて終わりではなく、名刺交換をしたり、自社の関心事に詳しそうなスピーカーがいたら、積極的に声を掛けてみてください。

「会社として、今後ますます人権尊重責任を果たしていきたいと考えています。つきましては意見交換の機会を設けてもらえないでしょうか」とお願いしたら喜んで話に乗ってくれるでしょう。私も、NGOが主催しているワークショップで初めてお会いした方と改めて意見交換の場を設けたり、講師を担当している大学の授業にゲストスピーカーとして登壇していただいたりしました。

このようなコミュニケーション、ネットワーキングは継続的に行うことが重要です（第2章Ⅳ1参照）。前記のようなフォーラムに毎年のように通っていると、特に話をしなくとも、自然に「あ、今年も来ているな」ということがわかります。顔を見知り、軽く挨拶するくらいの間柄でも、「フォーラムに毎回参加しているあの企業、あの企業人は、人権尊重責任を積極的に果たそうとしている」と認識されるようになってくると、何か自社において人権問題が発生した場合にも相談の糸口がつかめることもあるでしょう。

いきなりNGOと向き合うことに抵抗を感じるなら、国連の専門機関とやりとりをするのも1つのアプローチでしょう。具体的には、国際労働機関（ILO）駐日事務所や国連開発計画（UNDP）駐日代表事務所などが候補になるかもしれません。このような機関は「ビジネスと人権」の普及促進に積極的であり、日本語での企業向けセミナーやワークショップの開催実績も多く、企業とのコミュニケーションにも慣れています。ただし、**国際機関はライツホルダーそのものではなく、個別の人権課題に日々取り組む立場でもありません。**これらとのやりとりは、あくまでもステークホルダーエンゲージメントの前のウォームアップの場であるくらいに理解しておくことが重要です。

最後に、自社単体でのエンゲージメントにハードルの高さを感じるのであれば、他の企業を巻き込むという方法もあります。例えば、セミナーやフォーラムを通じて他の企業のサステナビリティ担当者と知り合いになれたら、その人たちと共同でＮＧＯを囲んだ勉強会、意見交換会を開催することなどはどうでしょうか。同業他社との交流については、業界団体などが活用できます。

私自身、業種を異にするサステナビリティ部門担当の方々と小規模な意見交換会を不定期に開催しています。業種が違うと社内や同業他社とはなかなか話しにくい悩みについても話しやすくなります。お茶菓子をつまみながら、時にはお酒を入れて率直な話をしているうちに思わぬヒントももらえるかもしれません。

自社だけ、自分だけで全てやろうとするのではなく、いろいろな人の力も積極的に活用してみましょう。

おわりに

本書を手に取っていただいたことに心から感謝を申し上げます。

本書を執筆するにあたって一番心がけたのは、「ビジネスと人権」を、できるだけわかりやすく語ることでした。

「わかりやすさ」を追い求めることには危険が伴います。本質とは異なる利益をちらつかせて誘導すること、耳触りのよい概念に近づけて語ることにより原則論を曲げること、本当は簡単ではないことを単純化しすぎること、など、色々な落とし穴があります。

わかりやすくすることには、とっつきにくさを下げる効用はありますが、わかりやすくしたがために誤った理解を生み、それに基づいた行動をしてしまうと、評価されないどころか批判の対象になりかねません。

本書では、「わかりやすさ」が「耳触りのよさ」で終わってはいけないということを強く意識しました。そのため、「耳触りが悪い」ところもあったかもしれませんが、ご容赦いただければ幸いです。

人権は、人類が長い歴史の中の経験や苦難を経て導き出された、人間のあり方の1つの到達点です。そして、普遍的な概念で「あるべき」であり、「目指すべき」価値があるものであると確信しています。

ただ、現時点では、人類全てが必ずしも心底共有している概念ではないのかもしれません。

それは何故か？

様々な国家や民族の価値観は長い歴史の中でどのように培われてきたのか、その背後にある哲学、宗教観の有無・中身、企業の仕組みを含む社会の構造、また、それらに密接に結びついている教育システムなど、極めて幅広い分野にわたって思いを巡らせていますが、私自身もまだまとまった結論にはたどり着けていません。

これに関係するものとして、「尊厳」をどう捉えるかがあります。「個人の尊厳」という概念は、一人ひとりが個人として尊重されるべきという考え方で人権の基礎となっています。

しかし、現実の世の中を見渡し、また、様々な国で異なるバックグラウンドを持つ人々と接するにつけ、「尊厳」をどう捉えるかは非常に複雑・難解な課題であると感じています。「人の尊厳」自体の多様性はありうるのか、その立場によっては本書で紹介した人権リストとも抵触しうるのではないか、ある立場の「尊厳」を認めることは、異なる「尊厳」の理解をする側からは受け入れがたいのではないか、といった難しさです（このあたりについては、フランシス・フクヤマ〔山田文訳〕『IDENTITY（アイデンティティ）――尊厳の欲求と憤りの政治』〔朝日新聞出版、2019年〕から得るところが大きかったです）。

これらの問題は引き続き自分にとってのテーマです。

このような課題や難しさを抱えつつも、人はすべからく平等であるということを前提として、個人一人ひとりの心身に対して理不尽な干渉をしないことを求める「人権の尊重」は、追求を諦めてはいけない「綺麗事」であると考えています。

その一方で、現実世界では、不平等や理不尽さが横行しており、それがおかしいことと思ったり、言うことができず、むしろそれを仕方のないものとして、理不尽さを耐え凌ぎ日々を生きなければならないことも多いでしょう。

「そうやって恵まれた場所から偉そうに……。あんたみたいなやつが一番腹立つのよ！」（「虎に翼」第73回、福田瞳のセリフより）という声はいつも心にとめておかなければならないと思います。

個々人の日々の生活を無視した非現実的な「綺麗事」を語ることだけに陥らず、同時に、現実世界での不平等や理不尽を許さないことを、どのように実現するかを日々考え、行動し続けていきたいと思います。

本書の執筆にあたっては、多くの方々から貴重なご助言、サポートをいただきました。特に、当初から長時間にわたり協力をいただいたライターの井上健二さんの存在なくしては本書が世に出ることはなかったでしょう。心から御礼を申し上げます。

また、有斐閣の皆さんには、粘り強く伴走いただき、執筆の過程を通じて勇気づけてもらいました。感謝に堪えません。

企業活動の「do no harm」が積み重なることにより、不平等と理不尽さがない世界に近づくことを祈り、また、本書がその一助となれば幸いです。

最後までお読みいただき、ありがとうございました。

「人」から考える「ビジネスと人権」

Business and Human Rights : Rights Holders at the Centre

2024 年 10 月 10 日 初版第 1 刷発行

著　者　湯川雄介
発行者　江草貞治
発行所　株式会社有斐閣
〒101-0051 東京都千代田区神田神保町 2-17
https://www.yuhikaku.co.jp/
装　丁　Siun
印　刷　株式会社精興社
製　本　牧製本印刷株式会社
装丁印刷　株式会社亨有堂印刷所

落丁・乱丁本はお取替えいたします。定価はカバーに表示してあります。

Printed in Japan ISBN 978-4-641-12653-4